北京师范大学985工程专项经费资助

教育与社会、文化变迁丛书
—— 第 二 辑 ——

文化视野中的学校教育

历史与比较

郭法奇◎著

中国社会科学出版社

图书在版编目（CIP）数据

文化视野中的学校教育：历史与比较／郭法奇著 . —北京：
中国社会科学出版社，2016.10

ISBN 978 - 7 - 5161 - 9146 - 0

Ⅰ . ①文…　Ⅱ . ①郭…　Ⅲ . ①学校教育—教育史—对比
研究—中国、美国　Ⅳ . ①G529 ②G571.29

中国版本图书馆 CIP 数据核字（2016）第 252522 号

出 版 人	赵剑英
责任编辑	李炳青
责任校对	冯英爽
责任印制	李寡寡

出　　版	中国社会科学出版社
社　　址	北京鼓楼西大街甲 158 号
邮　　编	100720
网　　址	http://www.csspw.cn
发 行 部	010 - 84083685
门 市 部	010 - 84029450
经　　销	新华书店及其他书店

印　　刷	北京明恒达印务有限公司
装　　订	廊坊市广阳区广增装订厂
版　　次	2016 年 10 月第 1 版
印　　次	2016 年 10 月第 1 次印刷

开　　本	710 × 1000　1/16
印　　张	19.75
插　　页	2
字　　数	324 千字
定　　价	75.00 元

目　　录

导　言

一　学校、社会与文化

学校、社会与文化是密不可分的。自人类有了社会以来，凡是有人类生存和活动的地方，就一定有从事创造、传递和继承这种文化的教育职能的存在。在人类社会的早期，由于生活、生产技术的简单和低下，在日常生活中人们主要是通过教育的模仿获得文化的传递和继承。以后随着社会的不断发展，单靠非正规的教育传递已经不够时，具有一定形式的教育机构——学校出现了。

关于学校的出现，有研究表明，最早的学校可能起源于原始社会的"青年礼"仪式，也称"成年礼"。① 它是一种当青少年达到一定年龄时，使他们与部落其他人进行隔离，对其进行一定训练，通过考核承认其进入成人社会的一种仪式。从其目的和内容来看，它是青少年接受教育和接受考验的一种手段，也是最早的对某一部分人进行某种文化的考核，使其达到一定标准的测验。在现代社会，这种"青年礼"的仪式在一些没有开化的民族中仍然可以发现。如儿童的负重渡海、高山跳水等活动。

当然，学校的出现是需要一定条件的。概括来讲主要包括：一是社会经验、文化传统，以及生产技术的日益复杂，原有的生活教育已经不能够适应需要；二是文化保存和传递经验，促使文字发明以及科学知识发展的需要；三是经济活跃需要掌握一定文字记录和计算的人；四是还要有能够脱离生产劳动，专门管理教育的教育者和从事学习的学习者等，其中文

---

① 郭法奇：《原始社会的"青年礼"及对学校教育的影响》，《华东师范大学学报》（教科版）2007 年第 2 期。

化、经济，以及人的因素在学校的产生和发展上影响最大。

从"学校"的词源上看，"school"源于拉丁语的"schola"，它又源于意味"闲暇""休息"的希腊语"skhole"。有着"闲暇和休息"意义的"skhole"，这意味着当时的学校已经成为脱离了劳动的贵族阶级所享有的一种文化特权。因此，在学校产生之处，最初与学校相关的可能是这两种人，一种是有闲暇时间学习文化、知识，不为生存和生活所操劳的人；另一种就是依靠学校这一机构传播文化和知识而生存和生活的人。以后，随着学校的发展，这些影响因素也在变化，如教育对象的扩大，专门培养教师机构的出现等，都对学校以及教育的发展产生了重要影响。

关于学校产生以后的影响，美国教育家杜威提出了值得思考的观点。他认为学校的出现除了具有其文化传播和培养人的意义外，由于对文字教育的重视，也带来了三个方面的问题。[①]

一是由于学校的出现产生了一种特别的阶级，即与读书人有关的文人。主要是有权有势的人，把握教育权的人，有资产的人等，教育最初成为少数人享有和为少数人服务的教育。

二是由于学校渐渐趋于保守古训和文字方面，学校教育过于看重古代保存下来的东西，而忽视人类社会日常生活的教育，日常生活的教育不被看作正式教育的一部分。

三是由于学校从社会生活中分离出来，成为独立的机构，学校与社会生活很少发生关联，社会上已经过去的东西，学校还在那里教；社会上有重大需要的东西，学校反而不教了，学校教育逐步成为守旧的东西。

杜威指出，近代以后学校教育发展要解决的问题主要有三个：一是怎样使偏重少数人的教育变成大多数人的教育。二是怎样使偏重文字、忽视日常生活的教育，变成与日常生活平衡的教育。三是怎样使守旧的教育变成一种创新的教育：一方面能保存古代传递下来的最好的一部分；另一方面又能够培养适应现代环境的创新人才。从现代社会的情况看，杜威提出的这些问题有的已经解决了，有的还没有解决。例如，如何保持学校教育与社会生活的结合和取得平衡，如何既能继承传统优秀文化，又能够培养创新人才，等等，仍然是现代学校教育改革的重要任务之一。

---

① [美]杜威著：《杜威五大讲演》，胡适口译，安徽教育出版社1999年版，第91—92页。

　　学校的演进经历了长期的发展。例如，在国家产生以后，学校开始成为教育的组成部分和为国家服务的机构。由于这些原因，在一些重视教育"国家化"的地区不仅保留了学校"分隔"家庭的功能，还出现了"去个性化"的现象，其中比较典型的是古希腊的斯巴达学校。有研究者指出，斯巴达城邦教育的特点是要使每一个公民身上都打上某种普遍的品格、观点和态度的烙印。因此，它要求"所有儿童都要接受教育，无一例外。男孩全部被带离家庭，生活在一所大型寄宿学校里。这样，儿童在家庭生活中所养成的个性化倾向以及遗传性特点才有可能被清除干净，才能形成一种普遍的品格，即斯巴达人品格。寄宿学校完成了这一任务，在每个学生身上留下能够辨认的烙印：从寄宿学校走出来的学生，行为举止和态度十分相似"。①

　　学校早期这种"分隔"家庭的功能和"去个性化"取向是一种强调"普遍性"逻辑的反映。它的基本含义是，普遍的（或者高级的）东西比个别的（或者低级的）东西重要。普遍的东西是社会每个成员都必须遵守的东西，是社会稳定的需要；而个别的东西，特别是每个家庭形成的东西与社会普遍性的东西相悖，具有破坏的作用。因此，在人类社会很长的一段时间里，强调"普遍性"的逻辑不仅仅为古希腊斯巴达学校所独有，也成为许多国家学校教育用以保存和延续传统习俗的重要形式之一。例如，中国古代教育早期对"道""仁""礼""义"等"普遍性"价值的追求。

　　这种强调"普遍性"逻辑的影响是，它使得整个社会包括教育形成了两个"价值序列"：一个是对"普遍的"或"高级的"东西赋予较高的价值，并给予特别的关注；另一个是对"个别的"或"低级的"东西赋予较低价值并极为轻视。这两个"价值序列"在教育思想和学校实践中产生了重要影响。例如，柏拉图认为，"正义"的城邦是个体获得幸福和教育的前提条件。决定城邦教育制度的不是个体的需要，而是整个城邦存亡的需要。教育制度不是为每个人的利益设计的，而是集体和城邦利益的产物。因此，每个人应先致力于整个城邦的公共利益或集体利益，然后

――――――――――

　　① ［英］肯尼斯・约翰・费里曼：《希腊的学校》，朱镜人译，山东教育出版社2009年版，第9页。

再考虑个人利益或者小团体利益。① 亚里士多德虽然认为人的发展是身体的、情感的和理性的发展过程，但也承认教育的主要目的是发展人的控制身体和情感的理性。因为，理性的东西与其他东西相比是高级的，是人之所以为人的标志。同样，在古希腊学校实践中，公民教育、道德教育等往往被作为教育追求的高级目标和价值取向，而把生产教育、劳动教育和技能教育等看作低级的。古希腊学校研究学者肯尼斯·约翰·弗里曼对此论道，无论斯巴达学校还是雅典学校，"他们的教育目的都是为了培养可能的最佳公民，而不是培养可能的最会赚钱者。它寻觅的是社会的善，而不是个体的善。由于对良好公民概念的认识存在差异，因此，两个城邦的教育方法和内容不同，但它们的教育理想是相同的。"② 总之，受这种"价值序列"的影响，早期学校不仅与家庭和社会生活相"隔离"，还按照不同"价值序列"排序，形成了封闭的"等级"体系。

学校产生以后，原有重视"普遍性"的逻辑仍然存在并影响着学校的发展。同时，随着统治阶级对教育的控制，学校成为少数人占有和为少数人服务的工具。"普遍性"逻辑与学科之间、学校之间的"价值序列"结合在一起，形成了学科和学校的"等级化"倾向。观察、比较古代世界主要国家的教育，大体有四种学校类型。

第一类是按照"学科内容"划分的学校。主要在古代和近代西方社会，由于对不同学科内容赋予不同价值，造成了学校重视某一学科或者轻视某一学科的不同地位。

如在古希腊雅典，主要设置有弦琴学校、体操学校、军事训练学校；还有按照"三艺"学科设置的学校，如文法学校、修辞学校、辩证法学校（哲学学校）等。古罗马主要有拉丁文法学校、修辞学校、雄辩术学校，以及法律学校等。在古希腊和古罗马学校里，辩证法学校和法律学校的地位是比较高的。在近代的西方社会，这种按照学科内容划分的学校仍然存在，如文科学校、实科学校等，从地位和等级上看，前者往往要高于

---

① ［爱尔兰］弗兰克·M. 弗拉纳根：《最伟大的教育家：从苏格拉底到杜威》，卢立涛等译，华东师范大学出版社 2009 年版，第 12 页。

② ［英］肯尼斯·约翰·费里曼：《希腊的学校》，朱镜人译，山东教育出版社 2009 年版，第220 页。

后者。①

　　强调学校按照"学科内容"对学校进行划分的影响是：它强化了某些学科的地位和价值，而轻视其他学科，使得被强化的学科长期占据学校教育的主要地位。同时也使得对某一学科知识有较好掌握的人成为对该学科的权威解释者。这些人对某学科知识的解释不仅强化了学科权威，也成为"学科至上"的维护者。这也是西方古典人文学科一直在学校教育中有极大影响的重要原因之一。

　　第二类是按"培养对象"划分的学校。这种类型的学校主要在东方一些国家和以宗教为主的地区较多。如在古代埃及，学校主要有宫廷学校、僧侣学校、职官学校、文士学校四种类型，每类学校都以培养某一类人为主。在这些学校中，前面的学校地位比较高，后面的比较低。② 在古代印度，也有专门培养婆罗门子弟的婆罗门学校，称为古儒学校。另外，印度佛教教育举办的寺庙学校，③ 以及中世纪基督教所举办的学校也属于这一类。这种按照"培养对象"划分的学校在培养专门人才方面发挥了重要作用，影响了以后专科教育和宗教教育的发展。

　　第三类是按"举办性质"划分的学校。这种学校主要在中国古代。占主导地位的是西周开始并由后世王朝延续的官办性质的学校，主要分国学和乡学两种类型。④ 其中，国学主要是由天子和各诸侯为贵族子弟设立的学校，地位高；国学有"大学""小学"之分，"大学"地位高于"小学"。乡学主要指地方办的学校，与国学相比，地位虽然较低，但也是分级设立的。⑤ 国学中虽然"小学"和"大学"已有对儿童年龄的区分，但并不是严格意义上的。西周以后，中国古代官学形式虽有变化，但基本上保持了这一特色。这种官学性质的学校反映了学校"政教合一、官师合一"的特点，强化了不同类型学校的等级性以及学校对政治的依附性。另外，西欧基督教会举办的学校也体现了教育的宗教性质。如在早期有初级

---

①　吴式颖主编：《外国教育史教程》，人民教育出版社1999年版，第71页。

②　同上书，第34页。

③　同上书，第49页。

④　赵连稳等：《中国古代的学校、书院及其刻书研究》，光明日报出版社2007年版，第13页。

⑤　同上。

教义学校和高级教义学校；中世纪以后有修道院学校、主教学校和堂区学校等。在这些学校里，修道院学校和主教学校享有较高的地位，形成了与世俗学校的不同特点"。①

　　第四类是按"综合性质"划分的学校。这种"综合性"主要表现为学校设置既考虑按学科划分，也照顾到儿童发展（年龄）的因素，这是学校演进的新变化，也是人的"发展性"逻辑的提出。主要代表人物是17世纪的捷克教育家夸美纽斯。夸美纽斯考虑"发展性"逻辑的一个原因可能与新教改革强调教育要负起对儿童进行道德教化的责任有关。新教设置学校的逻辑是，儿童与成人长期生活在一起对儿童的发展和道德养成是不利的，他们需要一个与成人分开的教育机构的环境。通过建立学校把儿童与成人、家庭隔离开，更有利于儿童的发展。与早期的学校相比较，虽然学校"分隔"的含义相近，但实质不同。早期是为了成人，这时是保护儿童。在夸美纽斯看来，一个人接受教育的最好时间是从出生到24岁，教育上可以按照儿童发展每6年一段的时间设立四类学校。这四类学校分别是，母育学校、国语学校、拉丁语学校和大学。需要指出的是，夸美纽斯的学校设置虽然注意了人的"发展性"逻辑，但他仍然强调学科的地位。这反映出夸美纽斯那个年代，虽然儿童的年龄特征应该成为学校考虑的问题，但受传统观念的影响，学科教育仍然是学校的主要任务。

　　总之，在这一时期，按照"普遍性"和"等级性"的逻辑，人类教育在不同地区出现了不同的学校类型，而且在统治阶级的控制下，学校的"等级性"逻辑有被强化的趋势。不过，这个时期也出现了按照"发展性"逻辑设置学校的设想，反映出人们对学校改革的期盼和对学校与儿童关系的实际认知，为以后学校"阶梯制"的建立奠定了基础。近代以来，学校的组织和性质开始发生深刻的变化。

　　近代学校与古代学校具有完全不同的特征。与古代学校强调学校间的"等级序列"和"等级教育"系统不同，近代学校变革的任务之一是要打破这种"序列"与"等级"，建立人人都可以接受、能够升级的"阶梯制"学校。这个"阶梯制"学校不是根据人的身份、地位和等级，而是依据人的天性、权利和需要。这是人类教育观念和教育实践的深刻变化，

①　吴式颖主编：《外国教育史教程》，人民教育出版社1999年版，第111页。

但是这个变化是漫长的和艰难的，是一个不断探索和实践，寻求教育效率和公平的过程。

学校"阶梯制"包括两个方面，一个指各自"分立"的学校整合在一起，形成统一的"分年级制"学校；另一个指不同阶段的学校，按照由低到高的顺序衔接起来，形成"分阶段制"学校。关于"分年级制"，古代就有相关思想。据说柏拉图在他的学园门口竖着一块牌子，上面写有"不懂几何者禁入"的要求。这种要求虽然在一定程度上为学生求学设置了一定的门槛，也可以视为最早的学生接受教育的"分级制"的雏形。

不过在很长时期内，"分年级制"学校并没有建立起来。按照美国教育史学者佛罗斯特的观点，早期西欧学校的特点是每一类学校只有学习某一学科的目的，学校由一个教师任教，单个进行指导每个男孩，以男孩入学时的水平为基准，以一定的速度进行适合他的教育。学校主要是采取个别教学形式进行教育。所以，这个时期的学校不分年级，没有教室，也没有专业教师。① 学生数量有限、学科和教学形式单一，以及就学身份的严格限制可能是"分年级制"学校发展缓慢的主要原因。

近代以来，欧美教育家对"分年级制"学校进行了几个世纪的探索。到 18 世纪末，德国开始有了分年级制的学校体系，并影响了其他国家。1820 年，美国的巴纳德等人学习德国，对学校分年级制进行了试验，出现了许多分年级制学校。学校的分年级试验导致美国传统的"分立学校"开始变成"联合学校"。以美国波士顿学校为例，1789 年波士顿为 7—14 岁的儿童建立了三所阅读学校和三所写作学校。儿童一般用半天时间上阅读学校，其他时间再到写作学校上课，但是效率不高。19 世纪早期，学校委员会建成了一座能够容纳几百个儿童学习的两层楼房。教写作的教师和他的助手在一层教，教阅读的教师和助手在二层。上午，一半儿童学写作，同时，另一半儿童则学习阅读。中午，两组儿童互换位置，以便下午的学习。这个计划很快被其他社区所采纳，小学开始成为一种读、写学校的"联合体"。②

---

① 吴式颖主编：《外国教育史教程》，人民教育出版社 1999 年版，第 212 页。
② ［美］佛罗斯特：《西方教育的历史和哲学基础》，吴元训等译，华夏出版社 1987 年版，第 478—479 页。

有研究者指出，把各种学校汇成一种"联合体"的做法主要是在1848 年。波士顿当时拥有两层 12 间房子的昆西文法学校开办初级学校、阅读学校和写作学校。校长菲尔布·赖克把 4 间作为初级学校的房子分给4 个年级，阅读和写作两个学校用 4 间房子，分为 4 个年级，每一级都有一位教师，最后形成一个含有 8 个年级的学校：前 4 年教初级或者基础课程和技术，后 4 年把阅读和写作结合起来学习。每半年给学生升 1 次级。以后，美国的大城镇都采用了波士顿的计划，分成几个年级的年级制小学成为较为普遍的标准。① "分年级制"学校的意义在于提高了办学效率，同时也符合儿童学习由初级到高级发展的特点。

比较而言，"分阶段制"学校的建立相对较难。原因之一是近代西欧采取的是"双轨制"教育的政策。"双轨制"教育的逻辑是，初等学校只是一种类型的教育，而不是一个连续过程中的一个阶段。初等学校是为"下层"阶级、"贫苦"阶级或"工人"阶级儿童设置的。由于它是一种类型的而非连续的教育，对于接受这类教育的学生来说，毕业即意味着教育的终止，初等学校教育因此也被称作一种"到了头"的教育。② 如何把一种类型的教育变为一个阶段的和连续的教育，成为近代社会，甚至是现代社会主要解决的问题。

近代学校"分阶段制"的形成有其思想层面和实践层面的原因。从思想层面看，是教育"平等性"逻辑和儿童"发展性"逻辑相互结合、共同发挥作用的结果，即学校的设置不仅要考虑每个人的可教育性，也要考虑儿童发展的连续性。这两个逻辑的形成是文艺复兴和宗教改革时期人文主义者对人的地位的重视以及强调教育平等思想的结果。它一方面与教育的"等级性"逻辑相对立，强调教育的平等性和大众性；另一方面与学校早期的"成人化"逻辑相抗衡，强调儿童发展的特殊性和阶段性。当然，这里有宗教因素和世俗因素影响的区分。从宗教因素看，近代西方

---

① 佛罗斯特指出，在学生和教师少的地方，这个标准难以推行，一人教师的学校仍然存在；在缺少课本的地方，分年级教材也是不可能的。参见 [美] 佛罗斯特《西方教育的历史和哲学基础》，吴元训等译，华夏出版社 1987 年版，第 480 页。还可参考 [美] 艾萨克·康德尔《教育的新时代：比较研究》，王承绪译，人民教育出版社 2001 年版，第 83 页。

② [美] 艾萨克·康德尔：《教育的新时代：比较研究》，王承绪，人民教育出版社 2001年版，第 83 页。

思想家和教育家们坚持人是上帝的造物，在上帝面前人人平等，教育对每个人也是平等的。如夸美纽斯在《大教学论》中所言，无论男女、无论城乡、无论贫富，都应当进学校接受教育。① 从世俗因素看，近代思想家和教育家认为儿童最初是没有天赋经验的。因此，儿童需要在一定时期内接受教育，获取知识。社会有必要设置学校，使儿童能够在相应阶段接受教育，促进其身心的健康发展。提出"平等性"和"发展性"逻辑的意义在于，它使得学校教育开始关注每一个人，特别是儿童和青少年这一群体，学校开始成为促进儿童和青少年发展的特定场所。

从实践层面看，学校"分阶段制"是伴随着学校系统化和制度化的要求出现的，其结果是国民教育阶梯的形成。"分阶段制"学校进程在不同地区不一样，在西欧要慢些，在美国则快些。在英国和德国，19 世纪中期才开始把初等学校纳入国民教育的体系，对儿童实施普及义务教育，如英国 1870 年颁布的《初等教育法》。而在 19 世纪，美国学校已经发展出了"分阶段制"学校——公共学校体系的建立。② 它的基本含义是，儿童从最简单的基础知识开始，逐级完成初等学校教育、中等学校教育，最后是大学教育。初等学校、中等学校和大学之间相互联系，通过不同教材为儿童发展提供最需要的知识。"分阶段制"学校建立的意义在于每一个儿童都可以根据自己的能力和兴趣，完成学校阶段的任何一级，使其得到更好的发展。

近代学校"分年级制"和"分阶段制"的形成表明，学校由"分立"的类型变成"统一"的学校联合体；由单一的阶段，变成相互联系、连续的阶段；由分散的类型变成制度化的组织，是学校实践不断探索和变革的过程，也是教育思想不断影响学校实践的过程。在这个过程中，追求教育的平等性、发展性和系统化成为近代学校发展的基本特征。

19 世纪后期，欧美社会和知识环境发生重大变化。杜威对这一现象进行了概括：工业化进程推进；人口向中心城市流动；生产在大工厂进行；大市场和为世界市场生产产品成为现实；每个人的活动都与其他人的活动联系在一起。同时，随着图书馆数量的增加，书籍繁多，知识逐步普

---

① 吴式颖主编：《外国教育史教程》，人民教育出版社 1999 年版，第 19 页。
② 同上书，第 392 页。

及，使得学校与书本不再保持特殊的关系，学校的知识霸权被打破，学校需要与社会和生活建立联系。① 1915 年，杜威在谈到学校与社会的关系时指出："一切教育改革的主要目的都是为了重新调整现行学校机构及其方法，使其适应社会和知识环境的总体变化。"②

与此同时，传统的学校类型也发生了变化。早期的按照"学科内容"划分的学校逐渐取消或者上移，普通教育水平的分科学校逐步为高等教育水平的单科学校或者多科学校所取代；按照"培养对象"划分的学校逐步消失；按照"举办性质"划分的学校成为主体，并形成了包括由政府举办的公立学校，由个体或者民间机构举办的私立学校，以及由教会举办的教会学校；而按照"综合性质"划分的学校也逐步放弃了其中学科内容划分的标准，更多关注儿童发展（年龄）的因素。淡化学校的阶级色彩和传统称谓，强调教育的"平等性"和"统一性"，成为现代社会学校发展的主要特征。

不过，学校本身的问题也引起教育家的关注。一是受"普遍性""等级性"逻辑的长期影响，学校仍然存在与家庭、社会生活相分离，以及学校之间相分离的情况。二是虽然"分年级制"和"分阶段制"受到重视，初等义务教育开始普及，但学校关注儿童、青少年群体的分级、分段教育有余，个性化和多样化教育关注不足的问题又成为新的问题。③ 因此，19 世纪后期至 20 世纪初期欧美教育家所进行的学校改造就具有重要意义。这里仅以美国杜威等美国教育家为例，对学校与儿童的关系，学校与家庭、社会的关系问题进行分析，以认识学校改造的逻辑和特点。

关于学校与儿童的关系问题，杜威认为，儿童的发展虽然受学校的制约，但是儿童不是被动地接受教育，儿童应当成为教育的"中心"。杜威在《学校与社会》中指出："现在我们教育中发生的变化是重心的转变。这是一个改变，一次革命，与哥白尼引入日心说不无共同之处。在这里，

---

① 《杜威全集》（中期著作，1899—1924，第八卷，1915），华东师范大学出版社 2012 年版，第 286 页。

② 同上书，第 280 页。

③ 吴式颖主编：《外国教育史教程》，人民教育出版社 1999 年版，第 456 页。

儿童变成了太阳，教育要素要围绕儿童旋转；儿童是组织教育要素的核心。"① 杜威还专门谈到了儿童特点。他说："普通儿童与普通成人一样，他们都处于成长的过程中。他们之间的区别不是成长与未成长之间的差别，而是适宜不同条件的成长模式之间的差别。"② 杜威提出的儿童"中心观"体现了儿童发展的"主体性"逻辑。"主体性"逻辑与"发展性"逻辑的区别在于，"发展性"逻辑主要是从儿童的年龄特征角度考虑问题，而"主体性"逻辑强调教育不仅要关注儿童的年龄特征，更要关注儿童的主动发展。在杜威看来，儿童有自己的成长方式，不同于成人，完全以成人的方式对待儿童，会抹杀儿童的主动性。学校要把发展儿童的主动性放在重要的位置，提供适合儿童成长的条件。

1896 年杜威创办了芝加哥实验学校（1896—1904 年）。按照杜威的观点，"这是关于美国实验和进步学校中较早的一所学校的一个记录"。③ 实验学校的基本原则是，通过问题激发儿童好奇心，以问题本身驱使儿童自己设定任务；教学中心是儿童发展，不是教材；儿童发展包括精神、身体和社会性的发展。④ 实验学校实行分组教学，学生不分年级，而是按照共同的兴趣、智力和反应速度分组进行合作学习。实验学校保留分科教学，但不组织考试，也没有分数。学校对学生的评价主要是教师与学生一起讨论决定。教师的工作主要是鼓励学生提问或向学生提问，帮助学生确定在解决问题的过程中需要做什么。⑤

教育家沃特在任印第安纳州加里市教育局长期间进行的葛雷学校改革也具有特色。葛雷学校注重学生的发展和提供合适的课程。在学校里，每个学生可以根据自己的学习计划选择不同的课程。身体差的学生可以在操场上花时间多一些。算术或地理差的学生，可以去低年级上课。学习科目中有一科比其他科目强的学生，可以到高一年级听课。对于学习落后或者

---

① 《杜威全集》（中期著作，1899—1924，第八卷，1915），华东师范大学出版社 2012 年版，第 264 页。

② 《杜威全集》（中期著作，1899—1924，第一卷，1899—1901），华东师范大学出版社 2012 年版，第 18 页。

③ ［美］凯瑟琳·坎普·梅休等：《杜威学校·引言》，王承绪等译，教育科学出版社 2007 年版，第 5 页。

④ ［美］简·杜威等：《杜威传》，单中惠译，安徽教育出版社 2009 年版，第 71 页。

⑤ 同上书，第 76 页。

对学习失去兴趣的孩子，不会因此受到降级的惩罚；任科教师发现他擅长什么，就给他大量时间去做他擅长的事，让他在其中进步，激发他的学习兴趣；如果这样做，还是没有进步，还会留他在校，直到他学会一样东西，而不是让他离开学校，也不让他每一科都留级。① 杜威认为，沃特的葛雷学校改造，创建了一个满足学生需求的教育体系。②

沃特的葛雷学校改造具有重要意义。如果说杜威的学校改造提出了儿童发展的"主体性"逻辑的话，沃特的学校改造则提出了"差异化"的逻辑。"差异化"逻辑的含义是，不只是儿童与成人之间的成长方式不同，儿童与儿童之间也有不同的成长方式，用同一种成长方式对待所有儿童是不科学的。学校要关注不同儿童的成长方式，为他们提供个性化和差异化的教育。

关于学校与家庭和社会的关系问题，杜威主张学校要适应社会的变化，但也认为学校应该成为社会和生活的"中心"。杜威主张，一方面，学校要与外部环境，如家庭、公园、乡村，商业、技术研究、大学、专业学校等各个方面保持联系，获取最新的资料和进行检验。另一方面，学校内部也要注意儿童的日常经验与学校提供的教材之间的联系，使儿童既能把在校外获得的经验自由地在学校里利用，也能够把在学校学习的东西在日常生活中应用。在杜威看来，这种联系和应用可以使学生知道社会发生的变化和更新学校已经陈旧的教材内容，还可以利用社会研究资源，培养学生的探索精神和探索态度。③

总之，这一时期教育家们对学校的体制、组织和方式等进行了大胆的探索和实验。他们在实验中打破年级制结构，按照分组进行教学；设置满足学生需要的课程；让学生发展成为教学中心，学校成为社会和生活中心。学校与儿童·"双中心"思想的提出，以及一些颇有"颠覆性"的措施，改变了以往人们对学校和对儿童的认识，反映了19世纪后期至20世纪早期社会结构、家庭生活和教育体制发生转型时期对教育的影响，以及

---

① [美] 杜威：《学校与社会·明日之学校》，赵祥麟等译，人民教育出版社2005年版，第311页。

② 同上书，第312页。

③ 同上书，第58页。

对解决教育问题的回应。教育家们所参与的学校改造带来了学校教育目的、教学组织形式和教学方法的变化，特别是对儿童观念和教育方式的变化，使新学校与传统学校形成了鲜明的对照。

从学校的演进和改造历程来看，学校演进与社会、教育发展有密切的联系。学校从来不是单独存在的，学校是社会的机构，是教育的载体，是学校教育的组织框架，通过这个框架来承载一个民族和国家教育所要实现的目标和内容。

同时，不同时期形成的关于学校的逻辑也是一种观念解释体系的体现。这些不同观念解释体系的变化也影响了学校的发展，使其类型、组织、结构、形态等不断发生变化。从学校的演进和改造看，"普遍性""等级性""平等性""发展性""主体性""差异化""整体性""生活化""个性化"等逻辑成为影响学校发展的重要因素，形成了不同类型和特征的学校。当然，这些逻辑的提出根本上又是教育与社会互动，社会赋予教育一定价值附加到学校教育，影响到学校变化的结果。

20 世纪以后，随着社会的发展和变化，影响学校发展的一些逻辑已经消失或者弱化，如"等级性"逻辑。有的已经变化，成为某一阶段或者某一类型学校的选择，如"普遍性"逻辑。而"平等性""发展性""主体性""差异化""多样化""整体性""生活化"等逻辑，成为现代学校的主要选择，并在不同阶段得以体现。如在幼儿教育阶段，"主体性""差异化""整体性""生活化"逻辑占主要地位；在初、中等学校，"发展性""主体性""差异化"逻辑占主要地位；在高等学校，"普遍性""差异化"逻辑占主要地位，其中"差异化""个性化"和"多样化"逻辑已经成为所有现代学校最基本的选项，反映出现代学校和教育对人认识达到的新阶段和新水平。

在现代社会，学校的含义主要是指学制系统内专门实施教育教学活动的机构，是经教育主管机关批准或登记注册，以实施学制系统内的各阶段教育为主的规范化和制度化的教育机构。在英文里，"学校"（school）一词指 "a place of education for children"，即学校是儿童教育的场所或机构；也指 "an institution for teaching and learning"，即教与学的机构；[①] 而"学

---

① *The Merriam Webster Dictionary*, Merriam-Webster, Incorporated, 1994：652.

校教育"（schooling）指"education at school"，是指受教育者在各类学校机构所接受的各种教育活动。从历史上看，自有学校始，就有相应的学校教育。学校教育是随着学校的变化或改造而发生变化的，只不过在不同时期，学校教育的内容和形式有其自己的特点。学校教育不仅反映了学校作为一种社会机构和文化类型的最一般的特点和内容，还涉及学校机构中的各类人员，包括教师、学生及管理者的生活及发展。从某种意义上说，认识学校的变化可以理解学校教育内容的变化；同时，学校教育内容的变化又是依托于学校机构的存在和变化来反映的。

总之，学校教育是依托于学校这样一种特殊的社会机构所承载的、培养人的、传播文化的一种目的化、集中化和逐步体制化的教育。学校及学校教育有一个产生和发展变化的过程。在这一过程中，原有的学校或者自身得以改造而发生变化，或者被新型的学校所取代，发生质的变化，从而推动学校及学校教育的发展。学校机构及学校教育的发展变化为人类教育的发展提供了丰富的内容。

二　学校教育与教育

从逻辑关系上看，学校教育是教育的重要组成部分。一般来说，"教育"一词作为一种实体的含义，应当包括教育思想、教育制度、教育机构，以及各类教育如学校教育、家庭教育、社会教育、自我教育等，而作为教育机构的一种组织形式，学校教育有其自身的特点。从这意义上说，学校教育既不能等同于教育，也不能替代教育；虽然学校的目的和功能具有多样性，但学校教育仅仅是教育的一种形式而已。

在对二者关系的理解中，之所以出现把学校教育等同于教育的情况，一个重要原因就是在教育历史的演进中，由于学校的出现，特别是学校出现以后的很长时期内，学校教育处于十分独特和重要的地位。对一个儿童来说，在接受一定时期的家庭教育后，必须到学校接受学校教育。这一观念成为社会在一定时期普遍认同的观念，人们也逐步认可和接受了学校教育等同于接受教育的观念。于是，学校逐步成为社会有影响的因素之一，学校教育也逐步成为教育的代名词。这一变化的过程对学校教育的影响是，学校教育逐步在教育中占有突出的地位，并逐步与社会生活或其他教育联系减少；学校成为一个独立的、封闭的和保守的机构；教育的历史大部分被看作一部学校教育的历史。

由于学校及其学校教育在教育中的重要地位，因此在很长的时期内，人们往往把对教育的研究等同于对学校教育的研究。一些研究者认为，由于教育研究已经对学校教育进行了大量研究，因此没有必要对学校教育再进行单独的研究。果真是这样吗？这里有必要对教育研究和学校教育研究的重点及关系进行一定的分析。

一般说来，教育研究与学校教育研究的重点是不同的。有学者指出，教育研究有两个相关的目的，一是增加对教育有关的现象和事物的理解；二是为教育实际提供决策依据。[①] 由于教育研究一般比较注重教育宏观问题和多方面问题的解决，而对学校教育的特征和性质并不是特别关注。[②] 因此，在对学校本身研究不够时，研究者如果用对教育的一般研究所获得的认识来替代对学校和学校教育的认识，或者使对学校教育的认识成为佐证获得一般教育规律认识的材料，可能就会影响对学校的科学认识。同时，研究者如果对学校教育缺乏深入的研究，缺乏对学校中占重要地位的教师和学生的存在及他们生活的关注，也会在一定程度上阻碍对学校教育的科学认识。

与教育的一般研究特点不同的是，学校教育研究主要是一种微观的研究。它比较注重与学校相关的影响学校存在和发展的内部和外部因素的研究；关注不同层次学校系统及其相互关系的研究，探索学校和学校教育的性质、特点和规律，深化对学校教育的理性认识。进一步分析，学校教育中有许多问题值得我们研究。我们可以从以下两个方面进行考察。

首先，从学校形成的历史来看，有关学校的许多问题还可以有进一步的研究。如学校产生之前，家庭和其教育形式在人类早期教育制度形成中发挥了什么样的作用，其对学校教育的出现产生了哪些影响；学校产生以

---

① 严正主编：《教育的科学研究》，教育科学出版社 2006 年版，第 78 页。

② 需要指出的是，教育活动是大于学校教育活动的。教育活动可以在学校的教室、家庭住宅、博物馆以及社区活动中心等地方开展，也可以通过互联网来进行。因此，从这个意义上说，用一般的教育研究来替代学校教育研究是有问题的。当然，教育研究也可以关注学校教育问题。如果这样，这里的教育研究实际上就成为学校教育研究了。研究学校教育需要更多地关注不同层次学校系统的情况以及它们之间的相互关系。

后，学校教育在家庭教育、教会教育和社会教育之间发挥了什么样的作用；学校在发展的哪些阶段出现了与社会生活和儿童生活的脱离，原因和影响是什么；如何看待私立学校在社会中的地位和意义；在人类教育发展过程中为什么学校要成为一种公共教育机构，其性质和作用如何评价；制度化的学校是如何形成的，其影响和作用是什么；在20世纪60年代，在一些国家为什么出现"非学校化"思潮，教育可以"非学校化"吗；学校可以消除吗？学校教育的性质和功能到底是什么？学校教育出现的问题是自身的问题，还是外部的问题？在现代社会如何认识学校与社会、市场的关系，各种不同性质的学校可以放在一起竞争吗？学校可以推向市场让大众进行选择吗？或者说学校可以市场化、商品化吗？"家庭学校"（homeschool）的出现是学校教育影响家庭教育的结果，还是家庭教育影响学校教育的结果，如何看待这种教育形式，等等。

其次，从现实情况来看，学校教育研究比较注重对与学校内部和外部有关的问题作细致和深入的研究。这里以20世纪80年代美国学校教育家古德莱得所作的"学校教育研究"①加以说明。古德莱得所做研究的一个重要内容就是在分析美国学校教育史进程的基础上，按照一定的维度对当时美国有代表性的38所中小学现状、存在问题及原因进行了剖析，提出了有针对性的建议。古德莱得和他的同事主要对学校的功能；学校在学生生活中的相关性；教师的教学；教学的环境；构成课程活动、教材和测试体系；学习资源的分配；教学中的平等问题；隐性课程的学习；学校质量的满意度；学校对数据的需求；学校改革的主体；对学校的关爱度等若干个主题进行了详细的研究。通过研究发现，尽管这些学校在许多方面都类似，但是类似之中也有许多不同程度的差别。每个学校有一种特定的文化，学校如果要发生实质性的变化，人们就必须了解并考虑到这种特定的文化。古德莱得的研究表明，只有对学校教育进行深入细致的研究，才能为教育研究提供丰富和多样的资料。在他看来，对影响学校的特定文化进行一定的分析是十分必要的。

关于学校教育与教育关系的研究，许多学者从自己的立场和视角出发

① ［美］约翰·I.古德莱得：《一个被称作学校的地方》，苏智欣等译，华东师范大学出版社2006年版，第45—55页。

提出了自己的观点，这对于我们认识二者的关系非常有意义。如有学者从"制度化"的角度进行了分析。① 认为近代学校的兴起是制度化教育的发端，学校从诞生到学校系统的形成是教育制度化的发展结果，学校系统的形成到今天是制度化教育成熟的结果。也有人认为，学校教育是制度化的教育。制度化教育创造了"学校教育＝教育"，"学校教育完成＝教育完成"的等式。

也有学者从"冲突论"的角度对学校教育与教育的关系进行了分析。智利拉塞雷纳大学教育系的教授卡洛索·卡沃（Carlos Calvo）认为，教育与学校教育是不同的。教育是创造可能关系的过程，学校教育则是重复已经建立的关系的过程。不确定性是教育的基本特征，而学校教育拒绝教育过程的不确定性，是对教育的异化。学校教育限制了别的教育形态的发展，把自己变成了教育的同义词。他主张，提升学校教育的教育性，促进儿童的发展，是学校教育改革的关键。② 这里需要指出的是，学校教育对"确定性"的追求在一定程度上反映了学校教育的保守的特性。美国学者迈克尔·欧克肖特曾指出："保守，就是宁要熟悉的东西，不要未知的东西，宁要试过的东西，不要未试的东西，宁要事实，不要神秘，宁要实际的东西，不要可能的东西，宁要有限的东西，不要无限的东西。"③ 当学校教育发展到只追求"确定性"，只追求"实际的东西"的时候，许多负面的东西就产生了。④

基于对学校教育负面东西的认识，有人从文化的视角对学校教育的悖

---

① 陈桂生：《制度化教育评议》，《上海教育科研》2000 年第 2 期；向纯：《论制度化教育及其变革》，《株洲师范高等专科学校学报》2005 年第 6 期。

② ［智利］卡洛索·卡沃：《论学校教育与教育的关系》，王秀萍译，《幼儿教育》（教育科学）2008 年第 3 期。

③ ［英］迈克尔·欧克肖特：《政治中的理性主义》，张汝伦译，上海译文出版社 2004 年版，第 127 页。

④ 例如，当学校教育成为学生接受教育的唯一选择时，当学生对这种教育方式表现出极端不满时，就会采取极端的方式对待自己。2009 年 4 月 18 日《中国青年报》报道的"河南高三女生小蓓跳楼自杀"的事件就是一个反映学校教育问题的例子。小蓓虽然被救了，但是她对学校教育也看透了。她说："我恨学校！学校根本就不是发自内心地爱老师、爱学生，它只是为了升学率和学校的利益！我根本犯不着为了学校的利益去牺牲自己的生命。"资料来源：《中国青年报》2009 年 4 月 18 日。

谬进行了分析。① 认为学校教育既促进人的发展又束缚人的发展。其文化精神限制了人的生成，简化了人的丰富性；其文化选择不能充分反映文化的多样性，不能充分考虑学习主体的多样化需求，使学生失去其他发展的可能；其文化传递采取图式化运作，使学生对学校教育文化有着过度的文化认同，限制了学生潜能的发挥；其文化约束可能使学生形成消极的边际人格和分裂的人格。

总之，我们应当注意学校教育与教育的区别，特别应当关注"制度化"的学校教育所产生的负面作用和保守的特性；同时也要注意学校教育研究与教育研究的区别，学校教育研究有自己的特点和研究领域。对学校教育进行研究不仅可以丰富关于现代学校的理论，也可以丰富一般教育研究的内容。

三　学校教育研究的价值

学校教育研究是教育研究中一个重要的问题，近年来已引起我国许多学者的关注。通过对中国期刊网（CNKI）2010—2015 年度资料进行查询，在输入"学校教育"关键词后，可以得到 3.8 万多条研究的记录。其中涉及国内学校教育的主要有学校教育创新、学校教育资源、学校教育制度、学校管理、学校文化、学校教育评价、学校应试教育和素质教育等方面的研究。涉及国外学校教育方面的主要有家庭学校教育、特许学校、学校公民教育等。

在著作方面，从 2000 年以来主要有：［美］西尔维亚·法纳姆·迪戈蕾的《学校教育》（2000），叶澜等著的《教育理论与学校实践》（2002），［美］约翰·杜威著，赵祥麟译的《学校与社会·明日之学校》（2005），［美］乔伊·麦希斯密特的《学校管理手册》（2005），［美］约翰·古德莱得的《一个被称作学校的地方》（2006），［美］沃尔特·范伯格与乔纳斯·F. 索尔蒂斯合著的《学校与社会》（2006），赵连稳、朱耀廷的《中国古代的学校、书院及其刻书研究》（2007），［美］乔尔·斯普林著，史静寰等译的《美国学校》（2010），黄全愈的《美式校园：

---

① 姜月：《论学校教育的悖谬：基于文化视角的分析》，《教育研究》2009 年第 1 期。

素质教育在美国》（2010），张济洲、黄书光的《文化视野下的村落、学校与国家：一个地方社区基础教育变迁的历史人类学考察》（2011），李新玲的《在家上学：叛离学校教育》（2012），杨素琴的《创新教育：学校内涵发展探索》（2012），林杰（Jay J. Lin）的《我在美国当老师：还原最真实的美国中学教育》（2013），［美］阿兰·柯林斯、理查德·哈尔弗森的《技术时代重新思考教育：数字革命与美国的学校教育》（2013），［美］威廉·鲍威尔、欧辰·库苏玛—鲍威尔的《如何进行个性化教学：来自国际学校的启示》（2013），刘铁芳的《什么是好的教育：学校教育的哲学阐释》（2014），李希贵的《学校转型：北京十一学校创新育人模式的探索》（2014），［美］戴安·拉维奇的《美国学校体制的生与死》（2014），余清臣等的《现代学校价值教育》（2015）。

需要指出的是，本书研究的学校教育主要指基础教育阶段的学校教育，即普通中小学教育。因为中小学教育是一个国家和民族整个教育的基础，基础如何，直接影响到教育系统和结构的运行。虽然，高等学校教育与中小学学校教育有密切联系，但由于其特点及所关注的问题多与中小学学校教育有许多不同。因此，高等教育的学校教育问题不在本书研究范围之内。

研究学校教育具有重要的价值。从学校教育的历史发展来看，一个民族的学校教育总是与一定社会和文化的教育发展水平相适应的。在不同时期，在不同的条件下，学校教育采用不同的价值形态，形成儿童不同的价值观念，知识结构，思维方式和行为方式。从文化的角度上看，不同的学校教育实际上是一个民族对其生存方式和发展方式进行选择的结果，是一个民族文化和教育观念长期熏陶的产物。例如，受斯巴达文化的影响，斯巴达学校教育的目的是把儿童培养成勇敢善战的军人；古代东方中国的学校教育是把儿童培养成为熟读"四书五经"、适应科举考试的官吏；而日本的学校教育是把儿童培养成忠君报国的武士。在现代，美国的学校教育培养了适应社会发展、重视自我的创造性人才；而德国的学校教育则造就了高效率的工业劳动大军。不同时期，不同文化的学校教育正是在这种发展变化中不断丰富自己的内涵，适应社会向前发展的。

从学校的现实情况看，研究学校教育对于认识儿童发展、解决学校实际问题也具有重要意义。在现实条件下，一个人接受学校教育的时间已经由过去的几年增加到十年以上，校园生活已经成为一个人一生中的重要时光。从这个意义上说，学校教育在儿童成长中的地位和影响是不容忽视的。从个体的成长看，一个人的发展总是有一定阶段的，前一阶段的发展总会对后一阶段的发展产生影响。由于学校教育在儿童的发展阶段具有奠基的作用，因此，这一时期学校教育的影响对一个人今后发展的影响也是非常重要的。

另外，从横向研究来看，一个国家和民族的学校与家庭教育是什么关系，与社会如何联系，有什么特色，受哪些因素的影响，等等，多角度的研究这些问题，也可以使我们更好地、全面地认识和把握一个民族儿童发展和学校教育的关系，以及学校教育的长处和存在的不足。

在学校教育研究中，选取个案进行一定研究是非常必要的。本书选取中、美两国的学校教育进行比较研究，主要基于这样的考虑。从历史上看，任何国家的教育发展不外乎依靠两条途径：一是通过自身的创造与发展；二是通过吸收外来的文化营养。在现代社会，进行国际的教育比较尤为重要。有比较才有鉴别。知己知彼，才能使我们永远保持清醒的头脑，才能使我们明确自己的发展方向。由于学校教育的比较研究是一项复杂的系统工程，因而，必须有重点的进行。具体的考虑如下：

第一，从文化类型和特色的角度看，中国与美国可以说是世界文化发展坐标上的两个重要的代表，即东西方文化的典型代表。美国文化既有欧洲文化的根基，又有自己本土的创新，它是一种多元文化融合和不断创新的产物。中国文化既保留了历史文明古国的风范，又有吸收西方现代文化精神的内涵。它是以中国传统文化为根基，又整合了不同时期，适合自己需要的复合型文化。两国不同的文化基础和发展路径，必然通过一定的形式表现出来，从而形成各自学校教育的显著特征。

第二，从传统文化与现代化的关系上看，现代化是建立在对传统文化的积极因素进行选择的基础上的，它是一定条件下传统文化积极因素发展的必然结果。同时，传统文化中的消极因素又在一定程度上制约着现代化的进程。中美两国都有其自己的传统文化，也有现代化的进程，虽然中国现代化的起步相对晚些，发展水平还有限，但与美国一样，也同样会遇到现代化与传统文化冲突过程所出现的各种问题。研究两国学校教育在现代化过程中，如何处理现代化与传统文化的关系，以及如何在这一过程中不断确立和更新学校教育的经验和教训，吸取其积极因素，认识和克服其消极因素，对于认识现代学校教育的本质、特征及发展趋势具有重要的意义。

第三，从教育比较的角度来看，美国是教育思想较为活跃，学校形式创新较为多样化的国家，有许多经验值得研究。中国是一向重视自己的教育传统，学校形式相对稳定，并在各种文化冲突面前保持自己特色的国家。两国不同的教育发展历史，不同的教育制度和教育方式，建构了各具特色的学校教育。对二者进行比较，可以从不同的方面和角度获得启迪和教育，有利于更好的思考和认识现代学校教育的本质。

第四，从适应 21 世纪社会发展需要的学校教育的角度来看，两国的文化背景和教育形态，分别反映了不同民族各自在教育问题上的探索；有经验，也有教训，但都是人类对学校教育进行理性思考的结果。因此，站在今天人类继续向前发展的立场上，用历史和批判的眼光看待学校教育，寻求促进今天学校教育进步的经验和教训，也是非常有意义的。

第五，中国改革开放的格局和市场经济为主导的大环境提供了这种比较的可能性。近年来，随着中美教育界在学术上和实践上的互动和往来，特别是近些年美国学校教育的不断变革所提供的新的信息，各种新的学校形式的出现，使我们从各自的经验中看到了许多共同的东西，也看到了许多不同的东西。而其中深层次的东西可能是文化类型差异上的不同。① 一位美国学者说得好，即使将来各国政治、经济上（全球化、一体化等）的隔阂消除以后，还会有文化上的隔阂存在。因而，各国都应当尊重对方的文化类型，都应尊重各自这种因不同的文化选择而形成的学校教育。

在当今时代，文化多元化已成为世界文化发展的主要趋势。多元的文化使得这个世界多姿多彩。正是这样一个丰富多样的世界，多样的文化，才为我们更好地博采众长，求同存异，共同发展创造了有利的条件。同时，以市场经济为主导的各个方面改革已经成为中国改革的基本选择。从这个角度来看，研究学校教育，促进儿童发展，在中国和美国方面会有一

---

① 著名教育家顾明远先生的专著《中国教育的文化基础》，就是从文化的角度对中国传统教育和现代教育进行了深入和细致的研究。参见顾明远《中国教育的文化基础》，山西出版集团、山西教育出版社 2008 年版。

些值得探索和解决的问题，这些问题都需要我们认真地加以研究。

　　总之，从文化的视野研究学校教育，特别是通过对中国与美国学校教育的比较研究，主要目的是加强交流，拓宽视野，认识不同文化背景下的不同类型学校教育模式，将其进行比较，以更好地认识和发展自己。当然，进行中美学校教育的比较，并不意味着美国的东西一定优于我们，况且优于我们的东西也不一定完全适合我们。新中国成立以来，中国的学校教育已经多次进行改革和借鉴，现在已经从数量上的改革进入质量上的改革阶段。因此，对美国的借鉴必须建立在中国文化传统的基础上，并以中国社会和教育能够接受的方式进行。中国的教育要走向世界，就要了解世界，就要加强与国际上的教育的交流，吸收世界上最先进的教育成果。同时，中国教育要走向世界，就要发扬和保持中国的文化传统，保持自身的特色，在交流和撞击中发展自己。21 世纪的中国学校教育的构成应是具有中国特色的，符合现代教育发展趋势的学校教育。

第 一 章

影响学校教育的基本因素分析

学校教育的存在是受多方面因素影响的。研究学校教育的一个目的之一就是要认识学校教育的基础，分析影响学校教育的基本因素。本章主要从与学校教育密切相关的环境因素、文化因素、家庭因素和教育因素等方面进行分析，并探讨其对学校教育的影响和作用。

第一节　环境因素与学校教育

这里的环境因素是一个较为狭义的理解，主要是指人类赖以生存的物质条件和社会条件。从环境因素的角度研究学校教育，主要是对影响学校存在的物质条件和社会条件进行分析，认识学校教育存在的物质基础。

一般来说，环境因素主要包括自然因素和社会因素。自然因素是指与民族生存与发展密切相关的生存的空间，地域以及自然资源等。一个民族生存的空间的大小，生存的地域（沿海、内地、平原、山区等）的不同，自然资源的多寡，富庶还是贫瘠等都会影响着民族的生存和发展。在现代的条件下，与社会因素相比，自然因素对民族的生存与发展具有一定的不可改变性和不可选择性，在一定程度上制约着学校教育的发展。①

当然，随着人类不断地认识和改造自然界，以及人类社会的影响，人类生存的自然环境已经逐步人文化和社会化了。特别是在一些经济发达国

---

① 如在山区，特别是一些贫瘠的山区，人们为了生存很可能会背井离乡，寻找其他可供生存的地方；同样，在这些地方，学校的建设一般也比较困难，数量少，生存困难。这种情况在中国的一些边远地区、农村地区，以及那些以游牧为主的少数民族聚居区也会存在。

家，例如美国，自然因素已经不再成为影响一个国家的民族生存与发展的重要因素了。在现代社会，人们已经形成这样一种观点，即资源贫困（这应当属于自然因素的重要方面）并不等于国家贫困，资源富有也不等于国家富有；而学校数量的增加、各类教育的普及、人口质量的提高，在很大程度上可以弥补或者降低由于自然资源的不足而带来的负面影响。从这个意义上说，构建现代学校教育制度已经成为各国发展教育的重要的战略选择之一。

社会因素主要指一定时期社会总体的发展情况，包括一个国家的政治制度，经济制度，政治、经济发展水平，科技发展水平，人口构成及人口素质等，也包括一定的文化因素。一个社会的总体发展水平对民族的生存与学校的发展有着重要的影响。

从社会的政治制度来看，古代社会的城邦政治制度主要是以世袭制、等级制和专制主义为特征的。在这种制度下，社会只注重统治阶级的教育，只注重少数人的教育，教育与普通大众是无缘的。社会上所有人的发展，包括统治者和被统治者都是一种有限的和片面的发展。因而，在现代社会形成的过程中，为少数人服务的古代社会的学校教育一直是社会政治改革的对象。现代社会的国家政治制度一般是以民主性和开放性为特征的。在学校教育上，它开始重视人民大众的教育权利，儿童的自由发展和全面发展成为教育的中心任务。当然，在现代社会中，在政治权力的分配上，有中央集权制、地方分权制和二者的混合制之分。它使得不同国家和民族的学校教育呈现多样性和复杂性的特征。一般说来，中央集权制的国家，学校教育具有统一性大于多样性的特征；地方分权制的国家，学校教育具有多样性大于统一性的特征。当然，在现代学校教育中，完全以一种体制为主的国家已不多见，多样性和相对集中的结合在一些国家开始得到重视。

从社会的经济制度来看，不同时期，不同类型的经济制度对学校的发展也会产生重要的影响。古代社会的经济制度是以小生产的自然经济为特征的。生产上的自给自足和因循守旧的特点强化了人身依附关系和保守心理。在这种制度下，屈从权威、缺乏活力、趋向封闭，成为学校教育的主要特征，个人的发展是有限的。现代社会的经济制度是以大生产，社会化的商品经济为基础的。它重视生产力的解放和发展，重视社会物质财富的创造。个人在经济上的独立和富裕成为社会追求的价值标准。在这种制度影响下，学校教育逐步呈现出民主和开放的特征。现代经济制度的建立，为儿童的全面发展和学校教育的民主化提供了有利的条件。

那么，在现代社会条件下，社会的经济制度与社会的政治制度是什么样的关系呢？这种关系对于学校教育会产生什么样的影响呢？

首先，一个国家的经济制度在很大程度上受国家政治制度的影响。例如，同是主张市场经济的国家，但在政治方面，有中央集权型的，如中国；有地方分权型的，如美国。一般说来，中央集权型的国家比较注重国家经济政策的统一和指导，而在其他方面鼓励竞争；而地方分权型的国家则很少制订国家统一的经济政策，主要依靠市场的需求自主调节，奉行的是自由主义市场经济。如美国的学校教育就鼓励市场化运作。这种受不同政治制度影响下的经济制度使学校教育带有许多与其相适应的特征，例如，前者的统一性和规定性可能多一些；后者的多样性和灵活性相对大一些。目前，中国社会的各个方面受市场经济的影响越来越大，但是在学校的发展上并不鼓励市场化，学校的发展由于受许多条件制约，体制显得单一，活力不够。如私人或者民间资本对学校教育的投入和私立教育的发展还比较有限。

其次，社会的政治制度在选择一定的经济制度上发挥着重要的作用。众所周知，计划经济在一个相当长的时期内，曾经是一些国家的基本经济形式。但实践证明，完全计划经济的选择，对于国家和民族的长远发展来看并不是一个最佳的选择。中国社会主义市场经济体制的确立，是在长期政治、经济发展实践中做出的一个重要选择。它既注重国家的社会主义性质，又兼顾市场经济的健康发展。在教育方面，这一特点也使得国家在改革原有的学校教育方面，以及在学校教育转型方面能够考虑各个方面的因素，充分发挥政府、教育和市场的作用。但需要注意的是，在学校教育转型过程中，原有的、经过几十年发展所形成的适应计划经济的生活方式、生活习惯，原有的经济体制与新的经济体制的冲突，以及新的体制在发展过程中存在的问题，都会对学校教育的转型产生重要的影响，学校教育的改革不是一蹴而就的。

当然，社会的经济制度也会对社会的政治制度产生影响和制约作用。在一些国家，经济制度的形成与政治制度是同步的。如美国在国家独立以前，就已经有了一定的自由主义经济，而国家独立后，又促进了这一经济的发展。现在美国已经有了比较成熟的市场经济和较为完备的经济制度，形成了以市场为主导的资本主义经济制度。这一制度不仅影响了其政治制度的发展，也影响了学校教育发展模式的选择。如 20 世纪后期美国在教育上推行的"教育券""公校私营""特许学校"计划等。需要指出的是，由于美国政府的导向作用和新自由主义思潮的影响，以及非营利教育机构在学校教育中所扮演的重要角色，使得美国学校和学生没有特别大的压力，这在一定程度上为培养学生创新意识和创造力提供了条件。

中国的经济制度有自己的特点。新中国成立以后的经济制度是受政治制度影响形成的计划经济制度；而改革开放以后逐步形成了社会主义市场经济制度。这一制度开始打破已有的"二重结构"型的经济制度，即实行制度创新的工业经济和较落后的农业经济并存型的经济制度，并且试图解决过去由政府干预较多的市场经济向今天的企业主导的市场经济过渡的问题。而近些年，随着社会主义市场经济制度的逐步确立，已经开始对政治制度的变革提出了相应的要求。这一变化说明，在市场经济占主要地位的今天，中国应当建立符合自己国情的、新型的经济制度，同时也要建立适应这一经济制度的政治制度和学校教育制度。培养适应市场经济需要的，能够进行合理和科学选择的新一代，是目前学校教育改革的重要任务。总之，在现代社会，政治制度和经济制度的相互作用已经成为影响学校教育的主要因素。这应当成为我们研究学校教育的重要的思考点。

学校教育不仅受国家的社会政治制度和经济制度的影响，也受一个国家的经济发展水平，科技发展水平，以及人口构成和人口素质的影响。相对来说，经济发展水平和科技发展水平高的国家，教育的基础雄厚，资金投入大，教育的普及率高，人口素质的总体水平也比较高。目前，在一些发达国家，学校教育已经普及到了高中。接受高等教育的人数已占同龄人口的 50%—70% 以上。80% 以上的国民接受了一定文化知识的教育。而经济发展水平较低和科技发展水平较低的国家，相对来说，教育的基础薄弱，资金的投入有限，人口素质的总体水平相对较低。特别像中国这样的发展中国家，人口基数大，人口负担过重，人均教育经费较低，使学校发展的条件与发达国家相比存在着较大的差距。例如，当一些发达国家已经普及了高中教育时，我国只有沿海地区和一些大中城市普及了9年义务教育；当一些发达国家提出了迈向"学习化社会"时，我国还有众多的人口需要脱盲，① 还有贫困地区的众多儿童需要"希望工程"的救助。当一些发达国家由于出生率的下降，出现学校"小型化"，班级"小型化"时，我们却由于学生人口基数的庞大②，学校和班级人满为患，这些都会给儿童的发展和学校的管理带来一定的影响。我国经济发展的不平衡性导致了教育发展的不平衡；而学校教育条件的落后又导致了儿童发展条件的落后。改善学校发展的环境和办学条件已经成为我国教育发展的中心任务。

总之，学校教育是一个民族生存和发展所需要的自然因素和社会因素相互作用的产物。其中，影响学校存在和发展的社会因素更占有重要的地位。只有充分考察不同学校存在和发展的各种因素，考察影响学校发展的众多因素，才能科学地认识和解释不同学校教育的特征和具体内容。

第二节　文化因素与学校教育

从文化因素的角度研究学校教育，实际上是对影响学校存在的不同文化类型进行分析，以认识学校教育的文化基础。不同的学校教育在一定程度上反映了不同文化类型的影响。

目前，关于文化的一般认识是，文化是指在一定时期人类社会所创造的精神产品和物质产品的总和，其中精神产品占有重要的地位。任何一个国家的学校教育都是建立在一定的文化基础上的；不同的文化对于学校教育产生的影响是不同的。作为一种文化，从类型上划分可以有诸多分法。

---

① 据2010年第六次全国人口普查，我国总人口为1370536875人。其中内地31个省、自治区、直辖市的人口中，文盲人口（15岁及以上不识字的人）为54656573人，同2000年第五次全国人口普查相比，文盲人口减少30413094人，文盲率由6.72%下降为4.08%，下降2.64个百分点。

② 据2010年第六次全国人口普查，在总人口1370536875人中，0—14岁人口为222459737人，占16.60%。15—59岁人口为939616410人，占70.14%。同2000年第五次全国人口普查相比，0—14岁人口的比重下降6.29个百分点，15—59岁人口的比重上升3.36个百分点。

为了研究方便，这里主要从两个方面进行划分。一是从时间上分为传统文化和现代文化；一是从空间上分为东方文化和西方文化。

一般来说，传统文化是农业文明的产物；现代文化是工业文明的产物。二者既有区别，又有联系。传统文化作为一种历史存在，是人类社会长期发展过程中，人类的精神活动、政治活动、经济活动和其他社会活动相互作用的产物。它是一个民族赖以存在的根基。任何一个民族的发展和进步都离不开传统文化的影响。因而，从这个角度说，传统文化一旦形成，就会成为社会最稳定、最有影响力的因素，制约着社会的发展和学校教育的形成。现代文化是一个民族进入现代历史阶段，结合现代社会的发展特点，继承和改造传统文化的产物。一个民族现代文化的形成，必然要对传统文化构成一定的冲击。但同时，一个民族的现代文化总要带有自己传统文化的特征。现代文化是构建在传统文化的基础上的。

在现代社会，传统文化的影响和作用，对于不同国家的学校来说是不同的。一般说来，在一些历史相对较短的国家，传统文化的影响和作用相对小些；在一些历史相对较长的国家，传统文化的影响和作用相对大些，而在一些现代化程度较高的发达国家，传统文化在一定意义上又是与现代文化等同的，例如美国。需要指出的是，在一些历史相对较长，传统文化占重要地位的国家，传统文化的长期积淀，会形成民族的一种心理定式，使传统文化在与异质文化的交流中，易产生一种拒斥效应。这也就是为什么一些历史相对较长的国家，在实行对外开放，对内改革时，要承受更大的社会阻力，导致改革成本高的重要原因。因而，在一个民族教育现代化的过程中，传统文化是必须考虑的重要因素。从这个意义上说，现代学校教育在一定程度上是一个民族传统文化和现代文化相互融合的产物。在现代社会条件下，任何国家的学校教育都会打上本民族传统文化的烙印，反映出本民族文化的特色。同时，传统文化的存在，也会影响一个民族学校教育在对待和接受现代文化方面的态度和进度。当然，传统文化的存在并不意味着一个民族的学校教育的发展只能消极地适应传统文化；相反，一个民族学校教育的发展应在继承传统文化的基础之上，根据社会发展的需要对传统文化进行一定的改造。现代学校教育的形成实际上是对传统文化的继承和发展的结果。

东方文化和西方文化的不同形态和差异也是影响学校教育的重要因素

之一。有的学者指出，东方文化具有和谐性，自足性和非进攻性的特征。因此，受东方文化影响，学校教育一般注重培养群体和谐意识，注重群体中个体生命的保存和发展。西方文化具有极端性、求异性和进攻性。因此，受西方文化影响，学校教育一般注重培养儿童自主和探究意识，是重视儿童的自我发展和儿童生命价值的表现。也有学者指出，依靠东方文化，人类能够和谐地生存下去，但是社会和教育的发展缺乏应有的活力；依靠西方文化，人类能够利用各种手段（主要是科学技术）创造物质财富，使社会得到迅速发展，但极端的个人主义又会给社会和教育带来问题。因而，就人类文化的总的发展趋势来看，应是东方文化和西方文化的有机结合。事实证明，在人类进入现代社会时，西方文明，特别是西方的科学技术在推动东方社会发展方面发挥了重要的作用。同样，在人类进入21世纪以后，西方社会各种问题的出现，使得一些西方有识之士开始转向东方，特别是转向东方的儒家文化，寻求解决问题的办法。从这个角度来看，文化因素对于学校教育的作用和价值是值得注意的。

其实，在现代社会，任何一个国家的学校教育的发展都离不开传统文化的影响；同时也都需要吸收外来民族文化的营养。每一个民族和国家的学校教育既要从自身的利益出发，也应从人类社会的共同利益出发，改革自身传统文化中不适应现代社会发展需要的东西，容纳和吸收其他民族一切有价值的东西。使其不仅符合自己的国情，而且也拥有世界性的和全人类共同的东西。这是传统文化和现代文化，东方文化和西方文化影响学校教育的一种选择和更新。这种选择和更新，必然会推动学校教育的变革，使学校的发展更具有现实性和时代性，从而奠定21世纪学校教育发展的基础。有的学者指出，未来社会文化发展的战略目标，应是建立自然，社会和人的真、善、美的和合体。① 如果这种观点为人们所认同，它必将使传统文化与现代文化，东方文化和西方文化结合得更加紧密，使人类社会的发展进入一个更高的层次，并对学校教育发展提出更高的要求。

当然，文化因素既可以从大的方面进行划分，也可以从更细和更窄的方面划分，这主要看解决什么问题。关于后者的划分，我们将在以后的几章中运用并进行分析。

_____

① 徐怀远：《中国传统文化与经济社会发展研讨会述评》，《人民日报》1994 年 6 月 11 日。

第三节　家庭因素与学校教育

从家庭因素的视角研究学校教育，主要是关注家庭关系、亲子关系及家庭功能的作用，分析其对儿童成长及学校教育的影响，以提供认识学校教育的基础。

家庭是人类社会的基本单位。虽然与学校一样，家庭也由一些人组成，但有不同于学校的特点。首先，家庭血缘关系和亲子关系在维持家庭各成员关系中占重要地位，在儿童成长方面具有重要的作用。任何社会的儿童要成长为一个社会成员，家庭都是其必经之路。由于家庭亲子关系是建立在血缘关系基础上的，它使得父母与孩子的关系最为密切，对孩子影响大。其次，父母对孩子的直接影响。由于儿童在其成长过程中对父母有一个相对的依赖期，孩子愿意仿效父母的行为，接受父母的指导。父母成为孩子在进入学校前的第一位教师和榜样。再次，父母对孩子的监护。在家庭中，父母不仅凭借经验选择和控制外部环境对儿童的影响，而且还提供儿童发展的早期教育的环境，并承担监护的重要责任。父母对孩子的影响是长期的。

从上面的分析我们可以得出这样的认识：一定的家庭关系会影响学校中儿童与他人的关系；儿童在家庭中的早期经验是儿童在学校接受教育的基础；和谐的家庭关系在提供家庭成员的情感关怀，促进儿童社会化的早期发展方面具有重要的作用。

受不同文化的影响，不同民族的家庭关系对于儿童成长的影响是不同的。据一项研究指出，世界主要有四种典型的家庭，其家庭关系和亲子关系有着明显的差异。

第一种是在欧美等基督教文化国家中，家庭比较重视夫妻间的横向联系，亲子间的联系弱。子女从小在父母的影响下，接受个人生活方式的教育，独立性受到鼓励。第二种是在东亚的佛教和儒教文化的国家中，家庭比较重视父母和子女之间的纵向联系，父母和子女相互依赖。父母总是试图为子女创造良好的条件，使子女适应环境，认识和协调对周围人和事物的关系。儿童对家庭和父母的依赖性较大。第三种是在印度等印度文化的国家中，家庭虽然强调亲子之间的纵向联系，但是以母子为中心。子女在身体上和精神上对母亲具有单方面的依赖关系。容易形成儿童缺乏活动能力的性格。第四种是在非洲等伊斯兰教文化的国家里，家庭十分重视兄弟姐妹之间的关系，忽视父母与子女间的关系。他们认为与其重视长辈的保护，不如重视个人的能力和力量。另外，在男女儿童的教育上，女性的自由比较少些，男性则是解放的、个人主义的。[1]

这里，我们再从家庭功能的角度重点分析受儒家文化影响的中国家庭。有学者[2]指出，任何社会的家庭主要有两个功能：一个是经济功能，即经济互助；一个是社会功能，即精神互助。经济功能包括两方面，第一，家庭内部存在的各种隐性债务和责任等；第二，因血缘关系，家庭可以大大减少各成员间利益交换的风险和成本。

受这种儒家文化的影响，中国家庭的经济功能和社会功能是混在一起的。由于父母对子女养育有投入，子女长大后就要对父母尽"孝"，为父母养老。因此，"养儿防老"成了中国家庭最大的投入和回报，成为家庭强制性的经济责任。

由于中国的家庭文化往往是把经济功能放在第一位，社会的情感功能是弱化的。为了实现这种经济功能和回报，家庭中子女的出生顺序决定了子女的名分和责任；家庭成员的"血缘关系"十分重要，父母往往认自己亲生的孩子，领养的孩子靠不住；家庭中子女对父母的"顺从""听话"往往排在第一位，要感到"孝"的责任和压力；家庭成员的关系往往先利益，后亲情，或者只看到经济利益。

同时，受这种儒家尽"孝"文化的影响，中国的家庭文化多强调限制个人世界、压抑个性。子女只知道自己的名分，不敢质疑和挑战长辈的权威，结果必然抑制中国文化的精神文明内涵。

在现代社会，随着现代生活和现代文化对家庭的影响，家庭功能和成员关系也在发生重要变化。在西方社会，家庭文化已经走出利益交易功能，强调的是个人的权利与自由。父母多是让子女根据自己的偏好和世界观不受制约地最大化自己的精神世界。在中国，家庭的经济功能也逐步从家庭尽"孝"文化中分离出来，家庭成员开始重视社会的情感功能。在

---

① 转引自《不同民族家庭关系对儿童的影响》，《家庭教育报》1994年4月8日。

② 陈志武：《儒学无法使中国走出温饱挑战》，凤凰网财经，凤凰网，2010年2月23日。

一些大城市和发达城市，父母生儿或育女，首先想到的不再是"养儿防老"；对于子女，也不再强调他或她尽"孝"，把子女当成自己的财产。家庭已经成为情感交流、心灵沟通的地方，父母跟子女间的交往也日益平等。这种家庭文化和功能的变化，为每个人的自由发展奠定了基础，成为中国主流文化发展的趋势。

总之，在现代社会，家庭关系的民主化和家庭成员的精神生活质量已经成为衡量一个社会和家庭的重要指标。在现代社会中，家庭能否建立最小的民主单位？这表明，现代家庭的发展与现代社会的发展越来越紧密地联系起来。家庭关系的建设已从过去自我封闭的状态走向一个民主和开放的状态。新型家庭关系的建设在社会的发展中承担着越来越重要的责任。因此，从这个意义上可以说，社会的民主化有赖于家庭的民主化，家庭的民主化更有利于儿童在学校教育中成为一个适应社会发展的人。

第四节　教育因素与学校教育

从教育因素的视角研究学校教育，主要是认识不同的教育方式及影响教育方式的因素在学校教育中的作用和对儿童发展的影响，把握学校教育运行的基本特征。

学校教育的存在与发展，不仅与环境因素、文化因素和家庭因素有着重要的联系，也与一定的教育因素有着密切的联系，其中教育方式是重要的方面。教育方式主要指在一定的教育观念指导下，教育者与受教育者采用相应的教育方法或手段共同完成一定的教育活动或教育任务，使儿童形成与民族文化和价值观念相一致的行为方式的总称。从这个意义上说，学校教育是最能够集中体现教育方式的地方。

我们知道，人的发展总是在一定的教育环境中实现的。在一定的教育环境里，人们在教育下一代过程中所形成的比较有效的教育方式，又会成为继续对新的一代进行教育的方式。因而，在一个民族的长期发展过程中，这种教育方式通过一定形式的积累、复制，逐步内化为民族教育，特别是学校教育的重要组成部分，从而对这个民族个体的存在和成长产生着重要的影响。所谓学校教育的"制度化""规范化"实际上是在复制和内化一定教育方式的产物。

当然，教育方式并不是一成不变的，它是随着社会和教育的发展而逐步变化的。但是它一旦形成以后，会对学校教育产生比较长久的影响。从学校教育的发展历史上看，古代学校的教育方式与近代学校的教育方式有着明显的不同。而近代学校的教育方式与现代学校的教育方式又有着明显的区别。这种区别正是与一定社会对儿童发展提出的要求相适应的。一个民族不同时期学校教育方式的变化会从整体上影响这个民族的学校教育。

这里需要注意影响教育方式变化的一些因素。在影响教育方式的各种因素中，一定的教育观念会对教育方式产生重要的指导作用，从而形成一定教育方式的差异。例如，关于学校教育中教师作用的认识和对学生作用的认识，由于教育观念的不同，会对教育方式产生一定的影响，从而构成不同民族学校教育管理行为的基本特色。因而，在了解一种教育方式的过程中，认识其教育方式背后的教育观念是非常重要的。在学校教育中，我们经常说到"形似"和"神似"的问题，即尽管我们学到了别人的某些技能、技巧，但总是达不到别人的高水平，"形似"而"神不似"。其中重要的原因就是，我们学习的重点只是放在对教育技能、技巧的掌握上，而没有放在对教育观念的深刻理解和变革上。正是从这个意义上，我们才说在学校教育改革中，只有教育观念上的转变，才是真正意义上的转变。

在影响教育方式的因素中，教育内容也会产生一定的作用。我们知道，任何教育内容都是人们根据一定时期社会发展的需要，从儿童发展的特点出发，从一定民族或一定阶级的利益出发，对儿童传授知识和技能，培养儿童具有与社会和民族价值观念相一致的行为和习惯的总和。不同的教育内容需要不同的教育方法；用不同的教育方法指导儿童进行学习，会对儿童发展有不同的影响。例如，重视知识与生活联系的教学与单纯重视书本知识的教学，在教育和教学方法上会有很大的不同，前者比较注重知识的应用，后者比较注重知识的死记硬背。长期采用某种教育方法，便会影响到教育方式的不同，从而形成学校管理行为方面的差异。

例如，有研究者指出，19世纪以前欧洲学校教育的主要目的是训练教士和政治家。因为在近代社会人们的心目中，世界是稳定的，并且从根本上讲是已知的，如果说还存在未知的部分，那也可以从已知的知识出发推导出来，秩序是一以贯之并且无所不在的。未来在某种意义上被想当然地认为是历史的重演，人们从未设想过这个稳定的世界秩序会存在被颠覆的危险。在这种历史背景下，学校教育的主要任务是传授固定的知识；学校教育中最重要的品质是稳定。

自 19 世纪以来，世界发生了深刻的变化。工业革命、信息革命、医学革命带给了人们希望；经济危机、能源危机、核武器、环境危机也给人们带来了恐惧，两次世界大战动摇了人类对自身理性的傲慢；随着社会伦理、道德、信仰、哲学、科学的深刻变化，人类开始意识到，未来将不再是过去的重演，未来是一个变化大于稳定的年代。这种时代趋势给学校教育带来深刻的影响。从此，教育的指向不再是重复僵硬的知识或真理，而是创新；学校教育最重要的品质也不再是守旧的稳定，而是在未知中追求进步。这种对知识性质和作用认识的变化对教育方式和学校教育产生重要的影响。

需要指出的是，不同的教育内容采用不同的教学方法可以导致教育方式的不同。同样的教育内容采用不同的教学方法也会导致教育方式的不同。例如，同样进行科学教育，但是采用具体、探究和可操作性的教学方法与采用讲授式的和知识性的教学方法，会使学生对科学知识形成不同的认知取向。这种教育中采用的不同的教学方法，通过影响教育方式，进而影响到学校教育的不同，从而形成不同学校教育的特色。

总之，学校教育与民族发展的环境因素、文化因素、家庭因素和教育因素有着密切的关系。当然，我们仅仅从这四个方面进行研究，只能对学校教育的特点有个一般了解。实际上，在一个社会中，学校教育的存在和发展是受多种因素影响的。学校教育的研究也是复杂的和有较大难度的。我们选取这样四个方面，主要目的就是试图通过对影响学校教育的一些因素进行分析，认识到学校及学校教育的存在与社会发展的密切关系，认识到学校及学校教育存在的历史、政治、经济、文化、家庭、管理等因素的作用，以务实的态度和开阔的视野来看待和研究学校及学校教育。

第二章

中、美学校教育的思想渊源

学校教育的形成不仅有一定的基础，也有一定的思想渊源。研究学校教育的思想渊源，不仅有助于认识学校教育的文化根基，也有利于认识不同文化基础上学校教育的特点。本章将以美国和中国为例，选取有代表性的与学校教育有关的思想进行分析。

第一节　美国学校教育的思想渊源

一般来说，美国学校教育的形成和发展是深受欧洲思想影响的，是以欧洲的个人主义文化和思想为基础的。早在古代希腊时期，苏格拉底、柏拉图和亚里士多德等思想家和教育家，就阐明了在教育活动中促进儿童自由发展的思想。在文艺复兴和宗教改革时期，欧洲的人文主义者和宗教改革家继承了古希腊的自由教育的思想，并倡导儿童精神上和行动上的自由和独立，推动了西方个人主义教育观的发展。近代西方个人主义教育思想的核心内容是：注重儿童在教育中的地位，强调人的个性的发展和思想上的自由，奠定了欧洲近代学校教育思想的基础。在近代社会，随着民族国家的兴起，西方各国又根据自己的需要发展了个人主义教育思想。美国学校教育正是在这样的基础上结合本国的实际情况，形成了自己的特色。从近代开始，影响美国学校教育的思想主要有以下几个方面的内容。

一　理性主义与学校教育

理性主义，古代希腊就已有之，当然它主要关注人的思想层面。在近代欧洲，理性主义不仅是欧洲思想家反对封建主义专制的有力武器，而且也是许多教育家批判封建主义教育、关注现实和强调人的理性发展的有力武器。理性主义教育代表人物在 17 世纪主要有洛克、培根、笛卡儿，18世纪有康德等。① 从学校教育的角度看，英国洛克的重视理性指导、发展儿童心智的理性主义教育思想具有代表意义。

我们知道，洛克是反对儿童进学校接受教育的，但他的思想并不妨碍我们认识他关于对学校教育的理解。他认为，作为教育者，首先面对的应是一个活生生的个体，一个具有理性的人。教育者只有把儿童看成是一个有理性的人，才能进行正确的教育。洛克还认为，把儿童看作一个理性的人必须与儿童切身的利益联系起来，必须从儿童的利益上进行考虑。从这个思想出发，洛克批评学校教育只追求形式的、无用的东西，而牺牲儿童利益的做法。他认为，教育应使儿童追求对自己有利，对自己的事业有利的东西。对一个人来说，有利的东西很多，那么对一个儿童将来成长和发展最有利的东西是什么呢？洛克认为，主要包括四个方面：德行、智慧、教养和学问。在他看来，"德行"是放在第一位的。好的德行应以理性为指导，让儿童服从理性，善于克制自己的欲望。他说："一个人要能克制自己的欲望，要能不顾自己的倾向而纯粹顺从理性所认为最好的指导，即使欲望是在指向另一个方向。"② "智慧"主要是指儿童根据理性形成正确的、有预见性的判断，具有处理个人生活事务的能力。"教养"主要指儿童在社会关系中形成善于自处的能力。要求儿童既要尊重他人，又要自尊，具有良好的礼仪。洛克也重视"学问"的作用，但他认为，"学问"并不是单纯地积累知识或者把理智用于纯思辨的活动中，而是应当解决生活中的实际问题和实际事务。在处理思维和知识的关系上，洛克主张应为儿童提供多样性的课程。这样可以活跃儿童的思维，避免理智的僵化，使

① 需要指出的是，16 世纪的理性主义是与物理学的发展同步的。其主要特点是宣告理性的权威性和向经院哲学的思想方法的挑战；17 世纪的理性主义者则重视运用本国语言和数学知识进行哲学思考，并通过实证知识认识和改造世界；18 世纪的理性主义者除了康德，还有法国的狄德罗、爱尔维修等人。其主要特点是以理性作为衡量一切事物的尺度，反对宗教迷信、宗教神学、权威崇拜等。在学校教育上，理性主义不仅要求学生学习知识，更主要是要求发展学生的理解力、判断力，反对机械背诵和盲目服从。这方面，可以参考康德的《论教育》一书。

② ［英］洛克：《教育漫话》，傅任敢译，人民教育出版社 1985 年版，第 43 页。

儿童获取精神上的自由和灵活性。

洛克的理性主义教育思想具有以下几个特点：

其一衡量理性的价值主要在于理性能否指导儿童为自身的利益服务，这种利益不仅是思维上的训练，而重要的是对儿童生活的指导和帮助。因此，教育教学的内容要以实用和多样性为原则。

其二是要求教育者要关注儿童的身体，使儿童从小就形成强健的体质，能经受各种困境的磨炼，使身体服从于精神的控制，这样才有利于理性的发展。在他看来，"有健全的身体，才有健全的精神"。

其三是要求教育者从小应对儿童进行说服教育。强调说服教育必须通过教育者自身的行为来引导，培养儿童追求理性的能力，让理性伴随儿童的成长。

其四是要求教育过程要有利于儿童理性的发展。教育内容的安排要循序渐进，同时具有多样性和实用性。教育方法要引导和帮助儿童依靠自己的理性去认识事物。鼓励儿童大胆想象，主动思维，培养儿童的自由思考能力和求知方法。使儿童有能力在需要时从事于任何一门学科。

洛克的理性主义教育思想与古希腊教育家的思想有很大不同，其突出特点首先是他对理性的关注不仅在思想层面，而且还重视实践层面，这为理性与实践结合，为理性关注实践和服务于实践提供了条件。其次是他提出了一种新的成人与儿童之间的关系和对儿童认识的观点。认为儿童既与成人有着一定平等的关系，同时又具有不同于成人的独特的思想和观念。从平等的关系出发，洛克主张，成人与儿童交朋友，要以理性作为处理双方关系的准则，并使其成为儿童发展的指导原则。这实际上是一种早期资产阶级民主平等观在教育上的反映；从儿童与成人的差别出发，洛克表达了两方面的含义：一方面，儿童是在自己的努力下成长起来的，是通过不断获取经验来丰富自己的。因而，在成长过程中，儿童的自主性和独立性的培养是十分重要的。在教育中成人不应压抑而应尊重儿童的特点。另一方面，儿童在成长过程中，又是需要成人帮助的。但帮助的目的是使儿童经过后天的各种严格的训练，养成良好的品行，形成独自待人处事的能力，尽早地走向独立。

总之，洛克的理性主义教育思想反映了英国资产阶级教育的基本原则和价值观念，虽然没有直接研究学校教育，但是对于承认学校教育中儿童的独立性和自主性，对于理解儿童与教师的关系，是有重要意义的。洛克的理性主义教育思想构成了美国学校教育的重要思想基础之一。

二　自然主义与学校教育

在欧洲近代教育思想中，倡导人自由发展的自然主义教育思想占有重要的地位。其主要代表人物是法国的教育家卢梭。他反对长期以来在欧洲教育中占统治地位的专制主义教育，极力主张儿童直接在自然的环境中学习和得到自由的发展。卢梭的自然主义教育思想对西方近代教育思想的发展产生了重要的影响。

卢梭的自然主义教育思想与洛克的理性主义思想有相近之处，又有不同之处。相近之处在于：第一，卢梭的自然主义教育思想是理性主义思想的一种特殊表现形式，其特殊性在于卢梭更重视儿童个体理性的发展，反对成人理性对儿童的主导和强制；第二，他不仅赞同儿童与成人之间的平等关系，而且也强调成人应尊重儿童的权利，使儿童在教育活动中依靠自己的理性和努力，成为自强自立的人。二者的不同之处在于，卢梭反对教育中让成人的理性过早地干预儿童的生活，干预儿童理性的生成和发展，反对进行强制的、人为的训练。

卢梭自然主义教育思想的核心是关于对儿童主体地位和外部因素关系的认识，其主要观点包括：

关于对教育的看法，卢梭认为教育应该包括三个方面，即自然的教育、事物的教育和人为的教育。在这里，人为的教育实际上包括了学校教育。他主张人为的教育不应当成为儿童生活的中心，而应当以自然教育为中心；事物的教育和人为的教育都应当顺应自然的教育，与自然教育方向相一致，才能有利于儿童的发展。为什么要以自然教育为中心，这里涉及儿童发展的动力问题。卢梭认为儿童自身有一种内在的发展潜能，儿童是通过自己的活动，利用一切有利于自身发展的因素，最大限度地发展自己的天性的。

与这个问题相关，卢梭论述了儿童发展的内外部因素作用的问题。在他看来，由于儿童的发展是自然的，是依靠自己的本性推动的。在自然的环境中，儿童通过自己的本性向外扩张，以寻求满足自身需要的东西。因此，在儿童的发展中，教育者只是起一个引导和辅助的作用。外力的强制推动和强迫儿童发展的做法是违反儿童的天性的，是不自然的。

关于儿童发展的连续性和阶段性问题，卢梭认为，儿童从出生到成人的发展是经过几个明显的、相互联系的阶段的。每一阶段儿童都按其独特的形式，有重点地发展自身的某一方面能力。儿童只有通过充分而丰富地生活，完成前一阶段的自然发展，才能做好下一个阶段的准备。儿童发展的自然秩序是不能打乱的。

关于儿童现时的生活和将来生活的关系问题，卢梭认为现时儿童期的发展是非常重要的。儿童期也是真正的人生，是充满快乐的人生。儿童有权享有现时快乐的人生。不应为了儿童不可知的未来而牺牲儿童的现时的生活。应在儿童充分享受现时人生的前提下，根据儿童发展的特点逐步考虑儿童的未来。

与洛克不同，卢梭虽然对学校教育的一些做法是持批评态度的，但是他又不主张完全放弃学校教育。在卢梭看来，与儿童发展有关的因素是众多的，但是学校教育、书本知识、教师的地位等都不能成为儿童活动的中心。儿童是以他本性的自然发展为中心的。一切人为的教育和事物的教育都要服从儿童的自然发展。由于卢梭强调儿童的自然的发展的重要，因而在教育上形成了突出的特点：一是反对压制儿童的个性，束缚儿童个性自由发展的做法。主张自然的教育必须是自由的教育，是依儿童身心自由发展的教育。二是反对强调外在的、强制性的、遥远的教育目的的教育。主张教育要以儿童现时的生活为出发点，关注儿童现在的发展，为儿童的发展创造良好的条件。三是反对用一种固定的教育来约束儿童的发展。主张教育者应时刻注意儿童发展的特点，尊重儿童的个性，顺应儿童天性的发展和表现。四是反对儿童被动的学习和接受教育。主张儿童必须依靠自己的能力，通过自己的思考和努力，而不是别人的思考和意见来完成学习。儿童只是在其本性发展到一定阶段，需要理性控制情感和力量时开始接受正规的学校教育。在学校教育阶段，教师的引导作用对儿童的成长来说是必要的，但应避免儿童对教师和学习内容的依赖性。尽管卢梭强调儿童发展主体地位的重要，但卢梭主张不应使儿童受到过分的关心。应让儿童在生活中接受各种磨难，备受艰辛，在困难的环境中学会生活。卢梭认为，对儿童过分的关心实际上是"在给他们准备苦难"。[①]

卢梭的自然主义教育思想对欧洲和美国学校教育思想和实践产生了重大影响。它直接影响了瑞士的裴斯泰洛齐，裴斯泰洛齐把卢梭的强调个人发展的自然主义教育思想运用到群体发展的学校教育环境中，使自然主义教育思想得到进一步的发展。在美国，卢梭的自然主义教育思想对帕克、杜威等儿童中心的进步主义学校教育产生巨大的影响，成为美国现代学校教育的重要思想基础之一。美国教育家根据现代社会条件下儿童发展的特点，对教育和教学问题进行了深入的和广泛的论述，推动了学校教育的发展。

三　环境设置思想与学校教育

19 世纪后期，随着欧洲社会和教育实践的发展，一个强调设置特殊教育环境的思想开始在德国形成。这一思想的主要特点是一些教育家注重运用辩证的方法，分析儿童在发展和教育过程中的内部因素和外部因素的关系，强调为儿童的发展建立一种特殊的教育环境。其中福禄贝尔和赫尔巴特设置特殊教育环境的思想具有代表性。

福禄贝尔设置特殊教育环境思想的主要特点是继承了洛克和卢梭的教育思想，既重视儿童的自由发展和儿童的理智训练，又尊重和利用儿童本身的自然发展特点和速度，提供适合儿童发展的特殊环境，促进儿童的发展。不过，与洛克不同的是：他强调儿童的发展应有独特的、适合儿童自然发展的环境；与卢梭不同的是，他强调为了儿童的自然发展，儿童教育不是仅仅离开恶的环境，而更重要的是创造条件，建立适合儿童自然发展的独特的教育环境。福禄贝尔指出，这种独特的环境，就是经过教育者精心设计的"幼儿园"教育机构。福禄贝尔的重视儿童发展，设置特殊教育环境的思想为近代儿童教育的正规化、组织化和学校化创造了有利的条件，也为杜威分析学校的特殊作用提供了思想基础。

在教育中，福禄贝尔十分重视儿童发展和教育环境的关系。他认为儿童的发展是主动的，有自由发展的潜能。儿童通过自由活动达到自我发

---

① [法]卢梭：《爱弥尔》，李平沤译，商务印书馆 1996 年版，第 22 页。

展，通过自身的创造实现自我教育。因此，良好的教育"必须和应当由必然唤起自由，法则唤起自决，外来的约束唤起内在的自由意志"。① 教学不是命令的、绝对的和干涉的，而是通过建立在儿童能够做到，并能使自己的才能充分发挥的基础上，利用设计良好的教育环境来促进儿童发展的。这一认识是与他对儿童发展的特点研究分不开的。福禄贝尔认为，儿童的发展是从一个阶段逐步过渡到下一个阶段的，其间没有突然的飞跃或者大的变动。因而，教育者要了解儿童发展什么时候易于前进，什么时候易于受阻。什么时候旧的东西已经过时，什么时候新的东西将要出现。教育者的注意力应放在儿童新的活动的萌芽状态，应从儿童的特点出发，留心他何时适合学习，并创造条件使儿童有可能开始学习。为此，福禄贝尔主张，教育应当提供合适的环境以刺激儿童的发展，但这种环境必须含有与儿童发展相适应的各种因素。在这种思想指导下，福禄贝尔在德国首先创立了适合儿童发展的机构——幼儿园，并创造了与之相适应的，可以促进儿童发展的"恩物"和"作业"。

福禄贝尔的幼儿园是经过精心设计和布置的教育环境。在这样的环境里，儿童在自我活动的基础上接受初步的教育。其中，"恩物"是由一些固定的形式的物体组成的。例如，球体、立方体和圆柱体等，可以激发存在儿童心灵中的潜在观念。"作业"则是由一些材料组成的。儿童利用这些材料按照自己的设计，动手进行创造活动。例如，儿童用黏土、沙子、硬纸板等做成城楼、山岭等。这些活动为儿童各阶段的发展提供了教学条件。

关于学校和学校教育，福禄贝尔也提出了自己的观点。他认为，学校是一种致力于使学生认识到事物和他自己的本质和内部生活，教他了解和认识各种事物之间关系、人与人、人与上帝关系的机构。学校教育不仅是给学生知识，更重要的是使教育活动具有生气，具有精神和生命特征。②

强调设置特殊教育环境并在学校教育中加以利用的主要代表人物是德国的教育家赫尔巴特。赫尔巴特把这一思想不仅运用在教育管理上，也运用在教学上，为人们深入认识教育和教学的本质、过程提供了有利的条

---

① ［德］福禄贝尔：《人的教育》，孙祖复译，人民教育出版社 2001 年版，第 13 页。
② 同上书，第 92—93 页。

件。在赫尔巴特看来，教育不是一件随便什么人，随便什么方法都可以进行的事情。他指出，儿童的精神形成不可以随便由人来决定，而应当由教育艺术来决定。为此，赫尔巴特批评了卢梭的把人的发展和教育交给自然的做法，也批评了洛克只把儿童教育看成遵循父辈时代教育的做法。他认为教育是一门艺术，是有一定规律可循的，不是自然的、随意的和只按照前人的办法进行。好的教育应当是教师通过设置一定的环境，有计划地对学生进行教育。

为了让儿童得到较好的发展，为了使教育教学获得一个良好的秩序，赫尔巴特主张在学校教育过程中，应当设置三个阶段，即管理、教学和训育。他认为，管理的目的就是通过一些必要方法，约束儿童的行为，使他有一个好的状态准备学习。

在赫尔巴特看来，儿童出生时并没有带着他们的意志来到这个世界上，因此不能产生什么道德关系。儿童生来有的是一种"盲目冲动的种子"，它"处处驱使他的不驯服的烈性"，以致经常"扰乱成人的计划，也把儿童未来人格置于许多危险之中"。[①] 这种"烈性"是必须克服的。如果从小不加以约束，将来就有可能发展成为"反社会的倾向"。为了避免"将来的危害和罪恶"，必须从小就注意着重地加以"管理"，目的是要"创造一种秩序"。[②] 因此，赫尔巴特主张在进行知识和道德教育之前，应先对儿童的外部行为进行严格的管理，压住其先天的"烈性"。这种管理不仅有利于当前的教育教学的顺利进行，更有利于将来社会秩序的维持。可见，赫尔巴特采用管理这种形式，除了维持当时的教学秩序外，还把它作为实现总的教育目的的一种重要的手段。

当然，在管理问题上，赫尔巴特并不是满足于单纯地为了管理而管理，他也看到了管理和教育的相互影响关系。他指出："满足于管理本身，而不顾及教育，这种管理乃是对心灵的压迫，而不注意儿童不守秩序行为的教育，连儿童也不认为它是教育。"[③]

---

① ［德］赫尔巴特：《普通教育学·教育学讲授纲要》，李其龙译，人民教育出版社 1989 年版，第 23 页。

② 同上书，第 24 页。

③ 同上书，第 23 页。

　　赫尔巴特关于儿童管理的思想提出了学校教育管理方面的许多问题。如对管理意义的论证；对管理在教育过程中具有相对独立性的强调；对儿童本性的认识；对一些管理方法的论述等，是有一定的合理因素和积极意义的。而更可贵的是，他在论述这些管理问题或方法时，能够看到问题的两个方面，反映了他的研究问题的认真和思维方法的缜密。当然，他的有些关于管理的思想也是存在一定问题的。如他对儿童的认识，还缺乏科学的基础；对整个管理的见解是立足于维持学校秩序的基础上，具有保守性。而最主要的问题是他把对儿童的管理与维护现存的社会秩序联系起来，使他的思想带有强烈的维护统治阶级利益和需要的政治色彩。而且由于这种研究的需要，也使得他对儿童的研究和认识带有一定的局限性，影响了他在儿童研究中所提出的注意儿童的个性和创造性等方面的价值。

　　关于教学与训育（智育与德育）的关系，赫尔巴特明确指出教学是实现德育的重要手段，它们之间存在密不可分的关系。他说：我"承认不存在'无教学的教育'这个概念，正如相反过来，我不承认有任何'无教育的教学'一样"。① 在他看来，教学如果没有进行道德教育，只是一种没有目的的手段，道德教育如果没有教学，就是一种失去了手段的目的。需要指出的是，教学问题在赫尔巴特教育思想中占有重要地位，也是他的学校教育思想的精华。主要包括以下几方面：

　　赫尔巴特首先认为，教学活动是人类特有的有计划、有步骤地按照一定程序进行智能建设的过程，需要精心的设置和构建。赫尔巴特指出，人的生长与动、植物生长不同，一粒植物的种子总是向着预定的目标生长；一只动物的一系列活动也始终是受本能驱使的。而支配人类行动的不是本能而是智能。人的智能不是天赋的，它是以各种表象和观念为材料"建筑"起来的。因此，人的成长需要一种能够把心灵筑成正确形式的艺术，这就是教学。

　　在这里，赫尔巴特反对卢梭的自然主义的教学思想，认为这种教学主张"把人交给自然，或者甚至把人引向自然并让自然来训练，那是愚蠢

---

　　① ［德］赫尔巴特：《普通教育学·教育学讲授纲要》，李其龙译，人民教育出版社 1989 年版，第 12 页。

的。因为，什么是人的自然本性呢"？① 他强调指出，从历史上来看，对人的自然本性没有统一的认识，无论什么人都可以采用它。赫尔巴特认为，教学不是一种自然和被动的过程，它是一种有目的的，是通过一定教育艺术，把人类积累的各种知识，一个一个连接起来的过程。它需要教师按照符合人的发展规律的方法，有计划、有步骤地把作为未来成人所应具有的知识和技能传授给儿童。在教学过程中，教师是艺术师和工程师，要对学生智能发展现状和将来负责。

赫尔巴特不仅强调教学设置和构建的重要性，更重视教学是实现教育目的的主要途径，强调教育性教学是教学的基本原则。赫尔巴特认为，儿童获取知识的途径一般有儿童的个体经验、同伴交往和教学。但是与儿童获取个体经验和与别人进行交往相比，学校教学是儿童获取系统知识、进行道德教育的主要途径。在他看来，个体经验和与同伴交往虽然可以满足于个体的兴趣和同情的需要，但是它们所获得的知识是片面的，不完整的，而通过教学，可以形成比较完整和系统的知识。就像纺织一样，学校教学可以纺织出一根纤长、细弱、柔软的线，时钟打点将它扯断，而又将它连接；学校教学按照其时间节拍进行，通过扰乱学生自己的智力活动速度，不依随这种活动的跳跃，不给这种活动以休息的时间，从而使教师能够纺织出来的线在每时每刻系住这种智力活动。

应当指出，赫尔巴特虽然认为教学给儿童知识是绝对需要的，但他更重视掌握知识在形成道德观念上的重要性。在他看来，人所具有的知识和道德是有密切联系的。一个人知识越多，他的品德就越好。因为，知识的增多可以形成人的观念，可以成为一个人起支配作用的思想，可以用来维持一个人的行动的秩序，而缺乏观念的约束，人的心灵就会一直处于不安的状态，没有上下之分，没有秩序，一切都是杂乱无章的了。

由于教学的重要性，赫尔巴特明确地提出了教学过程的"形式阶段说"。这一过程包括四个阶段：明了、联想、系统和方法。在他看来，通过这种教学，可以让儿童系统地学习知识和运用知识。赫尔巴特的"形式阶段说"在一定程度上揭示了知识教学的客观规律，阐明了教师和学

---

① ［德］赫尔巴特：《普通教育学·教育学讲授纲要》，李其龙译，人民教育出版社1989年版，第62页。

生双方在教学过程中的重要地位，为近代教育心理学化和教育科学化的发展奠定了基础。

进入 20 世纪，德国的强调儿童发展与设置特殊教育环境相结合的思想，在意大利教育家蒙台梭利那里得到了充分的体现。蒙台梭利认为："儿童拥有一种精神生命，这种生命的微妙表现尚未引起注意，它的活动方式会被成人无意识地破坏掉。成人的环境对儿童来说并不是一种适宜的环境，而是一群障碍物，这群障碍物加强了儿童的防备，使他们态度乖戾，并使他们易受成人的暗示。……要帮助一个儿童，我们就必须给他提供一个使他能够自由发展的环境。"① 蒙台梭利指出，传统的学校教育和旧式家庭教育的最大弊端就在于不了解儿童的个性。不仅过多地干涉和指责儿童，而且不为儿童的发展提供适当的环境，导致教育的失败；而新教育在一个不受约束的环境中，在一个适宜儿童年龄的环境中，可以使"儿童的精神生命得到自然的发展，并揭示它的内在秘密"。② 1908 年，蒙台梭利建立了一所新型的教育机构——幼儿学校，也称为"幼儿之家"。在这所学校里，她根据自己对教育原理的理解，也设计了一套教学材料和学习作业，对儿童进行感觉的练习、实际活动的参与和正规的技能学习等。在教育活动中，蒙台梭利十分重视儿童自我的活动。在她看来，儿童的自我活动是十分重要的。教师的任务除提供适合儿童发展水平的学习材料外，还要观察儿童、了解儿童，并对儿童的活动给予适当的指导。蒙台梭利的教育思想对美国学校教育的发展产生了重要的影响。第一次世界大战前，形成了美国的蒙台梭利运动。20 世纪 50 年代以来，蒙台梭利的教育思想又在美国兴起，促进了美国私立和公立学校教育的发展。

四　实用主义与学校教育

在美国社会和教育的发展过程中，产生于美国本土的思想也对美国的学校教育的形成产生了重要的影响。其中 19 世纪末产生的实用主义哲学是重要代表。

---

① ［意］蒙台梭利：《童年的秘密》，马荣根译，人民教育出版社 1990 年版，第 112—113 页。

② 同上书，第 113 页。

实用主义哲学最初产生于美国的哈佛大学。19 世纪 70 年代，在数学家、逻辑学家查理斯·皮尔士（Charles S. Peirce，1839—1914）主持的"形而上学俱乐部"里，一些学者共同研究和探讨，形成了"实用主义"的基本思想。皮尔士据此写了两篇文章，一篇是《信念的确定》，另一篇是《我们怎样使思想明确》，发表于 1877 年和 1878 年的《通俗科学月刊》杂志上，首次提出了实用主义的基本思想。[①] 皮尔士认为，任何一个观念的最本质的意义就在于它能引起人的有效的行动。他说，我们思考事物时。如要把它完全弄明白，只需考虑它含有什么样可能的实际效果。这就是说，不产生实际效果的事物不能形成对它的明确的概念。

实用主义最初产生时，并未引起人们的注意。1898 年 8 月，美国哲学、心理学和生理学教授詹姆士（William James，1842—1910）在伯克利大学发表了"哲学概念和实际效果"的演讲，宣布实用主义作为一个哲学运动的开始。1907 年，他出版了《实用主义》一书，系统地阐述了实用主义思想。詹姆士主要强调，要弄清一个思想的意义，我们只须断定这思想会引起什么行动。詹姆士认为，实用主义主要是一种方法。这种方法"不是什么特别的结果，只不过是一种确定方向的态度。这个态度不是去看最先的事物、原则、范畴和假定是必需的东西；而是去看最后的事物、收获、效果和事实"。[②]

杜威继承了实用主义方法论的原则，提出了实验主义的观点。认为知识不是摄影记录的结果，而是有指导的实验活动的结果。实验活动建立了"知"和"知的对象"的关系。

受实用主义哲学的影响，杜威非常注重从儿童发展和需要的角度研究学校教育问题，其主要特点是把儿童和学校看作一个不断"生长"的过程，强调儿童发展与社会发展的平衡，并把学校能否提供儿童的继续生长当成评价学校教育的重要标准。杜威指出："学校教育的目的，在于通过组织保证继续生长的各种力量，以保证教育得以继续进行，使人们乐于从生活本身学习，并乐于把生活条件造成一种境界，使人人在生活过程中学习，这

---

① 庄锡昌主编：《西方文化史》，高等教育出版社 1999 年版，第 287 页。
② ［美］詹姆士：《实用主义》，商务印书馆 1979 年版，第 31 页。

就是学校教育的最好产物。"① 在学校教育中，杜威把儿童看成是积极活动的成员，认为儿童的发展是学校和社会发展的重要条件。为了突出儿童的地位，使儿童得到更好的发展，杜威认为，儿童应成为学校教育中的主体，学校一切教育措施都要围绕儿童组织起来，一切外来的压力和忽视儿童内部力量的倾向都要反对。

杜威十分重视儿童经验在儿童发展中的重要作用。他认为，儿童的生长实质上是其体验的不断改造或重新改组的过程。教育就是通过儿童的主动活动去经验一切和获得各种直接经验的过程。关于经验的获得，杜威指出，儿童是在解决问题时获取经验的。儿童在发展过程中，不仅要适应环境，而更重要的是控制环境。由于儿童在环境中生活时，会遇到种种个人和社会的疑难问题。因而，解决这些疑难问题的需要，会促使儿童运用其智慧去解决困难，从而控制环境，获取一定的经验。而这些成功和有效的经验又会继续帮助儿童解决新的问题。儿童正是在解决问题的过程中，在不断改造和重新组合经验的过程中成长的。

在学校教育中，通过儿童解决问题，促进其自身的发展，成为教育的重要任务。为了给儿童创设良好的解决问题的情境，使儿童获取直接的经验，杜威从两个方面进行了设计。首先，在儿童的发展水平上，提出了儿童的三种水平的活动。第一阶段是为学前儿童设计的。包括各种感觉器官的练习和身体的协调发展；第二阶段是让儿童使用在环境中可以找到的各种材料和工具进行实验和创造；第三阶段儿童通过发现新的观念，检验新的想法并付诸实施。其次，在学校教学过程中，杜威提出了按科学方法解决问题的设计。这种方法就是著名的"解决问题五步法"。五个步骤具体是：为儿童的学习设置一种经验的真实情境，使其包含在儿童感兴趣的活动中；提出能促使儿童思考的真实问题；让儿童收集和获取有关解决这一问题的知识；让儿童提出制定关于这一问题的可能性的假设和解决问题的方案；让儿童对所解决的问题进行检验。

杜威的这两种设计的中心思想，就是重新评估儿童在活动中的作用，重新评估知识的作用。其重要意义主要有三：一是强调在教育活动中，儿童的学习绝不是被动的学习，儿童不是知识传授的对象，儿童的学习是通

---

① 王承绪等编译：《西方现代教育论著选》，人民教育出版社 2001 年版，第 31 页。

过自身运用经验，理解知识，检验和运用知识的过程；二是强调教学的主要目的，在于使儿童增长能力去支配不断获取的经验；三是强调知识的价值不在于一种外在的装饰，不是远离儿童生活的东西，而是与儿童的生活和经验相关联，能解决实际问题的知识。知识不是一种消极的东西，而是儿童解决问题的工具。教学不是为知识而教学，儿童也不是为知识而学习。儿童积累，学习，运用知识，都是用来处理解决现实问题的。知识只有运用和有用，才会成为儿童经验中的一部分。

为了保证儿童有效地获取经验，发展儿童的创造力，杜威十分重视学校教育的科学性和民主性。他认为，学校教育的科学性主要在于学校是一个实验室。儿童可以在学校里，按照科学的方法检验他们的思想和价值。同时，在教学上，应把儿童的学习、思考与行动联合起来，进行科学的安排，给儿童以充分的思考时间，让儿童做出自己的决定。学校教育的民主性表现为，在学校中儿童可以自由地表达和检验各种思想、信念和价值。任何文化遗产都可以成为儿童批判、探索、研究和改造的对象。学校的任何设施，用具都为全体成员开放和使用。在学校管理和教学中，反对任何妨碍真正探索的、独断的和强制的做法，建立一种融洽的师生关系，使学校和教学充满活力和乐趣。

杜威的实用主义教育思想，对美国学校教育和学校教育的发展产生了重要的影响，成为美国学校教育的重要的思想基础。

总之，欧洲传统教育思想与现代美国教育思想相结合，构成了美国学校教育思想的渊源，其主要特点是把儿童的发展与社会的发展联系起来，突出儿童发展的重要性；强调社会应为儿童的发展创造良好的条件，教育应把儿童的自我发展放在重要的地位上。这些构成了美国现代学校教育的思想基础。

第二节　中国学校教育的思想渊源

中国是一个具有古老文化和教育传统的国家。五千年的文明历史，孕育了博大精深、内涵丰富的教育思想，形成了独具特色的体系。同时，中国在与外来文化和教育的交流中又吸收和容纳了各国先进的文化和教育思想，促进了自身文化和教育的更新。中国教育思想在世界教育发展中占有重要的地位，对世界文化和教育的发展做出了重大的贡献。中国学校教育的形成，与中国的文化和社会有着息息相关的联系，也与一些外来的文化和教育思想有一定的联系。中国学校教育思想的形成实际上是中国传统文化、教育思想与外来文化和教育思想相互融合的结果。因而，从思想渊源的角度，认识影响中国学校教育的教育思想的主要内容，对于我们了解中国学校教育的思想基础具有重要意义。

一　伦理道德思想与学校教育

中国教育思想的传统价值取向重视人的伦理道德。中国儒家学派的创始人孔子便是中国伦理道德教育的奠基者。伦理道德教育主要是处理人与人之间关系的学说。孔子的伦理道德教育的主要内容是"礼"和"仁"。"礼"是调整社会关系的基本准则；"仁"是实现这些基本准则的内在价值。孔子把"礼"和"仁"推及社会的各个方面，则要求在父子之间要"孝"，君臣之间要"忠"，兄弟之间要"悌"，邻里之间要"睦"，朋友之间要"信"。人与人之间各循其礼，各守其道，形成良好、有序的社会关系。这种思想后来经孟子的发展，形成了中国儒家一贯的伦理道德教育思想。即所谓的"教以人伦，父子有亲，君臣有义，夫妻有别，长幼有序，朋友有信"的思想，构成了中国传统学校德育的主要内容。

中国儒家伦理道德教育思想体现在个人身上，就是注重个人的自我修养。其基本思想是，"己欲立而立人，己欲达而达人"，[①] "己所不欲，勿施于人"。[②] 这两句话的含义是，自己想要生存和发展也应帮助别人生存和发展。自己不愿意别人对待自己的方式，不要拿来去对待别人。在社会中，一个人只有既尊重自己，又很好地尊重别人，正确处理好人际关系，才能使自己的内心世界符合社会公认的伦理道德规范，使自己成为一个道德高尚的人。因而，孔子主张一个人应从自己做起，"躬自厚，而薄责于人"，[③] "见贤思齐焉，见不贤而内自省也"。[④]

---

① 《论语·雍也》。
② 《论语·卫灵公》。
③ 《论语·卫灵公》。
④ 《论语·里仁》。

从"礼"和"仁"的认识出发，中国伦理道德教育思想总的目的强调的是"至善"，而在不同领域又各有侧重点。例如，从家庭教育上来看是父义、母慈、哥友、弟恭、子孝。从学校教育上来看是辨志、乐群、亲师、取友、向善。从社会教育上来看是君仁、臣敬、子孝、父慈、友信。因而，中国伦理道德教育的中心任务就是，使儿童从小就学习伦理纲常之教，懂得做人的道理，修己立人，从而形成一个按伦理道德来规范个体、规范群体，稳定、和谐的社会。

中国传统的伦理道德教育思想对学校教育产生了重要的影响。这主要表现为两个方面，一是学校教育极为重视个人的道德修养和实践。"克己""内省""反求诸己"等思想成为历代教育继承的主要遗产。个人的修养方法和实践也成为历代教育家论述和探讨的重要内容。这些思想对于提高人的道德修养的主观能动性，增强儿童的自强不息，奋发向上的精神，具有一定的积极意义。二是由于道德教育上重视家庭和社会的伦理关系，要求在家庭中要孝敬父母，友爱兄弟；在社会中友爱他人，和谐相处，这实际上是强调维护家庭的整体和维护社会的整体的存在。这是一种整体主义精神的体现，这对于学校的教育衔接与联系是有利的。正是这样一种精神，不仅维护了中华民族数千年的民族团结和国家的经久不衰；也使得学校教育形成了长期的教育传统，即教育学生在处理个体利益与集体利益的关系时，要把维护集体利益放在重要位置上，不应使个人利益无限制地的膨胀。

当然，中国的传统的伦理道德教育思想也对学校教育的发展带来了一定的负面影响。例如，由于过分重视人伦关系的顺序，并强调儿童在人伦关系中，在与他人的关系中来认识自己，这就又使得在学校教育方面过分强调外部因素影响的重要性，而忽视教育中儿童的主体地位和价值，在一定程度上束缚了儿童的发展。同时，由于过分地强调"至善"的教育目的和教育内容，不仅使得"知"和"艺"的内容贫乏，也导致了"知"对于"德"的依赖性，导致了中国教育史上"重义轻利""重德轻艺"的思想的产生。"谋道不谋食""忧道不忧贫""谋义不谋利"等，成为中国古代教育思想的重要内容之一。它也使得中国学校教育在建构自己的体系时，走上了一条重人伦、轻个体，重伦理、轻技艺的片面发展的道路。这在一定程度上，影响了中国社会和科学技术文化的发展。

总之，中国古代伦理道德思想的主要特点是把伦理道德的形成作为儿童发展的主要目标，强调儿童道德品质及道德行为养成的重要，并把儿童的发展与群体、社会整体的发展联系起来，赋予儿童发展的使命感和责任感。由于中国的伦理道德教育思想重视儿童的伦理道德和行为的修养，同时又重视对体现在儿童身上的，并得到社会认同的伦理道德思想的模仿和继承，因而，它又形成了两个颇具影响的教育思想：即"尊师重教"和"重书求知"的思想，也影响了中国学校教育的发展。

二 "尊师重教"思想与学校教育

在中国教育中，由于伦理道德教育思想历来占有重要的地位，因而"尊师重教"思想也成为教育思想的重要内容之一。"一日为师，终身为父"（或"一日为师，终身为师"）的思想渗透于人们对于教师和师生关系的认识中，成为学校教育的重要指导思想之一。尊师重教的核心就是重视教师的教育作用和地位。这一思想的形成对于人们认识学校教育中教师的地位有着重要的影响。

早在春秋时期，被誉为"一代人师"的孔子便十分重视教师在教育和教学中的作用。他积极倡导"学而不厌，诲人不倦"①"有教无类"②的精神，认为这种精神是教师的人格品质和崇高精神的体现。为此，他要求教师要勤奋学习，"不耻下问""每事问"③"无常师"。在孔子看来，教师学好是为了教好。因而，无论什么人请教，都要"教不倦"，毫无保留地进行教诲。孔子还重视教师的以身作则。他认为，教师不仅应注重言教，还应注重身教，身教比言教更为重要。在他看来，教师应"其身正，不令而行；其不正，虽令不从"；④"知者不惑，仁者不忧，勇者不惧"，⑤教师的人格力量和行为表率是鼓励学生发展的重要因素。孔子一生从教40多年，为后人树立了"一代师表"的形象。

---

① 《论语·述而》。
② 《论语·卫灵公》。
③ 《论语·乡党》。
④ 《论语·子路》。
⑤ 《论语·子罕》。

思想家墨子也十分重视教师在教育和教学中的作用，并把教师的作用和责任推到一个极高的高度。在教育教学中，他主张教师要有一种积极进取和对学生负责的精神。在教育教学中，教师要"强说人"，"不强说人，人莫知之"。因而，他反对教学中教师对学生问则答，不问则不答的消极被动的态度。而主张教师应具有"扣则鸣，不扣必鸣"① 的主动负责的精神。教师不仅对来求学的人要教，对不来求学的人也要主动去教。

法家的荀子也十分重视教师的地位和作用。他认为："礼者，所以正身也；师者，所以正礼也。无礼可以正身？无师，吾安知礼之为是也？"② 为此，他强调教师的尊严和权威。认为教师是礼义的化身，应具有绝对的权威，必须绝对服从。他说："言而不称师，谓之畔；教而不称师，谓之倍。倍畔之人，明君不内，朝士大夫遇诸途不与言。"③ 又说："非礼是无法也，非师是无师也。"④ 因而，他要求学生要从师、亲师、近师、尊师、忠师。这样，自孔子以后，以"尊师重教"为中心，强调教师的作用和权威的思想开始成为中国学校教育的重要传统

在中国教育史上，对教师作用进行比较系统论述，并对中国学校教育产生重要影响的教育家当属于唐代的韩愈。韩愈从捍卫"儒道"的立场出发，提出衡量一个教师的重要标准必须是信"道"、守"道"。"道"是"师"的基础，"道之所存，师之所存"。因而，他主张教师的主要任务是"传道、授业、解惑"。在教育教学过程中，由于传、授、解所强调的都是教师的作用，这就使得教师地位变得十分重要。由于强调"道"为"师"的基础，韩愈在论述师生的关系时，还提出了师生双方共同求"道"的问题。他主张："弟子不必不如师，师不必贤于弟子。闻道有先后，术业有专攻，如是而已。"这一思想表明，求"道"是师生教与学的共同目标，也是处理师生关系的重要原则。只要闻道在先就可以为师，闻道先后成为划分师生的重要标准。需要指出的是，虽然韩愈的论述在一定程度上提高了学生在教育教学上的地位，因为，学生有时有比教师高明的

① 《墨子·公孟》。
② 《墨子·修身》。
③ 《墨子·大略》。
④ 《墨子·修身》。

地方，但从整个中国教育历史的发展来看，这种呼声是比较弱的。师生关系仍在传统教育思想的影响之下，并没有实质的变化。韩愈关于教师作用的论述，继承了先秦诸子的一贯思想，同时又给予了发展，形成了影响后世的尊师重道，师道尊严的思想。这对于提高教师的地位，形成全社会尊师重教的风气产生了重要的影响。至近代以来，尊师重教的教育思想尽管受到外来教育思想和观念的冲击，有新的变化，但其实质未变。以崇尚伦理道德为中心的"尊师重师""尊师重教"的思想对学校教育的发展产生了重要的影响。

　　总之，"尊师重教"思想在中国教育发展中占有重要的位置，对学校教育的影响是深远的。一方面，它为历代教育家所继承和发展，使人们对教师的作用以及关于教学问题的研究和认识更为深入，积累了丰富的经验和资料。"尊师重教"成为中国教育的优良传统和宝贵的财富，形成了全社会重视知识，重视人才的思想基础。同时，它也对教师教育的形成和发展具有积极的促进作用。教师的职业成为社会上一项重要的职业。教师教育不断向高水平、严要求发展，为儿童的健康成长，提供了良好的育人环境和条件。

　　但另一方面，由于过分强调"师"和"教"的关系，把师和教融为一体，"师"成为教育的核心，"尊师"必须"重师"，"重师"就是"重教"。这样，学校教育中十分自然的师生关系就变成了非常严肃的师承关系。在某种程度上师生关系几乎变成了一定意义上的继承关系。历史上，尽管有的教育家提出了弟子不必不如师，弟子可以超过先生的思想，但在这样一个"尊师重教"的大背景下，这种思想的影响是极其有限的。从整个中国教育发展的历史来看，它并没有成为占主导地位的思想。而且随着社会对教师"载道""传道"角色的重视，随着教师角色伦理化和政治化的增强，教师的角色作用和责任感更加重要。教和学的研究主要围绕着教师如何系统地教和学生如何在教师的主导下的学来进行的。结果导致在教育教学中，对学生的地位和学生的学习研究不够。这在一定程度上，限制了学生发展的积极性，使学生的学习成为一种被动的学习。在学校教学中，不重视对学生学习的研究，不仅增加了教师教育教学的负担。也影响了学生的发展。如何使学生成为学习中的主人，已成为当今中国学校教育改革的重要内容之一。

三 "读书穷理"思想与学校教育

中国的伦理教育思想反映在学校教学中，又将"理"和"书"结合在一起，形成了以读书为中心，"读书穷理"的教育思想。"读书人"成为文化人的象征，"穷理"成为人们认识"义礼"的主要目的。这也对中国学校教育的发展产生了重要影响。

春秋末期，孔子认为，办教育的目的就是培养"笃信好学""博学于文"的"君子"。这里的"文"则是对"六经"（《礼》《乐》《诗》《书》《易》《春秋》）的要求。战国后期，荀子也十分重视"读书穷理"的重要性。在《劝学篇》中，他认为，"天地之间"的学问都包括在古代的经书之中。读书的过程，应从读《诗》《书》一类的经书开始，最后读《礼》。做到"入乎耳，著乎心，布乎四体，形乎动静"，"诵数以贯之，思索以通之"。① 战国以后，"六经"便成为中国古代教育的经典著作之一。

中国古代教育家不仅重视读圣人之书，还强调多读书，常读书。北宋的张载（1020—1077 年）就认为，读书太少，就无从考察书中义理的精髓。在他看来，读书是用来维持这种思想的。一时不读，则人的德行就会有所松懈；经常读书则人的德行和思想常在。中国古代对"读书穷理"问题论述最明确的是南宋时期的朱熹（1130—1200 年）。朱熹认为，读书的重要性在于明义礼之所在，提高自己的修养。他说："为学之道，莫先于穷理。穷理之要，必在于读书。"② 因此，他主张做人应"始于读书""终于修身"。朱熹重视读书，并总结了一套读书治学和指导学生读书学习的方法。他认为，在读书中，要"循序而有常，致一而不懈"。③ 做到"熟读"和"精思"，"使其言皆出于吾之口；继以精思，使其意皆出于吾之心，然后可以有得尔"。④ "读书百遍，其义自见。"⑤ 朱熹去世后，他

① 《劝学篇》。
② 《性理精义》。
③ 《学规类编》。
④ 《读书之要》。
⑤ 《朱子童蒙须知》。

的弟子将他的读书经验归纳为六条，称为"朱子读书法"。自此，以读书为中心的"读书穷理"的教育思想更为系统化。明清时期，尽管许多教育家强调"经世致用"，反对"文字书本"，但"读书穷理"的思想一直是中国教育思想中占有重要地位的思想之一。

"读书穷理"的教育思想对中国学校教育的影响是深远的。一方面，它使得重视读书学习成为学校教育中的重要传统。通过读书，不仅可以提高人们的道德修养、情操，获取大量的文化知识信息。而且，通过读书还创立了许多至今仍有一定价值的读书方法，成为中国文化教育的宝贵财富。但另一方面，由于读书以"穷理"为宗旨，读书便成为中国封建社会各个朝代伦理教育的重要工具。而且，随着"科举制"的出现，读书又与科举取士结合起来，形成了"万般皆下品，唯有读书高"，读书做官的社会风气，读书又成为社会政治统治的工具。在这种思想影响下，"读书穷理"，读书做官，成为人们追求的最高的价值。据说宋朝宋真宗赵恒曾有一《劝学文》写道：

> 富家不用买良田，书中自有千钟粟。
> 安房不用架高梁，书中自有黄金屋。
> 娶妻莫恨无良媒，书中有女颜如玉。
> 出门莫恨无随人，书中车马多如簇。
> 男儿欲遂平生志，六经勤向窗前读。

这首诗形象地反映了中国古代社会"书香美女""积财千万，无过读书"的实用主义价值观。而对于儿童来说，读书与娱乐是对立的。儿童要以读书为苦，苦中有乐。"两耳不闻窗外事，一心只读圣贤书。"使得教育、教学产生了只重视记诵书本，而缺乏实学，没有生气，不以儿童为主体的弊端，阻碍了中国近代教育的发展。而且，由于"读书做官"的思想与政治联系紧密，一旦社会政治出现动荡，"读书做官"论又会变成"读书无用"论，使教育的发展出现倒退。

"读书穷理"的思想在中国现今社会中仍有一定的反映。例如，民间流传的婴儿"抓周"的习俗便是。一些父母在婴儿周岁时，把书籍、钱币、乌龟、香蕉等物品一起放在婴儿的面前，看他（她）最先主动抓取什么，以卜其未来前程。如果抓到的是书籍的话，则预示着孩子将来会读书上进，成为一个知书达理，有学问的人。

在学校教育方面，受近代西方建立在对知识加以分门别类基础之上的分科课程的影响，这种"读书穷理"的思想又在一定程度上得以强化①。有研究者指出，既然教科书是过去的学问和智慧的主要代表，教材的内容都是从过去传下来的，都是被认为正确的，"理在书中"，那么对于这些内容，学生的态度必须是顺受的和服从的。教师的主要教学任务就是使学生和教材有机地联系起来，教师成为传授知识和技能以及实施行为准则的代理人。在这样的基础上，由于学校各门学科强调各自领域知识体系的"完整性""系统性""逻辑性"和"权威性"，不仅造成了学科之间的森严壁垒，而且使教科书获得了至高无上的尊严。在课程实施的过程中，以教科书为载体，知识处于核心的地位，成为学校课程体系的目的。② 在学校教育里，受这一思想影响，比较多的是教师强调学生通过背书来练习和掌握知识，以及规范学生的行为。这在一定程度上束缚了学生的发展。

四 集体主义与学校教育

集体主义既继承了中国古代社会文化教育思想的优良传统，又融合了现代社会主义文化教育思想的精华。它也是影响中国学校教育的重要的思想渊源之一。

现代集体主义是在教育发展到现代阶段，是在工业化生产的基础之上产生的。它反映的是现代社会中无产阶级和劳动人民的整体利益和需要，体现了现代社会中个人利益和集体利益的辩证统一。

现代集体主义是以马克思主义为思想基础的。在马克思主义看来，实现人类社会的共同富裕和发展，只为少数人谋利益是不行的。要为绝大多数人谋利益，就必须从绝大多数的人的整体利益出发，为人民的整体利益和集体利益考虑、负责。马克思主义认为，在实现人民整体利益的过程

---

① 这种"变化"在于"理"由原来的"义礼"变为"知识"；"强化"在于把"知识"放在一个非常重要的位置上。

② 朱慕菊主编，教育部基础教育司组织编写：《走进新课程——与课程实施者对话》，北京师范大学出版社 2002 年版，第 26 页。

中，个人利益与集体利益是不矛盾的。一方面，个人利益的实现离不开集体的条件。"只有在集体中，个人才能获得全面发展其才能的手段，也就是说，只有在集体中才可能有个人自由。"① 另一方面，集体是由个人构成的，没有个人也就没有集体。离开无产者和劳动者个人的利益，也就没有无产阶级和劳动人民的整体利益。无产阶级和劳动人民的整体利益归根结底是要保障无产阶级成员和劳动者的个人利益。

新中国建立以后，集体主义是处理社会成员之间以及个人和集体、个人和国家之间关系的根本原则。这个原则的基本点是：（1）个人的一切活动和行为都要从国家和人民的根本利益出发，坚持国家利益和集体利益高于个人利益；（2）在保证国家利益和集体利益的前提下，尊重个人的利益并保证个人利益的实现；（3）在个人利益与集体利益发生矛盾时，个人利益要服从集体利益，在个人利益和集体利益与国家利益发生矛盾时，个人利益和集体利益都要服从国家利益。

在现代社会，依据集体主义建立的学校教育比较注重对学生进行统一的思想道德教育，强调国家利益和集体利益高于一切，一切为了国家和人民的观点，并通过学生的实践活动和日常生活，养成符合社会主义文化和建设需要的良好的习惯和生活方式。

在学校教育中，这种思想和道德教育主要是通过公民课和道德教育课进行。教育学生热爱国家，热爱集体，自觉地维护国家和集体的利益。也可以通过集体活动，培养学生善于在集体中生活的习惯，自觉地遵守集体纪律，维护集体的荣誉，形成学生的集体主义的观点和关心集体，助人为乐的情感。同时，要教育儿童正确处理个人利益、集体利益和国家利益三者之间的关系。通过教育，使每一个学生清楚，在实现个人目标，享受个人权利，实现自身的价值的过程中，不要忘记集体的利益和国家的利益。要通过自己的力量，努力为集体和国家做出自己最大的贡献。从总的情况来看，这些对学生的发展是有利的。

当然，在强调集体主义的文化环境里，也有对学生的发展不利的方面。一项"社会和环境对创造力的影响"的研究显示，由于集体主义文化环境强调传统和继承，不提倡或不允许违背传统的行为和想法产生，因

---

① 《马克思恩格斯选集》（第一卷），人民出版社 1972 年版，第 82 页。

此可能会影响学生创造力的形成和发挥。①

　　总之，中国的学校教育是建立在多种思想基础之上的。这些思想无不反映了中华民族传统文化教育与现代文化教育的结合。充分认识这些思想，对于我们更好地研究中国学校教育的特征具有重要的意义。

　　通过以上对几个方面影响中美两国学校教育的思想进行溯源，我们可以看出，虽然这几个方面的思想并不一定完全反映思想的全貌，但在一定程度上反映了在一定文化和教育价值观念影响下的不同民族的生存和发展的选择，揭示了不同民族对教育的构成及学校教育发展的理性思考。由于各自社会发展和文化选择的异同，使得其教育思想各自具有不同的特征。这也正是教育发展多样性的必然结果，是符合各自的历史和国情的。

----

① 　赵勇：《学校和教育体制对学生创造力的影响》，《中国教育报》2007 年 1 月 2 日第6 版。

第三章

中、美学校教育的发展历程

在这一章，我们将在前面研究的基础上对中美学校教育的现代发展历程进行分析，以认识中美学校教育所走过的不同道路。

第一节　现代美国学校教育的确立和发展

现代美国学校是建立在早期的具有欧洲传统特色的殖民地学校的基础上的。18世纪中期，随着美国统一国家的形成、工业革命的推进、内战的结束，一个逐步成长壮大的美国，在社会政治、经济快速发展变化的同时，在教育方面也进行了许多新的变革。殖民地学校的转型、统一国家教育的推行、公立学校运动的开展、不同学校类型的出现，等等，这些都为美国现代学校的变革提供了重要的条件。本章主要从美国传统学校教育的改造、学校教育的普及性与学术性的平衡、学校教育的体制性变革等三个方面进行研究，以对现代美国学校教育的特点及面临的问题有一个基本的把握。

一　美国学校教育的改造

1. 19世纪后期美国社会变革和学校教育的变化

19世纪末至20世纪初期，正是美国社会各个领域发生深刻变革的时期。正如杜威在《学校与社会进步》一书中所描述的那样，自工业革命以来不到100年的时间里，人类社会发生了一场迅速、广泛和深刻的变化。工业化和城市化的迅速推进，不仅改变了政治疆界，扩大了生产的规模，加速了人口的流动，也使得人们的各种生活习惯、道德以及观念和爱好都发生了深刻的变化。① 这些变化不仅促进了美国社会政治、科学、哲学和心理学的发展，也提供了美国变革传统学校教育的基础。

在政治方面，美国独立前后民主观念的发展，促进了人们对政治改革包括学校教育改革的思考。在《明日之学校》一书中，杜威就明确指出，美国政治的一大变化之一就是"民治观念的生长对改革教育的要求"，即学校教育要为社会培养"身心健全、有价值的公民"。②

在科学方面，由各种科学的发明而产生的变化，不仅促进了科学实验方法的使用，也使得强调发展和变化，重视探究和实验成为美国科学发展基本特征。这些科学上的变化不仅影响到社会，也影响到美国的学校教育和教学。③

在哲学方面，19世纪后期以皮尔士（Charles Peirce）、詹姆士（William James）和杜威为代表的美国实用主义哲学也形成了与以往哲学不同的特点。实用主义哲学强调，知识的获得应当通过人类自身的经验来检验，而不是靠过去宗教权威和传统的思辨哲学。因此，这一时期美国社会变革带有明显的反对旧权威，重视个人经验的特征。

在心理学方面，随着19世纪生理学以及与生理学相关联的心理学的进展，机能主义心理学成为美国心理学的主流。机能主义心理学强调人的心理活动的整体性和与社会、自然环境的联系性，认为人的心理活动是一个连续的整体，心理活动各个部分是相互联系的；同时，人的心理活动是在环境中完成的。研究人的心理活动应当把人的心理作为整体来看待，并与环境的作用结合起来。

总之，这一时期美国政治、科学、哲学和心理学上新的观念的形成和发展，对社会和学校变革产生了重要影响。这些观念强调人的活动与环境

---

① ［美］杜威：《学校与社会进步》，载王承绪等编译《西方现代教育论著选》，人民教育出版社2001年版，第17页。关于美国社会的城市化，克雷明曾经指出，1890年美国6300万人口中城市人口约占30%，1920年1.6亿人中城市人口约占一半以上，而到1980年美国的2.27亿人中城市人口达四分之三多。［美］克雷明：《美国教育史》（3），洪成文译，北京师范大学出版社2002年版，第4页。

② ［美］杜威：《明日之学校》，朱经农等译，商务印书馆1923年版，第278—279页。

③ 同上书，第278页。

的有机联系，突出了对儿童活动和经验的重视，不仅提高了人在社会活动中的地位，也极大地激发了人们对学校教育活动，特别是学校教育对象——儿童的活动和经验的思考，为重新认识儿童和认识学校提供了有利的条件。

与上述观念相联系，这一时期美国的儿童研究运动和"儿童中心"思潮的出现在美国学校观的转变上也产生了重要的作用。

在美国儿童研究运动中，心理学家斯坦利·霍尔（G. Stanley Hall）被认为是儿童研究的"先锋"。儿童心理学家格塞尔（Gesell）认为，霍尔是"最伟大的研究儿童的现代学者，是心理学方面的达尔文"。[1] 霍尔用直接观察和咨询儿童及成人的方法进行研究。在咨询中，霍尔问及被研究对象童年时代的经历和思想，包括儿童与自然界的关系，自我感官和心灵概念的发展，童年的欢乐与痛苦、儿童结伴和合伙的情况等，形成许多研究成果。这些儿童研究的成果促使了他对传统学校教育方法的思考。霍尔认为，学校教师应当研究所教授儿童的本性，消除对儿童的误解。

在儿童研究运动的影响下，这一时期美国出现的"儿童中心"的思潮，也促进了美国传统学校观的变革。我国学者指出，"儿童中心"一词最早是由美国心理学家和教育家、"儿童研究之父"霍尔提出来的。后来，美国的"进步教育之父"帕克也倡导这一思想，主张"儿童处于学校的中心"。[2]

帕克的特点是把"儿童中心"思想与学校改革结合在一起，提出了应当建立以"儿童为中心"学校的思想。在帕克看来，虽然儿童的发展是一个心理和社会的发展过程，但是儿童的发展更重要的是依赖他自己的经验和活动。如果教育的真正目的是使儿童的身体、智力和心理得到协调的发展，那么教育就应当使学校适应儿童，而不是使儿童适应学校。为此，他主张在制定学校计划时，应当以儿童为中心，从儿童的需要、兴趣能力出发，尽量通过儿童的活动，使儿童获得丰富的经验。

---

① ［英］伊丽莎白·劳伦斯：《现代教育的起源和发展》，纪晓林译，北京语言学院出版社1992年版，第253页。

② 单中惠：《现代教育的探索：杜威与实用主义教育思想》，人民教育出版社2002年版，第385页。

在这一时期，美国进步教育运动中的"儿童中心论者"形成了不同的观点，这些观点也对美国学校的改革产生不同的影响。在这些教育家的观点中，虽然他们都认为儿童的学习应当来自他们的兴趣和需要，反对成人和学校对儿童课程的干涉，强调学习应当是公开的和自由的；但也有的反对把社会目标和价值强加给儿童；而一些更坚决的"儿童中心论者"则强烈反对任何试图对儿童的灌输。①

总之，随着这一时期美国社会各个方面的变革，美国的学校教育开始出现新的变化。正如美国教育家费雷曼·布茨（R. F. Butts）所指出的那样，这一时期，一种新的以学习者为导向（Learner oriented）的方法开始应用到初等学校中，"儿童中心"（Child—centered）成为美国这一时期学校教育发展的总的倾向。随着儿童的大量入学，儿童的潜能和能力多样性问题引起了研究者和教师们的关注。当然，这一变化是有其历史基础的。众所周知，从19世纪70年代至20世纪初，一些美国教育家引进了欧洲裴斯泰洛齐实物教学法（object teaching）和福禄贝尔幼儿园的形式。而帕克（Francis Parker）和霍尔（G. Stanley Hall）则倡导了儿童研究运动，加上这一时期与进步教育密切联系的"儿童中心"思潮等，都对旧学校所强调的儿童顺从、死记硬背、无效竞争、无关联的学科，以及教育者注重对儿童成绩的期望等等，进行了猛烈地抨击。在这一过程中，人们强调学校教育应当关注儿童学习的兴趣、需要、经验；强调使学校"变得充满乐趣、激动人心，有活力和富有创造性；使学习的科目能够相互关联，使学校成为一个实践的和人性化的场所"。② 传统的学校教育正在遭遇挑战，美国学校教育的新变革已经到来。那么在19世纪后期，美国的学校教育情况到底如何？存在哪些问题？影响如何？

2. 19世纪后期美国的学校教育及存在问题

19世纪70年代，美国学校开始得到普及，学校教育在儿童发展中的地位不断提升。这一时期，虽然大量的知识训练还在家庭和教堂里进行，

---

① ［美］A. C. 奥恩斯坦：《美国教育学基础》，刘付忱等译，人民教育出版社1984年版，第109页。关于进步主义教育的学校的主张也可以参考该书的最新版本，［美］阿伦·奥恩斯坦、莱文·丹尼尔的《教育基础》，江苏教育出版社2003年版，第117—118页。

② R. Freeman Butts, *The Education of the West：A Formative Chapter in the History of Civilization*, McGrw—Hill Book Company, 1955：476.

但是大部分美国儿童在 6—12 岁都要进入公立学校学习几年。70 年代以后，美国学校得到快速发展。据统计，1879—1880 年，美国有公立学校总数 9868 所，其中 1—8 年级 9758 所，9—12 年级 110 所；1889—1890 年，有公立学校 12723 所，其中 1—8 年级 12520 所，9—12 年级 203 所；私立学校 1611 所，其中 1—8 年级 1516 所，9—12 年级 95 所。① 在美国学校发展中，公立学校对儿童就学选择的影响是比较大的。20 世纪初期，美国初等和中等学校的超过 90% 的儿童选择公立学校就读——1899 年到 1900 年的比例为 91%，1919 年到 1920 年的比例为 93%。②

需要指出的是，这一时期虽然美国的公立学校从数量上得到了较快的发展，但是在学校的管理和教学内容上，从欧洲传入的赫尔巴特教育思想在美国学校教育领域中仍然占据着统治地位。赫尔巴特教育思想反映在学校方面突出的问题就是导致学校教育上的形式主义，学校的课程内容和教学方法等方面重视教育的标准化和统一化，学校教育与社会生活相脱节。到了 19 世纪后期，美国学校教育存在的问题更为突出：学校的古典课程不能激发学生的兴趣和动机；中小学的辍学率比较高；伴随城市快速发展，青少年违法犯罪现象增加；学校管理中的浪费和无效率；传统课程与工业社会的实际需要缺乏有机的联系。这些问题引起了人们的关注，为美国的学校改革运动的兴起和新的学校尝试提供了条件。

这一时期，对美国学校存在的问题给予深刻揭示的人是约瑟夫·迈耶·赖斯所进行的调查研究。1893 年，赖斯写了《美国的公立学校制度》一书，反映了这一时期美国学校的现状和问题，并且提出了建议。③ 在书中，赖斯记录了自己用了半年时间在 35 个城市参观课堂、与教师和学生座谈、参加学校董事会的会议以及采访家长所获得的发现。最初，他的这些发现陆续发表在 1892 年 10 月到 1893 年 3 月的《论坛》杂志上，后来这些观点结集为《美国的公立学校制度》一书出版。该书出版后引起了

① ［美］克雷明：《美国教育史——城市化时期的历程（1876—1980）》，朱旭东译，北京师范大学出版社 2002 年版，第 600 页。

② 同上书，第 606 页。同一资料显示，到 20 世纪 50 年代以后，这一比例有所降低。1959 年的比例为 86%，1980 年的比例为 89%。

③ ［美］克雷明：《美国教育史——城市化时期的历程（1876—1980）》，朱旭东译，北京师范大学出版社 2002 年版，第 255 页。

巨大的反响。在书中，赖斯指出当时美国几乎每个城市的学校都存在死记硬背的学习、漫不经心的教学、无效管理、政策的欺骗和公众的漠不关心等问题。赖斯主张，学校应当为所有的孩子提供教育，要引进科学的管理，提高教师工作的积极性等。他还特别强调引进进步主义教育思想和方法，推进美国学校的变革。

赖斯的《美国的公立学校制度》一书的出版，在美国教育发展中产生很大影响。美国教育家克雷明评价指出，赖斯一书的出版其意义是多方面的。"一方面，赖斯在政党观察员看来是一个敏锐之人，他在书中生动地刻画了19世纪80年代城市公共学校的景象。而且他是首先观察到他所遇见的问题是全国性问题的人之一，同时又是首先把当时学校不同途径的改革整合为一个统一项目的人之一。在一定意义上说，美国学校教育的进步主义运动始于赖斯，因为他把它看作一场运动。正是这种不断增强的自我意识把90年代的进步主义运动与其前十年的初期运动区别开来。这场运动实质上是多元主义的，偶尔甚至是自相矛盾的，它使以儿童为中心教育学的倡导者与主张以社会为本的学校教育的党派人士走在一起了……"①

赖斯的发现和思考为这一时期认识美国学校存在的问题及美国学校的改革提供了真实的写照，也为美国进步主义教育的兴起起到了重要的奠基作用。

3. 进步主义教育运动的兴起对美国学校教育的影响

实际上，赖斯在描述美国学校问题的同时，也指出了美国学校教育中一些新的变化。在《美国的公立学校制度》书中，他写到，在明尼阿波利斯，教师对来自贫困的移民家庭的孩子采取同情的态度；在印第安纳波利斯，各科的教学法是鼓励孩子发现某一学科与其他学科的联系；在印第安纳的拉波特，教孩子们在课堂里合作而不是竞争；库克县师范学校的教师们在校长科洛奈尔·弗兰西斯·W.帕克的支持下，在文学、科学和艺术教学中创造性地运用地图、图片、模具和各种教具。正是在这样的基础上，赖斯发出了所有公民的孩子都应该进入"进步主义学校"获益的号

---

① ［美］克雷明：《美国教育史——城市化时期的历程（1876—1980）》，朱旭东译，北京师范大学出版社2002年版，第256页。

召。他认为美国"普遍的教育精神是进步主义",民众应当抓住教育的主动权。也正是在这样的意义上,克雷明在评价赖斯的贡献时指出,美国学校教育的进步主义运动始于赖斯。赖斯的活动和主张与美国学校进步主义的发展是有密切联系的。

克雷明还指出,虽然在美国进步主义教育运动中出现了多种学校形式的尝试,但其在学校改革方面有一以贯之的主题。主要表现为四个方面:一是扩展学校课程和学校的作用,增加对健康、职业、家庭质量和社会生活的关注;二是在课堂教学中运用由哲学、心理学和社会科学研究引发的更人性化、更有活力和更合理的教育方法;三是在学校权限范围内,直接针对不同性格和不同层次的儿童因材施教。这意味着对有些儿童用不同的方法教同样的课程,而对另一些儿童则教不同的课程;四是采用更系统化的组织和更合理的方法领导和管理学校。① 可见,美国学校教育重视与社会和生活的联系,重视运用科学手段研究学校教育,重视儿童的个性化教育,重视学校的科学管理的特点开始形成。

需要指出的是,虽然这一时期进步主义的学校改革有着共同的主题,但是这些主题也是随着时间变化而有重点的,主要是在某一段时间内某一主题占主导地位。例如,在第一次世界大战以前,进步主义学校改革的倾向主要是关注初级学校课程的扩展和重建,学校管理和授课方式的合理化以及教学和管理的专门化。第一次世界大战以后,进步主义学校改革的重点是关注那些为中产阶级子女开办的独立学校,关注这些学校课程的重新设置。20世纪30年代以后,美国进步主义学校改革则关注青少年的特殊需要问题,尤其是那些不准备升入大学的中学生的教育问题。

总之,在进步主义学校改革运动中,进步主义教育家形成了关于学校教育的基本观点。这些观点主要包括以下几个。

(1)学校课程应当根据学生的需要和兴趣进行调整。应当特别关注每个学生的学习动机和最大的学习兴趣(学术或职业的)。

(2)学生的学习应当基于活动的基础。

(3)学校目标、内容和过程应当反映社会的状况(social conditions)。

---

① ［美］克雷明:《美国教育史——城市化时期的历程(1876—1980)》,朱旭东译,北京师范大学出版社2002年版,第257页。

（4）在现代城市条件下，学校应当根据学生不同情况为学生做好参与民主社会生活的准备。

（5）学校基本的目标是帮助解决社会问题。

（6）教师应当成为一个资源提供者和引导者。

（7）学校应当培养完整的儿童（whole child），而不仅仅是理智（mind）。

进步主义学校的这些观点反映了这一时期美国教育，特别是学校教育新的发展和变化，即教育不仅要关注学校形式和数量的增长，更应关心教育对象的需要和学校与社会生活的联系。这一时期进步主义教育的主张对美国学校教育的改革产生了一定的影响，成为这一时期美国学校变革的重要指导思想之一。

4. 杜威对学校教育的批评及关于现代学校的基本观点

在研究现代美国学校变革与尝试问题上，这一时期美国著名教育家杜威的观点是不应忽视的，杜威关于学校教育的观点在美国学校发展中占有重要的地位。

美国学校教育当时存在的主要问题是什么？这是杜威一直在思考并试图解决的。通过对传统教育的考察和对美国学校实际情况的分析，杜威认为美国学校教育存在的问题主要是"四脱离"和"一被动"，即理论脱离实际、知识脱离经验、学校脱离社会、教学脱离生活；教育对象——学生是被动的而不是主动的。杜威指出："如果对传统教育的基本观念作一般的表述而不是精确的阐述，大体上可找出以下几点：教育上所用的教材由过去已经搞好的一系列的知识和技能组成，因此，学校的主要任务是把这些知识和技能传授给新一代。过去，也已经形成了各种行为的规范和准则，学校的道德训练就在于培养符合这些规范和准则的行为习惯。最后，学校组织的一般形式使学校构成和其他社会组织显然不同的机构……以上的这三个特点，决定了旧教育的目的和方法：传统教育的主要意图或目标是通过获得教材中有组织的知识和成熟的技能，为年轻一代承担未来的责任和获得生活上的成功做好准备。既然教材和正确的行为规范都是从过去传下来的，那么学生的态度，总的说来，必须是温良的、顺受的和服从的。书籍，特别是教科书，是过去的学问和智慧的主要代表，而教师是使学生和教材有效地联系起来的机体，教师是传授知识和技能以及实施行为准则的代理人。"①

在具体问题的分析上，杜威批评了当时学校与社会生产需要脱离的弊端。19 世纪末 20 世纪初的美国社会，已经完成了第二次工业革命，经济和社会的迅速发展，迫切需要大量的高素质的专业技术人才和生产者，而当时的学校却是依旧承袭了旧时代遗留下来的传统，强调作为接近学术的唯一门径的古典语言的学习和运用是最为重要的。对于这种教育，杜威指出："这是一种几乎完全被中世纪的学术观念所支配的教育。这种教育大体上只能投合人性的理智方面，投合我们研究、积累和掌握学术的愿望；而不是投合我们的制造、做、创造、生产的冲动和倾向。"② 这种教育忽视社会发展的需要，一味地强调学术文化和自由教育，已经脱离了当时美国社会急剧发展的需要，从而造成了学校发展的不良后果。杜威指出："尽管我们的教育界领袖们谈论着教育的目的在文化的陶冶，在人格的发展，等等，可是大多数学校里的受教育者却把它当作是获得足够的面包和黄油，以勉强维持一定生活的一种狭隘的实用的手段。"③ 在他看来，正是教育界人士无视社会正在经历的、根本的、前所未有的变化，而无意对学校的使命和作用做出相应的变革，才造成了学校与社会的脱离。

从民主主义的观点出发，杜威也批评了当时学校与民主社会的需要的脱离。杜威指出："我们往往从个人主义的观点去看学校，以为它不过是师生之间或教师和儿童的父母之间的事情。因此，最令人感兴趣的是我们所熟悉的个别儿童的进步，他的体格的正常发展，他的读、写、算能力的提高，他的史地知识的增长，态度以及敏捷、守秩序和勤劳习惯的改善——我们正是从这类标准来判断学校的工作，这诚然是对的。但是，眼界需要扩大。"④ 杜威认为，现实学校的问题是忽视了对人的全身心人格培养的作用。如果学校只注重知识的积累，这样培养出的儿童，没有共同生活的意识，无法形成在共同体中过民主生活的理想，不具有在共同生活中实现个人价值的理想，因此，这样的人是不完善的。在这样的学校里，

----

① ［美］杜威：《杜威教育论著选》，赵祥麟等译，华东师范大学出版社 1981 年版，第345—346 页。

② ［美］杜威：《学校与社会》，赵祥麟等译，人民教育出版社 1994 年版，第 39 页。

③ 同上书，第 40 页。

④ 同上书，第 38 页。

民主精神得不到培养，这是不利于民主社会制度建设的。

杜威还对当时学校脱离儿童生活经验的现状进行了批评。他认为，当时学校最大的弊病就是与儿童生活的严重脱离，这是最大的浪费。他说："学校的最大浪费是由于儿童不能把在校外获得的经验完整地、自由地在校内利用；同时另一方面，他在日常生活中又不能应用在学校学习的东西，那就是学校的隔离现象，就是学校与生活的隔离。"① 杜威指出，儿童进入学校，不得不把平时在生活中占主导地位的活动、兴趣和观念放在一旁，而学校由于不能很好地联系利用这些儿童日常经验，不得不煞费心机地采用各种"教学方法和手段"提高学生对于学校功课的兴趣和注意力。这样一来，不仅对在学校的儿童来说是一种痛苦，而且对于实施教育的学校一方来说也是一种严重的浪费。

杜威指出，学校无视儿童个人的兴趣和需要，以成人社会的标准来对待儿童，对儿童进行压制，实际上对于儿童的发展并无好处。"对大多数教师和家长来说，'学校'这个词就是'训练'的同义语，它意味着安静，意味着一排排的儿童端坐在课桌旁，聆听着教师的讲课，只有当他要他们发言时才能开口。因此，如果一所学校不具备这些基本的条件，那它就不是所好学校。"②

而且"这种学校是为那些谋求迅速和可靠效果以教师的方便而安排的；他不顾学生充分的发展。它是按照一个温室的极其有害的规划来安排，强迫从事枯燥乏味的事情，而不是培养学生的全面生长。它不是培养个人一种坚毅的能力和创造性的活动。它无视儿童目前的需要；实际上他每年每时过着丰富的生活，而不是等他离开学校，在长者规定的某个时期里才过着生活。儿童对学校的厌恶是这样错误的自然和必然的结果"③。在杜威看来，对儿童的生活经验和个性的忽视，在学校里进行的枯燥乏味的教育活动，非但不能有效地促进儿童的发展，而且很容易造成严重的后果，儿童对学校的厌恶成了学校教育的一个自然结果。

杜威对学校严重的与儿童生活的脱离提出了严厉的批评。"我们的学

---

① ［美］杜威：《学校与社会》，赵祥麟等译，人民教育出版社1994年版，第62页。

② 同上书，第230页。

③ 同上书，第230页。

校总是朝着与这个原则相反的方面进行。它们不去研究儿童在生长中所需要的究竟是什么，只是拿成人所积累的知识，也就是和生长的迫切需要毫不相关的东西强加给儿童。"① 学校 "为了成人生活的造诣，而不管儿童的能力和需要，是一种自杀的政策"。②

如何认识现代社会的学校，杜威认为，学校应当是一个雏形的社会，它不只是一个职业培训中心，不仅仅是知识传授的地方，更重要的是一个促进儿童个性的全面发展，培养有是非感、有责任心的公民的机构。

在分析和批判传统学校教育问题的基础上，杜威提出了关于现代学校的基本观点。他认为：

（1）学校应当成为民主的实验室。在这里，学生可以学习和理解民主生活的技能和价值取向。

（2）在学校里，儿童依靠天性进行活动，成为社会的创造者，依靠天性进行构建和进行创造性的表达，最终发展他们的好奇心和探究心。

（3）学校应当成为一个儿童通过社会活动一起进行工作的地方，以构建和实现他们自己的目的。

（4）在学校里通过一起工作，学生可以合作解决问题，批判性地思考原因和结果，促进智力的发展。

（5）教室不是生活的预备，而是生活本身。

总之，在杜威看来，在学校机构的性质上，学校是一种社会组织形式，须呈现现代社会的生活，学校是促进社会进步的基本方法之一。

在学校教学的中心上，学校教学中心不是科学、文学、历史和地理等学科，而是儿童本身的社会生活。学校里的烹饪、缝纫、手工等课程不是附加在其他科目之外的，而是代表着社会活动的基本类型。

在学校建设的理念上，学校是一种典型的教育环境。设置这样的环境能够影响成员的智力和道德的倾向。学校要排除教育环境中无价值的内容，把有利于社会发展的那部分加以传递和保存。

在学校遵循的原则上，学校要关注民主和平等，强调不同种族、宗教

---

① ［美］杜威：《学校与社会》，赵祥麟等译，人民教育出版社1994年版，第220页。
② ［美］杜威：《杜威教育论著选》，赵祥麟等译，华东师范大学出版社1981年版，第134页。

和风俗的人应当在同一学校，使用共同的教材，扩大视野，有利于形成于统一的、相互理解的民族。

总之，通过以上的分析，我们可以看到，在现代社会，学校在发展过程中已经成为社会系统的一个子系统，学校教育的变革实际上是社会变革的重要组成部分。美国现代学校的尝试及杜威对学校与社会关系认识可以清楚地说明这一点。杜威认为，任何时候我们想要讨论教育上的一个新运动，就必须具有社会的观点，否则，我们会把学校制度和传统的变革看成是某些人的任意创造。研究学校教育离不开对社会的考察，这不仅仅因为学校从根本上说是一个社会过程，它与社会存在着千丝万缕的联系；而更重要的是，社会与学校实际上存在一种互动的关系，任何一方面的发展都会对另一方面产生重要的影响。总之，杜威将学校教育问题纳入整个社会的实际背景中进行考察，认为学校教育问题中的任一因素的变革只有与社会状况，与文明状况联系起来，才能弄清其意义。这一分析是有道理的。

需要指出的是，这一时期美国学校的变革反映了美国学校教育在面对存在问题时所做出的一种回应。我们知道，学校教育是由一系列的规范所构成的一整套制度。随着近代学校制度的僵化，学校逐渐与社会相隔离，成为一个孤立的和僵化的机构，学校如果不进行深刻的变革，势必影响其自身的存在。

当然，这一时期美国学者在批判传统的学校脱离社会、脱离儿童生活的同时，并没有走向取消学校制度，甚至取消学校的极端，相反，他们对学校之于个人和社会的作用更加重视，提出了许多有价值的观点。杜威就不止一次地指出，学校是社会和个人的桥梁，学校作为一个经过选择的特殊机构，为儿童提供了个人社会化的最好场所；而对于社会来讲，学校为社会培养着民主社会的合格公民。

最后，我们再来概括一下杜威关于学校教育的基本观点，这对我们更好认识这一时期美国教育家在现代学校的尝试和学校改革上的工作是有意义的。杜威认为，学校的产生和发展是人自身生存和发展的需要，同时也是人类文明存续和发展的需要；从本质上来讲，学校、家庭、工厂、社区一样都是社会生活的一种存在形式，学校就是社会生活；但是学校又与一般的社会不同，它是一个经过严格选择的机构，是一个简化的、净化的和平衡的机构；作为改良社会的工具，学校不只是一个职业培训中心，不仅仅是传授知识的地方，它的更重要的社会目的在于促进个性的全面发展，培养有民主社会的公民，从而实现对民主社会的改造；理想的学校应是与社区生活联系密切，它应该是社会的中心，从根本上说，现代的学校应当是一个民主的共同体。

杜威关于学校的论述，反映了他对现代学校本质的认识，即学校是社会的组成部分，是社会生活的一种重要形式，学校不可能游离于社会之外，学校的变革与发展与社会是相互促进的。现代学校应该给予学生最基本的关于社会生存的知识和技能，同时应把培养现代社会公民、促进学生个性发展放在重要的位置上。

二　学校教育的追求：普及性与学术性的平衡

经过 19 世纪后期至 20 世纪初期的教育改革，美国学校有了比较稳步的发展，20 年代美国学校教育出现的大众化、普及性的特征就是一个有力的说明。30 年代以后，由于经济危机的影响，也使得美国学校遇到了挑战，给美国学校的发展带来了许多问题。

1. 20 年代美国学校教育的发展与挑战

（1）20 世纪 20 年代美国学校的发展

20 世纪初期至 20 年代，是美国学校教育稳步发展的阶段，适龄入学人数的增多是这一阶段的突出表现。

在初等教育方面，美国最后两个施行强迫教育的州——密西西比州和亚拉巴马州分别于 1918 年和 1919 年先后颁布了义务教育法，至此，美国全国实现了初等教育的普及。1919—1920 学年，美国全国小学生在校人数达到 19377927 人。

在中等教育方面，由于教育进一步民主化的呼声日益高涨，"普及中等教育"和"中等教育为所有适龄青年敞开大门"的主张成为第一次世界大战以后教育领域新的目标。以后，中学入学人数有了很大的变化，其速度不是依算术级数而是依几何级数增长，中学生入学人数的增长速度高于人口的增长速度。[①]

---

① 滕大春：《今日美国教育》，人民教育出版社 1980 年版，第 2—3 页。

此外，这一时期美国学校教育的发展在其他方面也有所体现。在学制上，原有的小学修业八年和中学修业四年的"八四"制，渐渐转变为小学修业六年、初中和高中分别修业三年的"六三三"新学制。在学校课程上，各级学校的课程继续扩大范围和进行改组，中等学校的课程日益扩展，与社会需要相结合，以便帮助学生提高工业、农业、家政、体育和艺术等领域的职业技能，为日后就业做好准备；伴随着课程的扩充和改组，学校课外活动也日益活跃，学生俱乐部和各种学生活动成了一般学校普遍设置的机构和形式。在教材的更新上，学校使用的教材变化较大。教材编写者试图把最新科学研究的成果按照儿童学习的成熟阶段配置起来，来充实课程内容。另外，还竭力利用乡土教材进行教学。在学校环境上，学校校舍和设备得到了改善，体育馆、游泳池、实验室、商店、自助餐厅、诊疗室等皆能为有效增进教育和教学效果服务。在学校管理方式上，虽然学校管理者仍然肩负着主要的学校管理职责，但随着社会参与程度的增加，家长和教师协会在决定学校事务方面开始发挥越来越大的作用。

这一时期美国学校教育的发展不仅对于教育事业本身来说意义重大，而且对美国的民族融合和社会稳定也功不可没。20世纪初期，美国的移民之多是罕见的。各国新移民语言不通、文化相隔，难免产生矛盾，对社会稳定极为不利。而学校强调各个民族的美国价值观的教育，有别于以往各殖民地强调自己民族的教育，起到了民族融合的作用。

总之，这一时期美国学校的重点是大众化、普及性的教育，它通过自身的发展，在学校内部改革、民族融合、统一语言、推进各民族的新成员实行美国化、打造美国新公民方面发挥了重要作用。

（2）30年代经济大萧条对美国学校的挑战

20世纪30年代，美国爆发了有史以来最严重的经济危机，大批工人失业，社会急剧动荡。同时，德国和意大利法西斯主义独裁势力兴起，构成了对民主社会和民主理想的直接挑战。在关心经济和政治问题的同时，美国教育界则把焦点集中在学校的社会作用问题上。以巴格莱为首的要素主义教育学派把美国政府未能有效阻止经济危机爆发和解决诸多社会问题的原因归结于美国对兴盛长达数十年的进步主义教育采取放任的对策，要求对其进行批判和反思。

此后，随着人们对进步主义教育批评的高涨，进步主义教育的主张受到多方面攻击。人们指责进步主义学校存在的主要问题是忽略严肃的理性教育和品德教育；进步主义教育者在培养学生阅读、书写和算术等基础知识方面极欠缺；进步主义学校削弱了基础知识，贬低知识的顺序性和系统性，造成美国整个基础教育水平的下降。①

也有学者对进步主义教育的教训进行了反思，认为所谓"进步"应包括"自由"和"指导"两种含义，应包括"尊重个性"和"养成社会责任"两个方面。教育工作者须兼顾多方面的需要，在教育实践中仅仅强调"自由"或"个性"，而忽视其他方面，可能会偏离教育的正轨。

需要指出的是，这一时期，美国学校教育的发展在社会大环境发生变化的情况下引起了人们的广泛争论，但把问题的原因仅仅归结为进步主义教育的"泛滥"，也许是片面的。当一个社会的政治、经济出现问题时，如何看待教育的责任？学校教育能够承担多大的责任？还应当认真进行研究，否则会给教育带来极大的破坏。不过，从这一时期美国人对进步主义教育的批评和反思中可以看出，人们越来越重视教育在社会发展中的作用问题，这也是有一定意义的。

2. 教育的论争与美国学校教育的发展

在 30 年代，为什么进步主义教育遭到来自各个方面的批判，进步主义教育对学校的基本主张是什么，其重点强调什么，这要从 30 年代进步主义教育与新传统教育的论争的主要观点入手进行分析。

（1）新传统教育与进步教育在学校教育上的论争。

进步教育从 19 世纪后期开始在美国社会上形成气候，它涉及面广，观点众多，但总体来说，进步主义教育者都信奉社会变革的思想，主张革新学校教育。在他们看来，变革就是在批判传统教育的基础上尝试新的教育。一些进步主义教育家纷纷开展教育革新尝试，进行学校实验，把学校的课程和职能扩大到关注健康、职业、家庭生活、公民和社区生活的领域；把心理学和社会科学上新的研究成果应用到课堂中去；注重对各个民族和阶级的儿童实施合适的教育。②

---

① 袁振国编：《对峙与融合——20 世纪的教育改革》，山东教育出版社 1995 年版，第 159 页。

② 有关进步教育，可参见本节第一部分第三个问题 "19 世纪末 20 世纪初美国学校与进步主义教育运动"。

在学校教育方面，进步主义者将学校看成民主社会的一个雏形，学生们可以在其中学会民主生活必需的技巧和能力，这些技巧和能力包括解决问题的方法和敢于质疑的态度。另外，学校教育还应包括合作和自律精神的培养。通过对这些技能的培养，学校可以把社会文化传递给学生，帮助学生准备好去应对不断变化着的世界。进步主义者还认为课程在本质上是有着跨学科特点的，教材只是学习过程的一部分而非知识的最终和所有来源。①

可以说，进步主义教育所追求的是改造传统教育中僵化与专政的做法，把民主观念、民主生活的养成放到一个重要的位置上，这是适合美国社会当时融合移民、统一语言、推进各民族的新成员实行美国化、打造美国新公民的国情的。

但是到了20世纪30年代以后，由于世界经济和美国经济大环境的变化，对美国社会包括教育等各个方面产生极大的冲击。也引发了美国教育界对自身责任的反思。这一时期出现的新的教育流派——新传统教育思潮就是这一历史环境和教育反思的产物。

新传统教育流派主要是指19世纪末20世纪初特别是20世纪二三十年代以后在世界各国教育改革运动中出现的以坚持赫尔巴特和赫尔巴特学派的教育观点和批评杜威实用主义教育思想为主要特征的教育思潮，其中要素主义、永恒主义和新托马斯主义是"新传统教育"的三大流派。

要素主义教育流派的代表主要是巴格莱、科南特、里科弗和贝斯特。他们认为人类文化遗产里有永恒不变的、共同的要素，是一切人都应当学习的；强调经过历史考验的经验比个人的知识和儿童的未经考验的经验更有意义。在学校教育方面，这一派主张把"共同要素"作为课程核心，强调恢复传统课程、重视'"天才教育"、提高"智力标准"。认为教学的主动权在于教师而非学生；教育过程的核心是学习规定的教材；智力训练的方法应当是学校教育的主要任务。②

---

① Allan C. Ornstein：*Teaching and Schooling in America*：*Pre-and Post-September* 11，Pearson Education Group.

② 王承绪、赵祥麟主编：《西方现代教育论著选》，人民教育出版社2001年版，第151—153页。

永恒主义教育流派是现代西方教育思想流派中提倡复古的一个流派，在美国的代表人物主要是赫钦斯和艾德勒。他们主张恢复文艺复兴运动以来古典主义的教育传统，从"永恒真理"引申出"永恒学科"，即历代伟大的著作。在学校教育方面，强调对青少年进行普通教育，给普通教育提供富有知识和文化的核心课程；教育应当使学生适应真实的东西，而不是去适应现实的世界。[①]

新托马斯主义教育是提倡宗教教育的一个流派，强调以人的绝对价值即人的自由为教育目的。它们认为人只有通过理性与爱才能实现自由。爱是在家庭间或在对上帝的祷告中获得；理性却主要依靠学校的知识教育来形成。因而，学校教育的主要任务甚至说唯一重要的任务就是传授人类的理性知识，促进学生理性的发展。[②]

在对进步主义教育的批评中，要素主义教育的观点最具有代表性。它们认为进步主义教育放弃了严格的学术标准；轻视学习的系统性和逻辑性；以活动教学取代了系统教学；不相信精密组织和严格要求的学科；只注重社会科学，而忽视自然科学；只注重低年级学校，削弱了教育制度；课程改革削弱了基础知识，贬低了知识的系统性和顺序性。

当然，新传统教育流派对进步主义教育还有许多批评，但争论的焦点主要在两方面。

一是对个体经验和人类经验的价值看法不同。进步主义教育强调个人经验的教育价值，注重学校组织学生直接从事某些作业活动，让学生自己在做中学；而新传统教育比较强调人类经验的教育价值，注重由教师在课堂上给学生传授系统的书本知识。

二是对固定的知识体系的看法不同。进步主义教育家认为由于社会现实在不断变化，因而没有必要去重视固定的知识体系，学校重要的工作是教会学生"如何思考"，而不是"思考什么"，即重视思考的过程和方法，而不是思考的内容和结果；而新传统教育则强调固定的知识体系的重要性，认为经过历史检验所积淀下来的人类文化遗产应当成为学校教育的最

---

① 王承绪、赵祥麟主编：《西方现代教育论著选》，人民教育出版社 2001 年版，第 199—211 页。

② 季苹编著：《西方现代教育流派史论》，北京师范大学出版社 1995 年版，第 123 页。

主要内容，新传统教育学者批评进步主义教育放弃了人类文化已有的遗产，只强调即时的学习，降低了美国学生的学术水平。

总之，新传统教育流派一般都反对进步主义教育的观点和做法，主张教育应该适应经济和科技发展的新需要，培养足够数量的科学家和工程师，为工业和国防提供力量。为此，学校必须有严格的学术课程的系统教学，尤其要注重天才儿童的教育，认为学生中的天才只是少数，应当在年幼的时候把他们鉴别出来，让他们选学严格的学术性科目，加以精心培养；另外，他们还强调应该大力发展综合中学，并设置一些标准课程作为所有学生的必修课程，对有学术能力的学生，多开设数学、外语和自然科学的课程，而为能力稍差的学生开设提供谋生技能的选修课程。

需要指出的是，由于进步教育与新传统教育所面临的社会环境和教育问题不同，因此他们所提出的解决策略不同。从进步教育来看，它所急需解决的问题是主要国内问题，即如何使学生能够适应所谓美国民主社会的生活，如何培养学生成为有责任心的公民，如何使学生具有独立的生活能力等，因此在教育方面采取的策略多是强调普遍的公民意识和动手能力，强调学校与社会和生活的联系，强调所有学生发展的普及性教育。

而从新传统教育来看，30 年代以后的新传统教育所面临的是一个动荡复杂的世界，不仅需要解决国内问题，也要面对国际上各方面的激烈竞争，这些都与进步教育有不同的背景和要求。原来的仅仅培养公民和适应生活的教育显然已经不够了，此时的美国需要的是一种新的教育，这种新的教育要求学校注重培养有扎实的基础、具有多方面能力的和具备国际视野的人才。这就需要学校的严格管理和教师的作用，强调知识的系统传授和传统的学科课程，强调知识标准和智力培养，需要针对学生不同特点而开展的学术性教育，这一教育目标变化的直接结果就是对美国学校作用的重新反思和对进步主义教育的批判。因此，从这个意义上说，新传统教育的出现是美国学校教育适应新时期美国社会发展的产物。

当然，对于进步主义教育的一些主张，新传统教育家并没有全盘地否定，他们在与进步主义教育的比较中，提出了许多启发人们进一步思考的问题。如要素主义教育认为，进步主义教育得到比较快发展的原因主要有：①教育实践上满足了普及教育的要求。②在普及教育的实践上，适合儿童的特点、兴趣进行教育的需要，满足了大众的心理。③在理论上，得到了心理学和卫生学的支持：不及格有可能造成人格的分裂。④哲学上得到了实用主义哲学的支持；在教育和教学理论和方法上，得到了活动教学、设计教学法的支持。⑤进步主义教育还对其时下流行的"智力迁移"理论提出了怀疑，即在一种科目里学到的东西应用在或能够应用的其他场合里的究竟有多少，结果表明"转移"不是必然的，而且在某些情况下是完全否定的，或是极为有限的，等等。

虽然要素主义教育并没有完全否定进步主义教育的主张，甚至在某些方面，特别是对杜威的思想还给予了肯定，但是他们认为进步主义教育主张以儿童为中心，强调儿童的兴趣、目前的需要和个人的经验，忽视了学习的系统性和稳定性。为此，巴格莱提出了几个问题：如何看待学校教育？发展大众的教育是否意味着要放宽和降低学校的学术标准或严格的要求？

（2）这一时期美国学校教育的发展。

1945 年第二次世界大战结束后，出于世界争霸的需要，以美国为代表的西方阵营与以苏联为首的阵营展开了全面对抗和竞赛。这一竞赛不仅反映在政治、经济和军事上，教育也成为大国争霸和竞赛的附属品。在这一背景下，美国教育家进一步反思由于进步教育所带来的学校教育的问题，并进行了一些变革。

由于美苏在各个领域的全面对抗，美国学者和公众习惯于把美国与苏联的教育制度进行对比。同时，在战争期间一度中断的对进步教育的批判这一时期又重新兴起并迅速升级。这时的教育批评虽然程度上有轻有重，见解迥异，但在观点上是大致相同的，那就是批评以进步主义教育为基础的学校教育的无目的性、软弱和无效力。① 他们批评进步主义的学校教学管理不善，忽视了学术性的、动脑筋的和学习困难的学科，使得现代学校更像马戏场而不是学术性机构。这一时期，美国教育方面的统计数据也不看好。据统计显示，20 世纪初期，美国有 83.9% 的高中生选修科学课程，例如普通科学知识、生物、植物、生理、动物、地学、化学或物理。但 40 年代以后，这一数字逐年下降。学习数学、外语的高中生更是大幅度

---

① 袁振国编：《对峙与融合——20 世纪的教育改革》，山东教育出版社 1995 年版，第 163 页。

减少。一些学者惊呼，美国学校已经成为教育的荒地。[①] 在这种情况下，进步主义教育更遭受沉重打击，20 世纪 50 年代进步主义教育协会最终解散。

在批判进步主义学校注重"生活适应"理论的同时，一些批评者特别强调学校与国家的关系，主张教育为国家服务的观念，并提倡学校教育应注意运用心理学研究成果，注重学生智力的培养。这使得这一时期美国学校的理论基础和指导思想都发生了新的变化。

这一时期，人们对学校教育的重视也源于认知心理学方面的研究。早在进步主义教育盛行的 30 年代，认知心理学就对儿童学习的早期潜能有所研究，但是未能得到广泛的重视。随着对进步主义教育批判的深入，认知心理学的理论逐渐对公众产生了极大的吸引力，并在制度和财政上得到了更多的支持。随后，更多的心理学家在学校教育中开展了提高学生认知能力方法的研究。其中布鲁纳的"结构主义"理论最具代表性。布鲁纳把儿童认知结构发展的理论应用到学校教学和课程改革上，提出了三个"任何"的思想。认为任何学科都能以适当的形式有效地教给处于任何发展阶段的任何儿童，从而使得社会公众和教育家们开始重视儿童智力潜能的开发以及学科基础的早期学习。布鲁纳的理论应用于学校教育以后，引发了学校课程方面的改革，美国许多学校加强了选修课程，鼓励中学生参加大学或学院课程的学习；将最新研究成果引入教学，并将它们与新的学习理论联系起来，确立了必修的、学术性课程的主体地位。

总之，这一时期美国学校的改革发生了重要的转向，主要是在指导思想和理论基础方面。在指导思想方面，它基本上消除了由于进步主义教育长期影响给美国教育所带来的负面作用，开始加强系统的学术课程；在理论基础方面，它吸收了认知心理学的研究成果，注重学生认知能力的培养，使得美国学校的发展出现了新的特点，为美国 60 年代课程改革运动

---

① http://www.pep.com.cn/200406/ca483976.htm. 需要说明的是，"教育的荒地"是美国要素主义教育家贝斯特在《教育的荒地》（1953）一书中提出的观点。他在书中尖锐地抨击美国的进步主义教育使得中小学教育质量下降。认为只有经常训练的智慧才是力量的源泉，真正的教育就是智慧的训练；公立学校的平庸不在缺乏努力，而在于没有方向；学校教育主要在于培养人的思维能力。

的出现奠定了基础。

3. 60 年代的课程改革与美国学校教育

（1）60 年代美国课程改革运动的产生。

在 1957 年苏联发射第一颗人造卫星的刺激和美国颁布《国防教育法》的推动下，美国社会和教育界要求改革教育的呼声越来越高。人们抱怨和批评中学教育水平差，渴望子女得到更好的教育；在教育改革上，人们更关心培养科学家和工程师，强调基础教育应当"回到学业标准"，追求"学业优异"。这一时期，标志性的改革就是教育领域开始的一系列的课程改革。当时，美国国会、联邦政府、大学和中学教师、专业组织和私人慈善机构，都纷纷大力宣传和推进课程改革，形成了这一时期美国学校发展新的特色。在课程专家的指导下，各个学科都制定了新的教学大纲，编写了新的教科书，形成了 60 年代美国的"新课程"运动。这一运动先是在自然学科和教学方面进行课程改革，随后扩展到人文及社会学科方面，对美国学校教育和课程改革的发展起到了重要的推动作用。

（2）60 年代的美国课程改革与学校教育的变化。

指导美国这次课程改革的思想是在 50 年代就引起人们广泛注意的认知心理学派的观点。教育家布鲁纳作为这一观点的提倡者，在这次课程改革运动中发挥了重要的作用。认知心理学派的理论与结构主义哲学和心理学有密切联系。布鲁纳认为，真正地学习任何一门学科时，人们总是要获得一个结构，这个结构不仅仅是一些单独的原理和技能的集合。他说："不管我们挑选出来的是什么学科，都应让学生懂得它的基本结构。"[①]

布鲁纳的这些观点激发了当时美国支持学校改革者的兴趣。认为布鲁纳的这些主张为批评进步主义教育，用现代科学知识充实学校课程内容，提高学业标准，追求优异成绩，提供了理论依据，其中突出的是学科结构思想的提出。在这些思想影响下，美国当时的一些委员会和研究所制定了普通学校物理、化学、生物等理科以及英语、社会等文科规划，便于学生更好地掌握学科性质或了解其原理。这次规模较大的课程改革引起了美国

---

① ［美］布鲁纳：《教育过程》，上海师范大学外国教育研究室译，上海人民出版社 1973 年版，第 8 页。

学校多方面的变化。

首先是学校教育目标的变化。美国学校目标开始从过去"适应生活"的教育转向重视"基础知识"的教育。在学校里，基本知识、基本概念和基本结构的掌握，成为教学的主要任务。

其次是学校课程内容的变化。新课程开发的指导思想是把课程内容按照不同年级做螺旋式的安排，而且绝大多数新课程要求学生不只是掌握知识，而且要学习每门学科的结构；他们主张要向科学家、数学家或经济学家那样思考科学、数学与经济学。

这里主要以物理课程改革为例进行说明。美国的物理科学学科委员会（PSSC）是这次新科学课程计划的组织者之一。该委员会成立于1956年，由麻省理工学院教授扎卡里亚主持，全美有多所大学和高中参加。美国国家科学基金会为该教材编写提供了500万美元的资助。经过努力，该委员会组织专家编写出了《PSSC物理学》及实验教程。该教材的特点是强调物理学的逻辑单元，教学注重用前面的材料来阐述后续的内容，做到循序渐进。除教材外，改革者也对物理实验、演示仪器及补充材料进行了改革。总之，这次物理学课程改革力求反映物理学的最新进展以及该学科未来的面貌，改革注重物理学基本结构及探索过程的学习；强调通过实验形成概念；加强物理学和其他科学的联系。

再次是学校教学方法、手段和组织形式的变化。主要包括电化教育手段的广泛采用、更加重视天才教育、"发现法"的广泛应用、小组教学等。

另外，这次改革计划还开发出了许多新的课程内容和方法，但是如何在中小学得到实施成为大多数没有学过这些新课程的教师的障碍，而且公立学校教师在职培训的费用也成了大问题。这些都在一定程度上对课程改革产生了不利的影响。

总之，20世纪50年代末60年代初美国的这次课程改革，是一次规模很大的运动，美国国家科学基金会拨出经费支持计划的实施。这些计划汇集了美国著名学者关于课程改革应反映最新知识和方法的建议。当然，改革是不平衡的。据美国国家科学基金会对课程改革的检查显示，美国这次课程改革结束时，科学课程的成功远远超出其他课程的改革活动。在1976—1977学年，美国约有20%—40%的学校采用一种或一种以上由联邦资助制定的科学课程。①

一些研究者指出，课程改革之所以未取得预期的效果，主要原因之一是新课程的教材是由大学学科专家编写的。这些人虽然重视教材中科学知识的深度，但由于没有结合中小学教育实际，很难为广大师生所接受。另外，也有研究者指出，美国这次课程改革的一个主要问题是改革未与培养熟悉新课程的教师机制结合起来。懂得新课程的教师培训不够，而较多的教师仍在继续沿用老教材和老教法。

美国这次课程改革尽管存在许多问题，但它所带来的教育观念的变化、教学组织形式和方法手段的变革，反映了现代学校在适应科技发展变化时所做出的一种积极的调适，其价值取向及其影响是巨大的。正如我国学者所指出的那样，这一时期美国的课程改革运动对世界各国的教育改革产生了广泛和深远的影响。②

总体来说，以结构主义为基础的课程改革运动不仅影响了美国学校教育的发展，也促进了美国科技的发展。因此，一些研究者把1957—1965年美国教育所进行的改革称为美国战后的"教育十年"，它在一定程度上提升了美国科研的实力，其中一个典型的事例就是，1969年美国科学家把"阿波罗号"宇宙飞船送上月球。这一事件被美国人看成是美国科学技术又一次超过苏联，领先世界的标志，这也在一定程度上说明美国"十年教育"改革的成效。

60年代，美国学校教育除了进行课程改革以外，还进行了其他一系列改革，提出了一些新的举措。如颁布《中小学教育法》（1965年）、增加教育经费、扩大入学人数、出现免费学校（free school）、进行开放录取或开放注册（open admission or enrolment），以及进行开展补偿教育（compensatory education）和开放课堂（open classroom）等新的教育形式，使美国学校教育这一时期的改革呈现多样化的特点。

4. "非学校化"的教育思潮与美国学校教育

（1）"非学校化"教育思潮的产生。

"非学校化"教育思潮产生于60年代中期的美国，是一种激进的反

---

① 马骥雄主编：《战后美国教育研究》，江西教育出版社1991年版，第38页。

② 同上书，第39页。

对学校教育的社会思潮。其代表人物主要有伊里奇（Ivan Illich）、赖默、保尔·古德曼和约翰·霍尔特等人。古德曼的《强迫性的错误教育》、伊里奇的《非学校化社会》《学校教育的抉择》《学校消亡以后是什么》和赖默的《学校已经死亡》等著作，集中体现了"非学校化"思潮的主要观点。

关于"非学校化"思想的起源，一些研究者指出，其源头可以追溯到 18 世纪法国浪漫主义哲学家卢梭、19 世纪美国哲学家爱默生，以及英国哲学家罗素等人的思想。在他们看来，社会制度破坏了人的天性、奴役了人的心灵，而社会中的学校教育是人为的、矫揉造作的。总之，是制度化的东西产生的异化现象在毁灭人类自身，学校也难逃其责。

虽然"非学校化"教育思想有其历史根源，但是在 20 世纪 60 年代的美国，它作为一种思潮的兴起，又有其深刻的社会根源。五六十年代的美国，社会经济得到了迅速的发展，然而经济的繁荣却拉大了贫富差距，带来了严重的社会不公。为了消灭贫困，实现社会公平，人们把希望寄托于教育事业上。于是各种教育计划、改革方案纷纷出台，学校教育改革扮演了社会改革的主要角色。然而改革不久，人们对教育的热情很快就冷淡了。主要原因是许多学校教育改革没有取得明显的效果，社会大量的贫困现象仍然存在。于是，人们由开始的对学校教育的信任转向对学校教育的批评。认为学校没有保证穷人学生的成功，学校不是一个有价值的机构。另外，学校的组织化、权威化又忽视了富人学生选择教育的自由。总之，学校是无能的，应该取消。

伊里奇在《非学校化社会》一书中集中对现存学校的功能进行了批评。他否定学校教育是促进平等的机构的信念，否定学校教育是通向个人解放的坦途的观点。认为过去长期以来对学校功能的宣传不仅使得人们依赖学校来学习，而且使得人们在生活的其他方面也过于依赖社会制度。为此，伊里奇建议，建立一个"非学校化的社会"，使人们从对学校和社会制度的依赖中解脱出来，依靠自己的劳动和创造能力进行生活。

（2）"非学校化"教育思潮的主要观点。

"非学校化"教育思潮的观点主要包括以下几个方面：

其一，认为学校是无能的。1964 年，古德曼在《强迫性错误教育》一书中抨击了人们关于相信公众学校教育的社会益处的"群众性迷信"。

他认为，虽然人们普遍期望学校教育能够教人学会读书、写字，能够促进创造力、促进学生发展，并为社会底层的人们扩大就业机会，但事实上很少有证据表明学校教育达到了上述目标，学校事实上是无能的。

其二，强调学校不等于教育，相反，学校有时起着反教育的作用。伊里奇认为，学校的反教育作用主要表现为学校垄断了知识，压抑了人性。他说："我们必须认识到，当学习变成某种服务业的产品以及当人成为消费者时，人便与他的学习疏远了。"① 随着学生学习异化的产生，人与知识、理性一样变成了工具、物体，学习变成了压抑学生人性的事情。伊里奇指出，学校不仅垄断知识，还垄断着教育，并通过"隐蔽课程"使其价值制度化，制造意识不平等和阶级上的不平等，并且不易使人察觉，具有很大的欺骗性。

其三，主张打破学校在教育上的垄断。在"非学校化"教育思潮的代表人物看来，强调"非学校化"就是要废除学校教育，发动一场人们的意识革命，打破官僚机构对学校教育的垄断，打破学校对知识和教育的垄断，真正恢复教育的本来面目，使受教育者享有选择教育的权利，成为积极的学习者。

其四，强调摒弃建立在学校教育基础上的教育模式，代之以人人可以参与的网络式的学习机构。这一机构由四个网络组成：第一，教育资源服务中心，提供各种学习所需的教育资源；第二，志愿同伴通信网；第三，技艺交流中心；第四，非专职教育家咨询中心。上述机构人人都可以参加，不受任何限制，它采用现代通信网络，满足不同兴趣者的学习需要。这种模式可以"通过最大限度的自由选择和彻底放弃强迫性和规定性要求，把教育转变成非正式的、自便的、终生性的和愉悦性的活动"②。

"非学校化"思潮对学校存在的理论基础进行了分析。认为现存的学校教育是建立在权威的原则和严格的制度价值的基础之上的，不具有改革的可能性，应当完全终止。因为这样的制度是限制而不是增进个人的智

---

① ［美］伊里奇：《学校教育的选择》，瞿葆奎主编：《教育学文集·教育与社会发展》，人民教育出版社1989年版，第625页。

② ［美］弗莱彻：《废除学校教育》，许佩云编：《简明国际教育百科全书·教育管理》，教育科学出版社1992年版，第119页。

力、创造力和个性的发展。

为了取代现存的学校教育，克服学校所存在的弊端，"非学校化"思潮倡导者建议开发一系列新的资源，力图使学生可以根据自己的动机和兴趣去学习。例如，图书馆可以提供各种各样的学习计划；可以建立社区学习的媒体中心，提供电影、录音带、书籍、录像带、计算机和望远镜等；可以建立技能开发中心，人们可以学习诸如读、写、算等基本技能；可以通过计算机中心，与具有同样兴趣的教师和同学建立联系；另外，博物馆、工厂、机场、实验室、动物园、农场等也可以提供学习者一定的计划。

关于学生学习的作用，"非学校化"教育思潮也提出了自己的观点。认为学习是个别化的活动，在没有外部压力或操纵的情况下随意地、自发地学习活动能达到最好的效果。①

（3）"非学校化"教育思潮对美国学校教育的影响。

一些研究者指出，在"非学校化"教育思潮的影响下，人们已经不仅仅满足于对公立学校的课程、教学方法和学校组织进行批评了，而是对学校的全方位的否定。

当然，从实际情况来看，"非学校化"教育思潮只是一种激进的教育思潮，完全取消学校是不可能的。"非学校化"教育思潮的出现在一定程度上反映了人们希望创建一种全新类型的学校或者教育机构，来取代公立学校教育机构的愿望，表达了一种自由主义教育的希望。于是，受"非学校化"教育思潮的影响，这一时期"自由学校运动"在美国兴起。一时间，"自由学校""无墙学校""选择学校""开放学校""非正式学校""马路学校"等名称各异的学校相继出现。作为公立学校的"替代品"，这类学校的办学宗旨主要有两个特点：一是强调学生的自由发展；二是主张对他们施以仁慈的教育。②

需要指出的是，尽管这一时期美国"自由学校运动"所出现的各种

① 王英杰、余凯、王晓阳、赵亮：《世界教育大系之美国教育》，吉林教育出版社 2000 年版，第 212—214 页。

② 袁振国编：《对峙与融合——20 世纪的教育改革》，山东教育出版社 1995 年版，第 172页。

各样的学校虽然在形式上比较吸引人，但是由于学校缺乏严格的管理，学生纪律比较差，学生在基本技能方面训练不足，一些学校成了某些逃避现实的人的场所，结果不久便衰落了。

虽然"非学校化"思潮以及所形成的"自由学校运动"存在许多不足，但是"非学校化"思潮唤醒了在一个已经制度化的社会和教育中，人们对建立更人道、更灵活、更有创造性和更有个人自由的教育制度的意识，它也对认真思考现代社会条件下学校教育的改革和发展提供了有意义的借鉴。

5.70 年代美国学校教育的发展

1969 年 12 月，全美教育协会指导中心召集 60 名来自教育委员会、大学、教育咨询机构等的教育工作者，以"70 年代以后的学校"为题进行了讨论。讨论结束后，各组人员不约而同地得出一致结论，认为今后 10 年（即 70 年代）教育改革的主要目标是把学校办成有人情味的机构。强调学校不仅要培养社会技能，还要使青少年个人得到全面发展，成为有人性的、自我革新的、自由的个人；不仅要培养适应社会的能力，还要培养能够建设更美好社会的能力。

1971 年，全美教育学会编写的《70 年代以后的学校》报告公开发表。这一报告提倡多元主义教育、多样化教育和个性化教育，在美国掀起了强调以儿童为主体、尊重儿童个性的教育改革热潮，其中一些"学校的人化"、课程的"人化""人性化""富有人情味""培养宽广的心胸"等思想或主张被广为宣传和接受，各地还就此进行了多种实验。特别是在学科设置上，要求学校加强文学、美术、伦理、社会、历史、地理等人文学科的地位，并把人性教育渗透于所有学科之中；在课程结构上，把价值教育放在整个教育的重要地位，并高度重视心理咨询、生活指导等活动的作用；在对学生的教育上，大力开展能够使学生体验社会、人际关系和自我的各种实践活动，促进学生自主的发展。

70 年代美国学校改革的重点主要包括两个方面：一是加强学校就业训练的"生计教育"计划；二是为矫治"自由学校运动"所产生的学习差、纪律混乱问题所开展的"回到基础学科运动"。这次学科结构改革对于加强美国学校教育的发展产生了重要影响。

（1）"生计教育"计划。

"生计教育"计划是美国卫生、教育和福利部部长马兰提出的一项教育改革的计划，目标是建立以学校为基础的就业训练模式，使所有儿童在未来发展中得到各种就业机会。该计划希望通过对公立学校中的每一门课程进行再安排，把重点放在帮助学生缩小职业选择的范围上；如果学生选定了职业，他将通过集中训练获得有用的技能。[①]

该计划的实施者认为，"生计教育"是一个与学校教育始终相伴的过程。学校实施"生计教育"计划主要包括三个阶段：

第一阶段是生计了解阶段（幼儿园至六年级），通过教材或参观，使学生对社会上所有的"生计群"（美国教育专家划分的"生计群"共15个，包含23000个社会职业）以及他们将要面临的劳动世界有所了解。

第二阶段是生计探索阶段（七至十年级），学生开始探索他们最感兴趣的一个生计群，并接受一定的实际技能的培训。

第三阶段是职业准备阶段，学生将对他选择的某些职业进行更深入的探索，并在三种选择中为自己未来的发展定向。这三种选择包括，一是中学毕业后的就业（学生需要掌握准备就业的技能）；二是中学毕业后进入中学后教育阶段的职业培训机构继续学习（学生需要同时学习学术性课程和职业培训课程）；三是中学毕业后升入高等教育机构（学生学习准备升学的课程）。

美国"生计教育"计划希望通过改革学校教育来解决学生升学准备和就业准备的关系问题，这是世界各国在普通教育领域普遍存在的难题。可以说，美国的"生计教育"计划在这方面进行了有益的探索。

（2）"回到基础学科"运动。

由于"自由学校运动"造成的学生纪律松懈、成绩差的后果以及学生在基本技能方面的训练不足，于是人们呼唤学校要"回到基础"，重视对学生的基础知识和技能的教育。于是，"回到基础学科"便成为70年代的美国教育中流行的一个关键词。在这一思想影响下，美国也出现了相应的"回到基础学科"运动。

"回到基础学科"运动主要是针对学校的学科改革提出的。在这一运

---

① 瞿葆奎主编：《美国教育改革，教育学文集》，人民教育出版社1990年版，第381页。

动中，各州普遍对课程进行了修订，强调设置学术学科，突出学校的正规活动。许多学校也参与其中并进行了大胆的改革。70 年代的"回到基础学科"运动主要有如下特点：一是主张小学应更多地以读、写、算为重点；二是强调中学应更多地注重英语、数学、历史、科学的教学；三是主张学习活动应更经常地由教师指导；四是认为应更多地强调练习、作业和评定；五是主张升级应按成绩而不是年龄或在班级的时间；六是强调应从公立学校课程中去掉种种点缀性的课程，取消选修课程，将英语语法及美国历史等都改为必修课程，等等。

虽然美国的这次"回到基础学科"运动并没有自己的理论基础，也没有明确的组织领导者，但在 70 年代后期的美国教育领域蓬勃发展，并产生很大影响。这在一定程度上反映了美国学校教育更多是依据实践的变化进行调整，也反映出在经历了前一段的"自由学校运动"冲击后美国学校对传统教育的回归。

纵观美国 20 世纪初至 70 年代末的学校教育发展历程，我们不难看出，这 70 年的学校教育改革基本上是围绕着"适应社会、普及教育"和追求"学业优异、强调学术标准"两条主线运行的，反映了美国学校教育随着社会大环境的变化，其内部需要的变化和发展方向的调整。当然，在 30 年代以前，受进步主义教育的影响，美国学校更多的是反映第一条主线的变化和要求；而在 30 年代以后主要是反映是第二条主线的变化和要求。不过，在 60 年代以后，也有由于过分强调第二条主线而出现的对人性关注的"自由主义教育"思潮的反叛，同时也有为了纠正"自由主义教育"思潮的反叛而带来的教育自由化思潮的片面性而出现的"恢复基础教育"的拨乱反正。这在一定程度上反映了美国学校教育改革中自由主义和保守主义思想之争。这种争论的结果使得 70 年间美国的学校教育改革在教育的普及性和学术性之间采取一种妥协式的平衡。这种平衡放弃了过去的"非此即彼"的思维方式，强调在修正某一方面错误的同时，对其也有一定的肯定和继承。这在一定程度上反映了美国学校教育为了促进自身发展和适应社会需要所做出的调整；也反映了美国学校教育改革的一种灵活性和适应性。

三 美国学校教育的体制性变革

70 年代到 80 年代，美国的社会生活各个领域又发生了深刻的变革和动荡，并且不同程度地对学校教育产生了影响，美国教育又进入了一个新的时期。这一时期，美国学校学生厌学风骤起，入学率锐减，辍学率陡增，学业水平下降，校园骚乱与暴力事件不断，大量教育经费投入不见效益，前一阶段的教育改革未能奏效。究其根源，美国学校这一时期出现的问题与社会政治、经济和科技等方面的变化有关。

在政治方面，第二次世界大战以后美苏两国的争霸和卷入越战所产生的军事对立和厌战情绪影响到了国内；同时，国内反种族歧视、反环境恶化和反越战的呼声此起彼伏。人们希望首先应该解决国内社会问题；同时也对学校教育寄以很高的期望，但是学校教育所能解决的问题和改革的结果并未带给人们所看到的个人发展和社会平等的局面。

在经济方面，美国与其他各主要工业国之间的竞争也日趋激烈，在许多领域昔日遥遥领先的地位已不存在。这也反映在学校教育上，这一时期的一些学科调查显示，美国学生同其他主要工业国家的同类学生一些基础学科的成绩相比差距较大。人们没有看到发展教育带来的经济增长，也没有看到学校改革带来的发展和变化，原先对学校的较高期望发生了动摇，改革学校教育结构成为当时较高的呼声。当时众议院民主党议员会议在一份名为《重建通往机会之路》的报告中指出：实现美国教育最优化的根本点是美国的学校，学校应面向技术革新和经济发展的挑战进行积极持久的结构性的变革。①

在科学技术方面，以电子计算机在生产中应用为标志的第三次技术革命全面展开，现代化的生产对劳动者的科学文化技术水平提出了更高的要求。一些学者预言，传统的制造业 20 年后将在美国消失，新的工作将在计算机技术、机器人学、光纤维、遗传工程以及健康服务业等领域中出现，这将需要高水平能力的工作，而美国的学校教育并没有为此做好准备。这一新变化也对学校教育提出了新的要求。

---

① 史静寰主编：《当代美国教育》，社会科学文献出版社 2001 年版，第 6 页。

在这种情况下，美国各界在重新思考学校教育，揭示和直面学校教育所存在的各种问题，试图在学校教育的发展上进行多方面的以及结构性的变革。这次改革是自下而上的、一次具有深远影响的改革。

1. 80 年代以来美国学校的发展及存在的问题

（1）《国家处在危急中：教育改革势在必行》报告的提出。

1981 年 8 月 26 日，美国成立了国家教育优异委员会，负责调查美国学校的教育质量，并在一年半的时间内向政府提交一份报告。这份报告就是 1983 年问世的《国家处在危急中：教育改革势在必行》（以下简称《报告》）。《报告》认为，美国往日在工业、商业、科学和技术创新方面遥遥领先的地位，正受到全世界竞争者的挑战，而美国的教育现状令人担忧，学校教育质量在不断下降，"正在培养的新一代美国人是科学盲和技术盲"。[①]《报告》揭露的许多美国教育问题引起了社会的广泛关注。《报告》显示：

——10 年间对学生成绩所做的国际比较显示，在 19 种学业测验中美国学生从未得过第一或第二名，并且有 7 次是最后一名。

——根据最简单的日常阅读理解和书写测验，约 2300 万美国成人是半文盲，这个数目占到全国年满 17 岁人口的 13%。而少数民族青年中的半文盲数量则可能高达 40%。

——中学生在大多数标准化测验中的平均成绩，低于 26 年苏联发射人造地球卫星时的水平。

——有一半以上天才学生所测出的能力与他们在学校的成绩不相称。

——大学入学考试委员会的学术性向测验 SAT 表明，从 1963 年到 1980 年的成绩连年下降。语文平均分数下降 50 多分，数学平均分数下降近 40 分。

调查结果认为，是中学课程的削弱造成了学业成绩的降低。《报告》的目的非常明确，就是使美国教育克服教育"平庸"，达到教育"优异"。

关于如何达到优异，国家教育优异委员会制定了促进教育优异的标准。内容包括：要进行教学内容的改革；综合中学在课程设置上可分为升

---

① 美国国家教育优异委员会：《国家处在危险中：教育改革势在必行》，瞿葆奎主编：《教育学文集·美国教育改革》，李亚玲译，人民教育出版社 1990 年版，第 589 页。

学做准备的学术轨、为就业做准备的职业轨、为适应生活做准备的普通轨，并将英语、数学、自然、科学、社会科学和计算机作为中小学的基础训练课。具体的建议包括：

——在课程和学时方面，应该规定学生修习传统的"核心"课程——阅读、书写、数学、科学，并加强关键学科如历史、外语、社会科学等的教学；应该有更多的家庭作业，更长的学日和学年。

——在教学评价方面，提议改进教学—训练标准，以重申国家对教育质量的保证。

——在学校管理方面，建议选择能够胜任的教师承担教学任务；改进筛选教师和付给报酬的方式，考虑按绩付酬和评选能手教师等方法；训练和挑选有教育眼光和领导才能的校长，而不是行政管理和主持学校官僚统治的校长。

总之，《报告》所强调的核心思想是，只有让所有学生接受更高质量和更优异的教育，美国的世界领导作用和国际竞争能力才能够得到保证。

（2）80 年代以来美国学校教育面临的主要问题。

从对《国家处在危急中：教育改革势在必行》报告的分析可以看出，80 年代以来，美国教育主要存在的问题是"教育平庸"问题和公立学校的质量问题。一些研究指出，美国学校教育成绩的下降，在很大程度上是教育过程本身存在着令人忧虑的问题。[①] 概括起来主要有以下几方面：

①在课程与教科书内容方面。

调查显示，美国的许多学校，课程标准不高，结构分散，缺乏一个中心目标。自助餐式的课程与学生广泛的选择结合在一起，使许多学生并未学到起码的、具有基础训练作用的课程，如数学、外语、自然科学等；在学生所选的课程中，25% 的学分来自体育、卫生教育、校外实习及个人服务和发展课程（如成人生活准备和婚姻的训练等方面）；13 个州规定中学毕业生学分的一半或一半以上可以通过选修课获得，因此许多学生挑选难度不高的课程来凑够学分。在教科书内容方面，由于参加编写教科书的有经验的专家和学者太少，致使教科书内容相对浅显，没有对学生的智力发展起到足够的促进作用。

---

① 马骥雄主编：《战后美国教育研究》，江西教育出版社 1991 年版，第 257 页。

②在学习时间上。

调查显示,与其他国家的学生相比,美国学生花在学校课业上的时间要少得多。美国学生的典型学时是每天 6 小时,每年 180 天,而许多国家则是每天 8 小时,每年 220 天;美国有些学校每周提供给学生的学术性教学时间仅有 17 小时;美国即使是最重视理科学习的学生在生物、化学、物理和地理等学科所花的时间也不过约为其他工业化国家学生的 1/3(以课时来计算);在学生平均成绩持续下降的同时,中学高年级学生的家庭作业量却还在减少。

不仅是教学时间在减少,而且在如何利用时间方面也存在问题。一些研究指出,美国学校无论在培养学生养成善于利用时间的学习技能上,还是在培养他们愿意对学校课业花更多时间的意愿上,都没有给予足够的帮助。在大多数学校里,学习技能的教学是随意的、毫无计划的,结果使许多学生在读完中学进入大学后仍不具备训练有素的系统学习的习惯。

③在教师的教学上。

在吸引学术水平高的毕业生从事教学工作方面,美国学校也存在问题。一些研究指出,美国的一些学校从中学和学院毕业生中最差的 1/4 人中吸收的教师较多。美国学校教师平均年薪不理想,许多教师必须兼职或利用假期工作来弥补收入不足。一些关键性学科的教师如数学、科学、外语的教师缺乏,而且新聘的这三个学科的教师有一半不能胜任教学工作。[①]

(3)解决学校教育问题的主要措施。

为了解决这一时期学校教育方面出现的问题,美国教育界积极探索,提出了许多改革的措施,其中主要包括以下几点。

①保证学生有足够的学习时间。

针对美国学生学习时间不足的问题,专家建议应当保证学生在学校每周有 25 小时的时间用于教学;同时,采取家校合作以确保孩子每天早晨能够准时到校;在课前准备和放学前的最后活动上花更少的时间。

②加强课程改革,保持课程的平衡性。

教育专家古德莱得指出,美国的学校课程改革必须坚持两个基本的原

---

① 史静寰主编:《当代美国教育》,社会科学文献出版社 2001 年版,第 15—17 页。

则，一是为所有学生提供通才教育，而不是专业化教育；二是采取明智的措施来对待学生中的个体差异问题。他建议，应当保持课程的平衡性，在数学和科学、文学和语言、社会和社会学习、艺术、职业教育五个主要课程的学习安排上，18% 的应用来学习文学和语言（英语和其他语言），18% 用来学习数学和科学，社会和社会学习、艺术、职业教育各用 15% 的时间，还有 10% 用在体育上。同时允许这些课程所占的百分比中有 1/5 的差异；并给学生 10% 的个人选择时间。①

③加强教师的管理和培训。

建议学校在全国范围内聘用具有博士学位的人作教学带头教师，其作用是做其他教师的榜样，并为他们提供在职的帮助、诊断棘手的学习问题。在教师的培训上，主张教师要学习通识教育，而且在教师的专业培训之前或与之同时进行。

④给学生进行"文化脱盲"和"科学脱盲"。

"文化脱盲"是美国人小赫希于 1987 年在《文化脱盲：每个美国人需要知道的东西》一书中提出的主张。所谓"文化脱盲"，就是指拓宽学校中学生的知识面，使其具有广博的背景知识。目的是要解决美国学生文化知识水平的低下引起的文化素质下降的问题。

关于美国学生文化素质下降的原因，小赫希认为主要是美国学校的课程支离破碎。为此，他呼吁着重改革学校课程和教材，扩大学生的知识面。课程改革要涉及宗教、小说、语言文学、美术、历史、地理、政治、哲学、心理学、社会学、商业、经济、自然科学、医学卫生、技术等领域。

"文化脱盲"观点提出后在美国引起了很大的反响。从拓展个人知识面角度来看，进行"文化脱盲"不无道理。不过也有研究者指出，小赫希所说的"文化脱盲"存在一些问题。"文化脱盲"不仅仅是要了解背景知识，而应界定为了解知识背后的重大意义并能很好地使用它。②

"科学脱盲"是 80 年代后期在美国掀起的一场教改运动，由美国科

---

① ［美］约翰·I. 古德莱得：《一个被称作学校的地方》，苏智欣等译，华东师范大学出版社 2006 年版，第 306 页。

② 马骥雄主编：《战后美国教育研究》，江西教育出版社 1991 年版，第 259—261 页。

学促进协会发起。该协会在 1989 年发表报告书，题为《为所有美国人的科学：达到科学、数学和技术脱盲目标的 2061 方案报告书》，简称"2061 计划"。之所以定名为"2061 计划"是因拟定该计划那年恰逢哈雷彗星光临地球，而下次掠过地球是在 2061 年，那时从这项改革受惠的美国人将目睹这颗彗星的回归。

按照"2061 计划"的设想，这次改革将是一个长期而复杂的过程，分三个阶段进行。第一阶段拟定计划，列举学生到高中毕业时所应掌握的全部科学和自然知识，历时 4 年，于 1989 年完成；第二阶段是进行试点，为在全国推广教育改革提供一系列的示范，主要是在美国高等科学协会的指导下，组织 5 个州十几所学校的教师和行政负责人，组成 6 个组，分别编制基础教育各学科的课程；第三阶段是普及阶段，通过各科学团体、教育组织以及其他有关部门的共同努力，说服全体教师、各学校、各学区和各州的有关人员，将第二阶段的试验成果转化为全国性的教育实践，实现"2061 计划"提出的最终目标。①

"2061 计划"是"科学脱盲"运动的具体实施方案，其目标可以概括为以下 4 个方面。

第一，了解科学现状。学校应让所有学生在毕业时都了解现在科学正在做的一些事情，并了解这种事情与他们的文化和生活有什么关系。

第二，形成科学世界观。学校并非使所有学生都需要获得种种科学学科的详尽知识，但每个学生都应树立一套由科学的概念和原理所构建的世界观。

第三，具备科学的眼界。学校应让学生从文化和历史的角度看待科学努力，并建立起跨越学科进行展望的观念。

第四，养成科学的心智习惯。美国学校应该保证所有学生掌握科学价值、态度和思想形式。

"科学脱盲"运动对美国学校的课程编制产生了很大的影响。一些改革者建议每门课都应综合自然科学、社会科学和数学知识。如在学习"进化"课中，学生既要学习生物进化的过程，也要了解政治制度的演变。这样可以克服各门课程彼此孤立的毛病，有助于培养学生举一反三的

① 王英杰主编：《比较教育》，广东高等教育出版社 1999 年版，第 139—140 页。

能力。①

总之，这一时期，美国教育界提出了许多关于改革学校教育的建议，反映美国社会和教育界对学校教育问题的关注。

2. 90 年代以来美国教育的改革与学校教育的发展

（1）90 年代美国教育改革目标的提出。

进入 80 年代后期，美国的学校教育又开始进行改革，并出台了一些影响重大的方案，进入了 20 世纪后期美国学校教育改革的年代。

1989 年 9 月，美国总统布什上台后就在全国有 50 个州的州长参加的全国教育高峰会议上宣称："在美国历史上第一次设立国家教育目标的时机已经来临。"这一次会议拉开了美国 90 年代至 20 世纪末学校教育改革的序幕，对美国学校教育的发展产生了深远影响。

1991 年 4 月，布什总统正式签署了《美国 2000 年：教育战略》，制定了 6 项 2000 年要达到的国家教育目标：

——全体美国儿童上学时都已做好学习的准备。

——高中毕业率至少上升到 90% 以上。

——美国学生在读完 4、8、12 年级后要参加英文、数学、科学、历史和地理的全国统考。每个美国学校都要确保学生个个会动脑思考，准备做有责任心的公民，准备学习深造，并准备好在现代经济条件下成为高效的雇员。

——美国学生要在科学与数学成绩上成为世界第一。

——每个美国成年公民都要识字，具备参与全球经济竞争及履行公民权利与义务所必需的知识与技能。

——每所美国学校都要做到无毒、无暴力，创造有益学习、秩序井然的环境。

以上目标指明了美国学校教育改革的方向，旨在逆转美国 80 年代以来教育质量下滑的局面。

1993 年 4 月，新任职的克林顿总统继续布什的学校改革政策，一上台就签署了《2000 年目标：美国教育法》，把布什总统制定的六项国家教育目标继续执行，此外又增加了两项：

---

① 马骥雄主编：《战后美国教育研究》，江西教育出版社 1991 年版，第 261—264 页。

——加强对教师的培训，使其取得必备的知识与技能，以教育美国学生为 21 世纪做好准备。

——加强学校与家长的合作，使家长更多地参与孩子在社会知识、情感与学识上的成长。

1994 年，美国颁布了《改进美国学校法》（Improving America's School Act，1994），加强了对美国学校的改革力度。

1998 年，克林顿总统又在国情咨文中提出了四项具体的学校教育发展目标：

——降低小学低年级班的学生数，在未来几年中将小学低年级班的平均学生数降到 18 人以下。

——增加教师数量，提高新教师的专业水平。在未来几年，全国增聘 10 万名新教师，所有新教师都要通过教师水平测验才能进入课堂。

——改造和新建学校。联邦政府计划拨出 10 亿美元帮助各州政府在今后 10 年中改造和新建学校，克林顿还特别建议减少税收以利地方政府改造和新建 5000 所学校。改造和新建的重点放在全国低收入家庭最多的 100 个学区。

——加强课后辅导。号召政府和非政府部门联手合作，共同帮助民众做好这一具有挑战性的工作，以使美国青少年对毒品、酗酒和犯罪说"不"。

需要指出的是，虽然前任总统布什与新任总统克林顿分属共和与民主两党，各有不同的政治目标，但他们都极为关注教育，所提出的教育目标基本一致。这在一定程度上说明，世纪之交的美国在学校教育目标的制定上保持了一致性。它反映出美国教育的发展与美国国家和社会的发展根本需求密切相关，并不以政府的更迭为转移。①

2002 年 1 月 8 日，布什总统签署了《不让一个孩子落伍法》，旨在提高美国公立中小学教育质量，开始了又一次新的美国公立学校教育的改革。

当选美国新一届总统的奥巴马也非常重视教育。2009 年 3 月 10 日，

---

① 王英杰、余凯、王晓阳、赵亮：《世界教育大系之美国教育》，吉林教育出版社 2000 年版，第 306—309 页。

他在第一次的教育演讲中呼吁改革美国教育体制中的弊端，以提高美国的长远竞争力。

（2）90年代以来美国教育改革对学校发展的影响。

90年代美国学校教育改革的目标提出之后，对美国学校的发展产生重要的影响，学校成了教育改革最敏感、最重要的阵地。这一时期对美国学校教育的影响主要体现在以下几方面。

①在国家目标的基础上，提出了全国统一的课程标准。课程标准实质上是教育目标的具体体现。里根、布什、克林顿这三任总统在课改方面的策略虽不尽相同，但在统一课程方面却有着惊人的一致性和前后连续性。随着全国统一课程标准的提出，美国学校教科书的内容也更加严格规范，修习学术性课程的学生人数有所增加。

②学校开始重视学术制度和学习时间的增加。通过90年代的改革，美国许多学校强调学校教育的目的是使学生能够自学并希望自学。学校鼓励学生勤奋学习，致力于改善学生的学习态度，以依据成绩的升级制代替了按年龄自动升级的制度，并延长了学日或学年。

③学校加强了教学方法的改革。许多学校主要通过讲授法、辅导法和苏格拉底的"助产术"法展开教学，融传统的和现代的教学方法于一体，打破了过去的单一模式，表现出明显的多元化特征。另外，现代信息技术的应用也给学校教学带来了新的变化。

④在加强师资培训的同时，学校也注重提高教师参与学校事务的管理。教育部门和学校管理机构强调不仅加强师资培训，还应该赋予教师权利，让他们有权参与学校事务，诸如教材教法、教学的组织结构、学习目标的具体安排、学生和学校资源分配等种种问题的决策。①

3. "自由择校"运动与学校的体制性变革

（1）"自由择校"运动产生的背景。

学校可以选择吗？不同学区的公立学校间可以选择吗？假如可以选择的话，通过什么方式？如果说第一个问题在美国不算问题的话，但是第二个问题确是美国公立学校建立以来从来没有的。

众所周知，美国学校长期以来形成的传统是以地方税收来支持地方公

① 史静寰主编：《当代美国教育》，社会科学文献出版社2001年版，第138—179页。

立学校，适龄儿童按学区免费就近入学。在这种情况下，美国家长如果在无力或无意另外出资将子女送入私立学校或教会学校的情况下，一般都将子女送入就近学区的公立学校学习。

受学校教育传统的影响，经过多年的发展，美国公立学校形成了一个较为稳固的系统。但是这个系统由于多年运转的惯性以及缺乏外部压力，从内部滋生出一些问题，如学校太大，管理缺乏人性化，效益低下，依赖性过强，缺乏责任感等，公众对此强烈不满。随着美国社会对公立学校不满的增加和学校教育改革的日益深入，多种教育改革方案出台，其中"自由择校"问题开始成为学校改革的热点。①

在过去长期学校发展中，美国的"自由择校"只发生在公立学校与私立、教会学校之间，而且局限于少数富裕的家庭或有宗教信仰要求的家庭。由于要解决公立学校存在的问题，这种制度就需要推入到公立学校，并且允许在公立学校之间进行，这样就使得更多的家庭拥有了跨学区选择公立学校的权利。公立学校的垄断地位及体制受到了前所未有的挑战。20世纪90年代以来，美国学校教育开始进入一个体制性变革的时期。下面就"自由择校"运动的产生及体制性变化的原因等进行具体的分析。

①美国政治、经济政策的转变。

"自由择校运动的出现与美国整个政治、经济政策的转变有着密切的联系。20世纪50—60年代，美国历届总统吸收了罗斯福新政的经验，在政治、经济政策上继续强调国家干预，并通过立法进行了一系列完善国家垄断资本主义机制的改革与调整。这一系列的强政府、高税收、高福利政策在一定程度上促进了美国经济发展和社会繁荣。但是进入70年代以后，美国经济出现了结构性危机特别是经济滞胀的困扰，使得美国经济理论界和政府都感到强政府、高税收、高福利政策的失败。于是在80年代初，一个倡导自由放任，强化市场机制，反对国家干预，主张小政府、低税收、改革福利制度的"供应学派"和"货币学派"便逐渐成为美国新时期的政治、经济政策的基础。这一时期的里根政府也相继推行了紧缩货币、减税及税制改革、收缩福利等一系列减少政府作用，注重市场机制的改革政策，使得美国的经济再度出现了繁荣。可以说正是这一转变，构成

---

① 史静寰主编：《当代美国教育》，社会科学文献出版社2001年版，第193页。

了美国基础教育改革的一个新的社会背景。它对美国公立学校教育制度的影响是应当重新思考政府在学校教育中的地位和作用。

②公立学校教育质量的下降。

一些研究指出，美国历次教育改革的失败和公立学校教育质量的不断下降也是这次推行"自由择校"运动的重要教育背景。分析家们指出，美国 80 年代的教改所奉行的是一种"强化的策略"，所有的措施都在不改变原有体制的前提下进行，虽然获得了一些成果，但公立学校的实际状况并没有多大改观，公众对公立学校的怀疑态度及不满也越来越强烈。据 1988 年《纽约时报》做的一项全国民意调查发现，有 39% 的美国人认为公立学校越来越糟。1988 年《儿童》杂志的民意调查也发现，因为公立学校质量问题，51% 的家长愿意将自己的孩子送去私立学校上学。

（2）"自由择校"的政策及计划的推行。

①美国两届总统关于"自由择校"的主张。

1988 年，布什在总统竞选中提出了"教育复兴"的竞选口号，试图向美国人民保证他将致力于教育改革以提高公立学校教育质量，建立良好的学校教育环境，并承诺要成为一位"教育总统"。在其关于基础教育的政策中，他提出了最富争议的包括私立学校在内的进行学校选择的计划。1989 年 4 月，布什总统签署了《1989 年教育优异法》（The Educational Excellence Act）。1990 年春，布什总统在其宣布的"美国 2000 年教改法案"中明确提出要推行"择校"的建议，并主张在公立及私立学校的范围内广泛开展，从此"择校"便成为美国教育界关注的热点。1991 年，布什提出了《美国 2000 年：教育战略》。在 1993 年教育财政预算中，他提出将 32.3 亿美元用于学校选择计划，他还声称："我的计划将给予教师更多的灵活，以帮助社区创建新的美国学校。"一些美国评论家对此评论道，布什的择校计划为公立学校制度安上了一枚定时炸弹。"择校"在一定程度上要改变或重建美国学校教育的结构及体制。

克林顿也非常关注美国学校的教育质量。他最早表明其教育政策是在 1992 年的总统竞选辩论中，他当时也对美国学校的教育质量表示忧虑。不过在"择校"这一问题上，他表示了与布什不同的观点。克林顿提出了一个仅在公立学校范围内进行的有一定限制的择校计划。他说："我们不应该将公众的税款用于私立学校，但我赞同公立学校的选择。"克林顿的计划内容主要包括：促使父母和教育工作者一道建立起全国的课程标准及全国的考试制度；增加教育改革"开端计划"的经费；帮助减少富裕学生与贫困学生间的差别；增加学校使用经费的灵活性等。应当指出，在克林顿所有学校教改政策中，最雄心勃勃的是与学校选择有关的"特许学校计划"（Charter School Plan）。克林顿赞同这项计划，并多次拨款用于特许学校的实验。1995 年他还在国情咨文中积极主张各州以立法形式支持"特许学校"的创办。

如何认识美国的"择校制度"，研究者指出，美国这一时期出现的"择校制度"取向具有一种"市场价值取向"，特点是强调竞争、效率和质量，旨在把美国的公立教育体制和管理方式从过去的"政治行政模式"转化为一种"经济市场模式"，从而减少和克服过去公立学校体制中"垄断"与"官僚"的弊病，为广大的儿童及家长提供更多的自由选择权利。"择校制度"实质就是依靠市场的力量来重构美国的基础教育制度。①

对于这一制度，上自美国总统，下至教育部长都给予特别的关注。布什政府的教育部长在阐述"教育改革"的指导思想时说："起初，我们试图在不触及我们的学校的基本结构情况下，通过自上而下来改革教育。但很显然，这是没有成效的"，"为了获取成功，学校改革的新议程必须通过竞争和按市场规律进行……竞争原则同样适用于学校本身，选择制度是一种有用的工具，它能加强对有麻烦的学校的管理而不会摧毁学校……我相信对各级学校的选择制度对我们的未来是至关重要的"。② 1992 年 10 月布什在连任总统竞选中，继续坚持学校选择这一突出的教育政策。他认为："每一个家长和孩子都应有真正的选择，公立学校、私立学校或教会学校……太长的时间里，我们庇护我们的学校，使它免于竞争。"③ 在他看来，唯有通过选择才能使学校之间存在竞争，这是改革美国基础教育和根治其弊病的良药。

---

① 朱旭东：《八、九十年代美国教育改革的目标及其取向》，《比较教育研究》1997 年第 6 期。

② 同上。

③ 同上。

② "择校"计划的推行与新型学校的建立。

在克林顿政府执政期间，美国学校开始了许多新的变革和尝试，其中"特许学校"计划、"教育凭券"计划、公校私营、磁石学校计划等是这一时期的主要内容。

A. "特许学校"计划（Charter School Plan）。

所谓"特许学校"是指州或市政府与一些团体、企业或个人签订特许合同，将某些公立学校的主办权交给他们，由承租者提供具有各自不同教学特点的学校教育，并实行开放招生。"特许合同"实际上就是一个正式的法律文件，可以看作承办学校的一方与授权和实施监管的公众团体（如州或市学校委员会）签订的合同。依照这份合同，前者是经营者，后者是投资人。与传统公立学校相比，特许学校有5点显著的不同。

第一，可以由任何人承办。一些家长，几个教师，一个社会组织如医院、男孩女孩俱乐部、大学、日间护理中心甚至私营公司都可以对公立学校进行承办。

第二，在很多方面不受州和地方政府的约束，尤其是在办学自主权方面。

第三，由家长为子女选择学校入学。

第四，在特许学校工作的教师是凭自己意愿选择在某学校工作的。

第五，特许学校若不能提供令人满意的教学成绩则被关闭。[1]

可以说，特许学校更像是公立学校和私立学校的"混血儿"，它的出现打破了过去只由政府来办公立学校的局面，是学校教育改革过程中极富挑战性的尝试。这种开办学校教育的方式被美国人称为"公校私营"。90年代，在克林顿政府的支持下"特许学校"成为流行全美的一个新的教育现象，社会舆论则普遍认为它是美国公立教育发展的新方向和希望所在。

2000年5月，克林顿政府宣称拨款1600万美元新建、1.21亿美元续建特许学校，要把特许学校的数量从1700所提高到3000所。[2]

---

① Chester E. Finn Jr. , Bruno V. Manno, Gregg Vanourek, *Charter Schools in Action*, Princeton University Press, 2000, p. 15.

② Gerald W. Bracey, *The War Against America's Public Schools*, Allyn & Bacon, 2002, p. 65.

需要指出的是，美国特许学校创办的一个重要特点是允许私人资本可以流入公立学校体系，毫无疑问这是美国几百年来的公立学校制度发生的一次"根本性"的体制性改变。而公立学校"私营化"的倾向以及部分特许学校企业化的经营也使得公立学校所维护的公共价值观念和社会赖以存在的共同精神受到极大的冲击。面对这些变化，美国教育界人士也都持不同看法。一些人认为，特许学校为在公立学校中有学习困难的儿童提供了教育机会，使学校类型更加多样化，为学生及家长增加了更多的学校选择，将其看作实现教育前景的有效办法。而另一些人则认为，特许学校是最终实现教育"凭券化"或其他形式私有化的第一步，它的最终目的就是教育系统的私有化，一些人会将其视为赚钱的手段。[①]

客观来讲，美国的特许学校发展还是比较有限的，即使"特许学校"的观念在美国已经很流行，但实际在特许学校中学习的学生只占了美国学生总数的一小部分。据一些资料统计，1998—1999 学年，在美国开设特许学校的 27 个州里，其学生数仅占总数的 0.8%。全美 25% 的特许学校主要集中在 4 个州：亚利桑那、加利福尼亚、密歇根和得克萨斯。

不过，对于"特许学校"概念的提出和实践，教育专家也提出了不同看法。有人认为由于特许学校这种形式能够引入竞争，因此能够有效改善教学；也有人认为特许学校的班级较公立学校要小，中等规模的特许学校平均仅有 137 名学生，而同等规模的公立学校平均有 475 名学生；还有许多人认为小班级能出好成绩，事实也如此，所以这才是特许学校成功的原因，而非"选择"带来的变化或"特许权"的优点。[②] 目前，美国的特许学校仍然在发展中，应当引起我们的关注。

B. 教育凭券计划（Educational Voucher Plan）。

所谓"教育凭券"是指政府发给学生家长的一种凭证，代表一定数额的现金，作为专门帮助家长为其子女选择学校的费用。发放教育凭券的目的是增强"教育购买力"。对于"教育凭券"的使用，家长不能直接向政府兑换现金，而是付给学校，学校收取教育凭券后再向政府兑现。

---

① Gerald W. Bracey, *The War Against America's Public Schools*, Allyn & Bacon, 2002, p. 65—68.

② Ibid. , p. 70.

　　"凭券"概念在美国的社会福利、公共服务中是一个广泛应用的概念，它所具有的好处在于消费者面对不同的供应者，享有选择最符合他自身需要的自由。关于"凭券"用于教育的理论研究，最早始于50年代末60年代初，新自由主义经济学家弥尔顿·弗里德曼（Milton Friedman）在其1962年的著作《自由与资本主义》（*Freedom and Capitalism*）中在前人的基础上详细阐述了关于"凭券"和"择校"的主张。后来，美国公共政策研究中心（The Center For The Study Of Public Policy）于1970年发表了《教育凭券：向父母提供补助，资助基础教育的报告》。

　　在美国所有教育凭券的具体实施中，最具代表性的是1989年3月威斯康星州议会通过的密尔瓦基教育凭券计划（the Milwandee Voucher Plan）。该计划规定州政府将资助一定数量的贫困家庭的儿童自由选择愿意就读的学校（不包括教会学校）。该计划于1990年9月正式开始实施，1000名密尔瓦基市低收入家庭的儿童进入了非宗教的私立学校；1992年9月又有500名学生进入6所私立学校。

　　需要指出的是，"教育凭券"制度关注的是家长的择校能力，或者形象地说是"家长的教育选购力"，是一种以"钱"为基础而推行的择校制度，强调的是把"钱"补助给家长——学校的顾客，使他们具有选购学校教育服务的能力。这一制度对学校教育的影响有两个方面：一方面，它让贫困家庭子女持有教育凭券进入私立中小学，这在某种程度上达成了受教育机会的公平，这是特许学校所不具备的优点。[1] 美国私立学校的办学质量历来优于公立学校，但是私立学校学费较公立学校昂贵，一般多是富有者子女进入私立学校，结果造成教育机会的不公平。而"教育凭券"正可以补助贫困家庭的学生，任其选择学校类型，这样低收入家庭就有机会让其子女享受富庶家庭子女所享受的优质教育资源。另一方面，教育凭券制度促进了教育的自由化，使得公立学校和私立学校能够平等地竞争。因此，一些学者认为，在中小学实施教育凭券制度可促进教育机会的平等、效率与自由三个方面实现一致、和谐与平衡，这对于促进学校的变革是有益的。

　　不过，一些研究者也指出，教育凭券制度固然能为低收入家庭提供更

---

① Gerald W. Bracey, *The War Against America's Public Schools*, Allyn & Bacon, 2002, p.151.

好的学校选择，但是它并不能直接提高教育质量。它只是向学校支付学费，并不是改善教学，对课程和教学的创新并无作用。它的作用是间接的，而且如果市场调节未对教育市场起作用，它的作用还会消失殆尽。另外，一些研究者指出，教育凭券计划始终是与政治掺杂在一起的，最初提出计划的人似乎并无兴趣进行深入的研究和评估，而进一步的调研正是这一计划在全国推行的决定性因素。[1]

C. 公校私营（Private Management of Public School Programs）。

一些研究者指出，在与公立学校的对抗中，有三个最有力的武器，除了私立学校和教育凭券制度外，另一个就是公校私营。[2] 这是一种由控股公司开办的私立学校，它的出现同样为父母替子女择校提供了一种新的选择。

传统的私立学校一般都由教会或私人组织开办的，入学一般有较多的条件限制，且学费昂贵。据统计，全美中小学生中仅有11%的学生进入私立学校。

90年代以来，随着教育领域"择校"舆论的高涨，家长选择意识的增强和择校需求的日益强烈，一些控股公司也介入了学校教育领域。它们开办一些学校（可以算作私立学校），教授与公立学校相同的课程（也有一些私营的公校教授自己研发的课程），专门为那些想让子女得到最好的教育但进不了贵族式私立学校，且又不愿意把孩子送到教会学校去的家长们提供学校教育服务。这些学校往往收取和公立学校相差不多的学费。

与特许学校不同，私营的公校主要由赢利性的公司开办，因此它能够将生源和资金直接而且迅速地吸收到公立学校系统之外。正是这一点，人们对它的看法也不尽一致。那些把学校教育仅仅看作提供教育服务的人认为尽可以心平气和地，甚至充满热情地看待它；而一些将学校教育视为公众事业的人对它的看法则颇为保守。

不过可以肯定地说，公校私营在经营成本上节省了一定资金，但是其教学质量难以保障。美国学校委员会联合会（National School Boards Association）就曾经提醒道："不能以牺牲教学质量为代价来换取低成本。"委

---

① Gerald W. Bracey, *The War Against America's Public Schools*, Allyn & Bacon, 2002, p.151.

② Ibid., p.103.

员会建议民众对其应该"小心接触"，先了解情况再做选择。①

D. "磁石学校"计划（Magnetic School Plan）。

美国"磁石学校"的创办始于20世纪的70年代的反种族隔离运动。这类学校通过提供有特色的课程和教学方法而对整个学区内的儿童产生吸引，家长和孩子能够不分种族地选上这种学校而不去上传统学校。这类学校就像是学区内的一块大磁铁具有很强的吸引力，"磁石学校"因此得名。

"磁石学校"之所以对家长和受教育者有着特别的吸引力，主要是因其精英化、特色化的学校教育。美国最初成立的"磁石学校"多以艺术类或学术类课程见长，据说这类课程能够减少实行反种族隔离的学区中白人学生生源的流失。到了80年代初，随着人们的重视，磁石学校中可供学生选择的课程已经开设了许多。例如，休斯敦磁石学校的可选课程包括工程、刑事审判、石油化工、保健医学、高级学术课程以及创作与表演艺术；费城的磁石学校除了以上的课程外，还开设外交方面的特殊课程。②课程选择的增多使磁石学校能够把教学与劳动市场需求很好地结合起来。

美国磁石学校的出现引起了人们的广泛关注。一些研究者指出，尽管磁石学校最初创立的目的是为了创建没有种族隔离的自由社会，但它的作用则更多地表现在创建全民就业的社会上面。也有研究者指出，磁石学校高度特色化、细分化的课程设置虽然最初是出于反种族隔离的考虑，然而却极大地撼动了19世纪贺拉斯·曼提出的所有的学校都提供相同的教育的理念，最终导致了学校相同课程这一教育传统的终结。③

（3）"择校"制度对美国学校教育的影响。

①对公立学校观念的影响。

从美国的教育史来看，在公立学校是民主社会建立的基础的基本理念影响下，人们长期以来一直是把教育看作是国家的责任，并认为学校应当国有化。以后，随着公立学校的发展，这个观点就被推到极致，它不但要求政府管理学校，而且还实施义务教育，要求人们进入公立学校。可以

---

① Gerald W. Bracey, *The War Against America's Public Schools*, Allyn & Bacon, 2002, p. 105.

② Joel Spring, *The American School* 1642—1993, McGraw-Hill, Inc, 1994, p. 356.

③ Ibid. .

说，在 19 世纪和 20 世纪初，美国建立伊始，移民问题突出，建立和发展公立学校以统一语言、普及文化和教育成为历史的必然，公立学校在完成上述任务方面的确起到了重要的作用。

然而时至今日，正如一位美国教育研究者所言，围绕着学校问题如今发生了很大争议，教育历史已进入了未曾有过的新时期，作为昨日坚如磐石的公立学校体系已被传唤到了法庭，它要不要存在、如何存在，正在受到质询。美国人开始反思，并认为目前美国公立学校的低质量、低效率和脱离实际，其根源都在于公立学校制度本身的"垄断"及管理上的"官僚"。在经过认真思索之后，美国人开始提出了一个新的教育观念，即政府应该资助教育，但并不一定直接提供这种教育。正如政府提供医疗卫生保健卡，但却不开零售店卖药一样。美国人开始认识到，避免政府在基础教育发展中这种"资助者"和"提供者"两种身份合一的一种有效方式，就是引入竞争机制，以消除公立学校制度的"垄断"及"官僚化"。在这些认识的变化中，学校间的"竞争"和"市场"的观念日益凸显和明确。

另外，择校制度在美国学校教育导入的深层的原因还在于美国目前自由主义市场经济的发展要求注重消费者的权益，它表现在教育上，就是把学校教育看成一种消费，强调通过"教育市场"，将过去就近入学的行政权力性规定，改变为学生家长"按需要自主择校"的市场权力性选择。正是这种市场机制的影响和发起者的不断强调，"教育是一种消费"的观念得到了社会和家长的认同。

②对公立学校管理体制的影响。

"择校"制度的推行在一定程度上也对美国地方控制的公立学校体制产生了重要影响。其结果是学校本身和家长的权力相对扩大，地方教育部门的权力相对削弱，联邦对学校的影响有所增强。

这主要表现两个方面。一方面，以推行市场机制为目的的择校制度要求每所学校必须从地方教育管理部门那里获得更多的自主权。例如，教育凭证计划要求打破就近入学的限制，实行开放招生，学校必须拥有自行决定招生人数、收费标准等方面的权限。另一方面，它还将一部分权力有效地划归给家长，从而使家长对学校管理、教学等方面的参与有了切实可行的保障。另外，特许学校的出现，公校私营的实施都使学校本身在政策、人事方面有了自主权。当然，在这些变动影响之下，随着择校制度的推进和普及，地方教育部门的职责很可能发生新的变化，即转为主要依据"合同"对各种新型学校所承担的任务进行评估、检查和监督，在一定程度上加强了这一部分的权力，当然职责也更明确了。

需要指出的是，在择校制度上，美国联邦政府也有自己的权力并且对教育产生影响，这主要表现为美国联邦政府在全国统一教育目标的提出。1991年4月制定的《美国2000年：教育战略》中提出了国家六大教育目标。联邦政府强调，确立国家教育目标、确定国家统一的课程标准、建立统一的学业考试制度等，这些都是与家长择校计划相配套的措施。美国政府在极力引进"教育市场"的同时，也极力实现这些教育目标，这些措施势必加强联邦政府宏观对学校教育的影响。

③对公立学校财政体制的影响。

美国每年的教育经费约为3300多亿美元，大部分来自州和地方政府，联邦政府拨款大约为200亿美元，只占总预算的6%。因此，学校的财政状况如何，地方和州政府更具有决定作用。在传统的公立学校体制中，公立中小学的教育经费一般是以地方税收为主，辅之以州教育拨款和少量的联邦资助。由于地方税收主要来自财产税，故在经济相对落后地区教育经费比较紧张，州政府往往拨以更多的经费以保证教育资源的公平性。择校制度对上述学校财政体制产生的影响，主要体现在以下两个方面。

其一，择校入学必然打破学区的地域限制，从而要求教育体系内部的资金重新分配。例如，教育凭券制度的实施部分改变了州及地方政府将教育经费直接分配到学校的方式，学校是否能够得到教育凭证这部分拨款主要依赖于学校的教学质量及自身信誉等诸多因素。另外，由于允许家长自由择校，因此除公立学校外，家长还可以选择私立学校或教会学校等，这意味着政府教育经费有一部分将流入非公立学校。这种情况在过去是根本不可能的。

其二，教育税减免政策的实行将减少公立学校的教育经费。过去选择非公立学校的家长需交纳教育税，实施教育税减免政策后家长一年可以减免250—500美元的教育税款。因此随着进入非公立学校人数的增加，由教育税而筹集的公立教育经费也必然会出现下降。

一些研究者指出，应当认识到这一制度推行所产生的影响。从表面上看，这些影响只是一种教育资金的重新分配，但从更深层次的影响上看它可能从根本上动摇公立教育制度的基础。因为在属于公立学校的教育经费部分流向非公立学校的同时，各种私人资金也以不同方式开始渗透至公立教育领域。公立教育体制与结构开始出现分化与重构，越来越多类型的非公立学校同公立学校平起平坐，公立学校出现了公校私营的状况，公立学校本身会可能发生巨大的变化。

当然，择校制度在给美国基础教育带来竞争机制的同时，也产生了一些新的亟须解决的问题。这些问题主要有：

第一，宗教与政府的关系问题。一些研究者指出，如果教育凭证也可用于教会学校，势必违背美国宪法关于"政府与教会相分离的原则"。但事实上，教会学校教育的各个方面也并非贯穿宗教精神，国家补助教会学校的钱也用在了非宗教的课程上，但问题是这种划分在实际教育经费的使用中难以审查明晰。

第二，教育市场的竞争问题。包括磁石学校、教育凭证、特许学校和公校私营等各种形式在内的美国择校制度的建立，无疑使美国的学校教育出现了一个新的"市场"，这一市场的出现对生源、教育经费的竞争给公立学校的存在提出了严峻的挑战。择校的反对者们批评自由择校制度将断送公立学校体制，而择校的支持者们则认为对公立学校的威胁不是由于择校，而是来自其自身的缺陷。但问题是这些新型学校的自身质量是否一定会好过公立学校，是一个值得怀疑的问题。

第三，教育的公平问题。择校的支持者们认为跨区择校可以克服居住区带来的"阶层隔阂"问题，同时可以为促进各民族融合提供有效的"沟通和途径"，但实际的情况是，这样的沟通和融合在很大程度上只是一种理想而不是现实。另外，家长们如果无力"增补"教育凭证之外的学费，那么这种择校仍是取决于个人财富的多少，这在根本上仍解决不了由贫富决定的选择学校权。

总之，美国择校制度的理论基础是新自由主义经济学，其改革的根本目的是用市场机制重建公立学校制度，其具体目标是提高学校质量及效率、充分满足各个阶层的教育需求。这次学校教育改革与以往的教育改革完全不同的是，它试图通过自由择校引进竞争和市场机制，为基础教育的发展找到一种新的发展动力——"市场的力量"。一些研究者指出，尽管这一改革引发了许多争议，也存在许多问题，但是在美国今天多样化的市场需求下，公立学校体系的"垄断"开始被打破，多种新型学校的出现促进了学校教育服务的多样化发展，正是这种根本性的变化使择校制度具有非常重要的意义。①

4. 新时期教育的新变革——奥巴马的教育"新政"②

2009 年 3 月 10 日，就任不久的美国新总统贝拉克·奥巴马与教育部长阿恩·邓肯出现在全国拉美裔商会年会会场，发表就任以来首次教育政策演讲。他呼吁改革美国教育体制中的弊端，从而提高美国的长远竞争力。他认为，美国繁荣的根源从来不在于美国人有多大的本事积累财富，而在于如何教育我们的后代。他指出，在 21 世纪，工作机会可能随即转移到任何可以联网的地方，在达拉斯（美国南部工业城市）出生的孩子在跟（印度）新德里的孩子竞争，你最好的工作认证不是你能做什么，而是你知道什么——教育已经不再是通向机会与成功的道路，它已是成功的先决条件。

奥巴马提出要进行美国教育改革。他认为，美国曾经创造了世界上最好的教育体制，"毫无疑问，未来属于国民教育水平最好的国家，我们拥有成为这么一个国家的一切（资源）"。但他指出，美国教育现状每况愈下，"我们的成绩在下滑，我们的学校走向失败，我们的教师质量跟不上，其他国家正在超过我们"。奥巴马呼吁改革美国教育体制中的弊端，从而在 2020 年前使美国成为世界上高校毕业生比例最高的国家。根据奥巴马的计划，美国政府将在 2010 财政年度中将用于教育的预算增加近两倍，其中教育部预算为 1278 亿美元，而这一数字在 2009 财年仅为 462 亿美元。

奥巴马说，每一个美国人，"从摇篮开始贯穿整个职业生涯"，均应该享有"全面而富有竞争力"的教育。"我们已经自甘失败太久，够了，美国的整个教育体制必须重新成为全世界羡慕的对象——这正是我们想要做的。"白宫官员透露，教育"新政"会覆盖所有教育领域，从早期儿童教育到研究生教育。奥巴马不仅计划扩大学前和幼儿园教育，还拟通过改

---

① 曾晓洁：《美国的"择校制度"与基础教育改革》，《比较教育研究》1997 年第 6 期。

② 《奥巴马的首次教育演讲》，重庆教研网，2009 年 4 月 21 日，http：//blog. sina. com. cn/s/blog_ 58 cc4a870100dmfh. html。

革助学金项目帮助更多学生实现"大学梦"。在宣布教育新政时，奥巴马将对比学生表现最好和最差的州，尤其是在阅读和数学两个科目，以此鼓励各州提高基础教育水准。

为了推行教育改革，奥巴马提出要研究新的教育标准与评估手段。奥巴马呼吁州长和州教育长官们制定出不只是考查学生是否能准确填写机读卡的标准与评估，而是能考查他们是否掌握了问题解决、批判思维、创业及创新能力等 21 世纪技能的标准与评估。

为了推进教育改革，奥巴马提出要激励教师。奥巴马说："美国的未来取决于教师。今天，我呼吁新一代美国人挺身而出，到教室里为国效力。如果你想改变祖国的命运，如果你想把你的才智与奉献精神发挥到极致，如果你想通过留下一份永恒的遗产而出人头地，那么，加入教师职业队伍吧。美国需要你。我们在郊区需要你，我们在小镇需要你，我们尤其在城市贫民区需要你，全国各地的教室需要你。""如果你尽到你的职责，我们也会尽到我们的职责。这就是为什么我们在采取措施帮助教师承担重担，鼓励他们留在教师队伍中的原因；这就是为什么我们在为教学设立新的进阶路径，采取新的激励措施吸引教师到最需要的地方的原因；这就是为什么我们要支持为数学、科学等师资紧缺学科的人提供高工资的原因；这就是为什么我们要努力确保任何用心做教师的人都能够把这份工作做到极致的原因。"

奥巴马同时呼吁改变教育界中普遍存在的"大锅饭"现象，在教师薪酬上引入激励机制，奖励优秀教师，逐步淘汰滥竽充数的教师。"好教师将因提高学生成绩而得到更多金钱，同时为提升他们的学校而承担更多责任。"美国媒体认为，奥巴马这一改革措施可能遇到教师工会等团体的激烈抵抗，同时引起民主党内传统势力的不安。教师工会等团体一直是民主党的坚定支持者。

奥巴马指出教育改革的重要任务之一是要减少辍学率。奥巴马说，为保持美国在全球经济中的长远竞争力，美国必须改革教育体制，尤其需要大幅减少中学辍学率。奥巴马把减少中学辍学率作为一项新的"国家首务"，呼吁对占全美一半辍学率的 2000 所中学予以特别关注。"这是治疗经济下滑的一个药方，我们知道，今天在教育上比我们做得好的国家，明天将比我们更有竞争力。"他说："每一个美国人都应该拥有高中以上文凭，高中辍学不应该是（人生）选择之一，这不仅是自暴自弃，也是对国家的放弃。"

为克服公立学校的僵化教育风气，奥巴马呼吁加大政府资助力量，增加特许公立学校的数量。特许公立学校属于美国公立教育体系的一部分。相对普通公立学校，特许学校在教育理念和教育手段上更具个性和创新精神。美国媒体报道，这一举措也会引来一些教师团体不满。这些团体担心，增设特许公立学校势必分流政府拨给其他公立学校的经费。

在教育演讲中，奥巴马提到了家长的职责。奥巴马说："无论教师多么尽责、多么能干，他们不能确保你的孩子每天按时上学，每天回家做作业。这是只有父母才能做的事情。这也是我们的父母必须做的事情。""我不只是以父亲的身份，同时也是以儿子的身份说这番话。小的时候我跟我的母亲住在国外，她没有钱送我进国际学校，当地的所有美国孩子都去那里。于是她通过一个函授课程为我补课。我至今还记得每天凌晨4：30她把我叫醒，让我在上学之前复习功课，每周5天一天不落。每当我找借口抱怨，说'我好困'时，她总是耐心地对我重复着同一句话，让我无以反驳。她说：'我也不轻松啊，小家伙。'"

纵观美国20世纪八九十年代以来学校的发展，我们不难发现，美国学校教育一直处于不断的改革中，在这之前关于"普及化"与"学术化"，"优异"与"平等"，"追求文化素养"与"强调科学素养"以及"分权管理"与"集权管理"等方面的追求都在这一时期有更深一层次的理解，或者说达成了某种程度的统一。

从《国家处在危急中：教育改革势在必行》报告揭露的教育问题到"2061计划"提出的解决方案，再到几任总统关于21世纪教育目标的设想，尽管在一些方面有所分歧，但是美国人在给所有儿童提供高质量的教育这一方面达成了共识，美国教育在为学校教育"大众化""普及化"与"精英化""学术化"的如何相统一所进行的不懈探索和努力，是值得肯定的。

同样，美国在学校教育所进行的"文化脱盲"和"科学脱盲"运动，不仅在一定程度上充实了学校课程中的文化内容，加强了学生文化素养的培养；也增加了课程中的科学内容，注重学生科学素养的提高。这两个运动对美国的学校教育产生了重要影响，避免了其中任何一方面的偏废，为美国学校培养素质全面的现代社会人才提供了好的经验和教训。

另外，这一时期美国全国统一教育标准思想的提出，对在素有教育由各州分权管理的美国也具有重大的意义。全国统一的标准化指标为衡量和比较全国各地区的学校教育成果以及发现和解决全国性的问题提供了一定的办法。而且随着这一统一教育目标的提出，联邦政府必将越来越多地介入地方的学校教育管理。这也为今后美国学校管理发展提出了新的问题，这一动向是值得我们关注的。

80—90年代，美国学校教育改革中"择校"运动的兴起是美国公立学校发展和改革的一件大事。这一择校制度打破了美国实行多年的中小学就近入学的传统，竞争机制随着学生家长自主权的扩大被引入了学校教育领域，使美国传统的公立学校进入一个"重新洗牌"、全面竞争的新阶段。特许学校、公校私营、磁石学校等新型学校形式的出现打破了单一的公立学校模式，教育凭券制度的实行又将一部分国家教育经费引入了私立教育领域。美国传统的公立学校体制面临的这次挑战和改革是前所未有的。

而美国新总统奥巴马关于教育的"新政"计划更是反映了美国政府对教育的极大重视。强调提高国民的文化教育素质，提高大学生的入学率，减少中学生的辍学率；强调国家、学校、家庭共同行动，提高美国教育的竞争力，这一切都是为了确保美国政治、经济在全球的竞争力。这再一次证明教育与国家的发展是密切联系的。

实事求是地讲，80年代以来美国学校教育的改革，为学生和家长提供了更多类型的和更个性化的选择，也为整个教育体系引入了竞争机制，从而带来了学校的活力，提高了学校教育的效率。这一改革反映了现代市场经济对学校教育的影响。当然，一些教育家对此也提出质疑。这一改革最终将走向何处，到底是新制度彻底改变了公立学校教育的面貌，还是彻底破坏了公立学校教育的体系，其趋势和结果值得我们关注。

第二节　现代中国学校教育的确立和发展

由于历史和文化的不同，中国学校教育的发展走了与美国不同的道路，但是在一些基本问题上还是有一些共识的。

1840 年，鸦片战争的爆发打破了满清"天朝大国"的美梦，西方列强纷至沓来，中国成为被列强先后任意宰割和奴役的对象；1894 年，"甲午海战"中北洋水师的惨败，又使得中国被奴役的状况进一步恶化，拥有五千多年历史文化的古老的中国第一次被迫开启了与外界交流的大门。显然，这次开放是极不情愿的，是被动的和不对等的，因为它使中国失去了自主与尊严，失去了平等，使中国陷入了长期的战乱与贫穷中。此后，中国半封建、半殖民地的境况，使得全社会陷入了长期的被欺凌，丧权辱国，落后与贫穷的境地。但这一次的开放也促使中国人的进一步觉醒，一批具有开放精神和国际视野的爱国人士，包括一些进步的教育家，开始致力于民族振兴和国家富强的目标，站在抗争帝国主义侵略的前线，宣传进步的政治主张，躬身社会实践，为中国社会的进步和教育的发展做出了重要的贡献。

1949 年，随着解放战争的全面胜利，终于迎来了中华人民共和国的成立，中国进入了社会主义建设和发展的新时代。但是由于西方资本主义国家对社会主义制度的敌视，新中国建立伊始便遭到了西方列强在经济上的封锁和政治上的打压，中国被迫只能与苏联等一些社会主义国家进行往来，而关闭了与西方国家交流的大门。这一选择在一定程度上使得正在新兴和发展的中国走向了另一种形式的闭关锁国，外部发展空间比较有限；而在内部，由于在较长时期内采取了极左的路线和思维方式，实施计划经济、发动"文化大革命"，使得经济缺乏活力，思想保守，教育发展不稳定，阻碍了中国的发展。

1978 年，中国共产党召开了十一届三中全会，确定了中国推行改革开放、进行社会主义现代化建设的发展方向。这是一次具有重要历史意义的极为关键的、主动的开放。在这次主动的开放中，中国抛弃了极左的政策和思维方式，正视现实，不回避矛盾，既致力于经济的快速发展，又加强政治改革的平稳推进。在这次的开放过程中，中国主动出击，既请进来，大胆地吸收国外的先进技术和文化；又走出去，将自己博大精深的文化和改革开放的成果呈现给世人，在国际社会中树立了全新的形象。同时，在这一过程中，中国的教育体制和学校内容也进行了重要改革，制定了多项方针、政策，促进了教育事业的快速发展。本章主要从批判与改造：现代中国学校的尝试；借鉴与创新：现代中国学校的创建；困境与变革：现代中国学校的重建等三个方面来进行研究。

一　批判与改造：现代中国学校的尝试

在第一次的被迫开放过程中，作为民族文化传播的载体，中国教育受到了外来西方文化巨大的冲击。在这一冲击面前，人们表现出了一种复杂和矛盾的心态。如何认识西方文化与中国文化的不同，如何在西方文化冲击面前保存和发展自己的文化，中国教育应该如何改革和变化，走出一条适合自己的发展道路，这些问题成为困扰和制约中国学校教育发展的首要问题。中国教育家没有气馁和放弃，他们积极对比西方教育发展的特点，取人之长，补己之短，不断借鉴和探索，进行各种教育实验，力图找到适合自己的发展道路。在这一过程中，著名教育家陶行知、梁漱溟、黄炎培、陈鹤琴、杨贤江等人在现代中国教育和学校的创建中做出了贡献，对新中国教育的发展产生了重要影响。

1. 20 世纪前半期的中国社会和教育现状

近代的中国，内忧外患，中华民族在生死存亡间痛苦地挣扎。但是，中华民族强国振邦的理想和追求没有停滞，"救亡图存""救国强国"成为这一时期中国社会发展的主题。从晚清时开始，一种通过发展"新学"① 以救亡图存的思想开始产生，人们希望通过引进西方的政治思想和文化学术，以达到救亡的目的。不过，当时从清政府到整个社会，人们在发展"新学"的认识和实际行动上带有强烈的国家功利主义色彩，即注重对强国的学习，重视对实用知识和技术的引进。例如，"甲午战争"后，清政府开始重视日本的影响和经验，大批中国人开始留学日本。他们通过学习日本的经验，尝试救国强国的新途径。同样，在教育方面，由于这一时期西方近代的教育思想也主要是经由日本传入中国的，大量介绍欧美各种教育思潮流派、教育制度及教育发展现状的文章和著作，也主要通

_____

① 这里的"新学"主要指"西学"，即近代由西方传入的政治思想和文化学术。与"旧学"相对。参见顾明远主编《教育大辞典》（下），上海教育出版社 1998 年版，第 45 页。

过日文翻译过来的。① 因此，通过留日学生回国介绍和日语翻译了解西方教育成为当时与西方文化和教育进行交流的一个重要途径。直到五四运动之后，随着留学欧美等西方国家的人数的增加，以及欧美教育家来华讲学，我国教育界才开始了与西方教育界的直接对话。19 世纪末 20 世纪初欧美国家兴起的教育革新思潮（在欧美称为"新教育"，在美国称为"进步教育"），对我国的教育产生了极大的影响。1922 年民国政府制定的壬戌学制采用的就是美国"6—3—3—4"单轨制学制（即小学六年、初高中各三年、大学四年）。另外，受杜威"教育无目的"等实用主义教育思想的影响，该学制未设定教育宗旨，只提出实施教育的七条标准。总之，这一时期，在美国教育制度和杜威教育思想的影响下，中国的一些进步教育家结合国情和自己特点，开始了教育本土化和民族化的改造，教育普及运动、平民教育运动、乡村教育运动相继出现，活跃一时。

20 世纪 30—40 年代的中国处于战乱时期，经历了国民党统治时期、抗日战争时期和解放战争时期三个主要阶段。

在国民党统治时期，学校教育较之清末和北洋军阀统治时期，已有很大的进步，不仅各级各类学校的数量有所增加，而且学校教育制度也日趋完善。这与国民党政府注重发展教育是分不开的。国民政府教育部多次发布通令，要求各级各类政府保障教育经费，对学校教育中的军事训练课程、劳动生产课程做了相关的规定等。1930 年，南京第二次全国教育会议通过《改进全国教育方案》，规定义务教育经费由中央负担 45%，省负担 10%，地方负担 45%，并指定田赋附税、土地税、契约税附加、房捐、宰屠税、营业税、遗产税等为义务教育经费。② 1937 年全面抗战开始。1938 年 4 月，国民党临时全国代表大会通过《战时各级教育实施方案纲要》，要求利用现有社会教育之组织与工具，在 5 年之内普及初小教育，肃清文盲。③ 国民党政府通过这些行政命令对教育实施干预，在一定程度上保证了学校教育的开展。然而，由于经济和政治等方面的限制他们发展

---

① 吴式颖、阎国华主编：《中外教育比较史纲》（近代卷），山东教育出版社 1997 年版，第 214 页。

② 同上书，第 601 页。

③ 同上书，第 602 页。

教育的决心和范围还是有限的；而在学校方面，国民党政府推行的是"一个政党""一个主义"的专制政策，企图用封建礼教束缚和愚弄人民大众，达到维护自己统治地位的目的，这也影响了教育方案的落实。在学校里，国民党政府通过制定各种法令法规，一面对学校师生的思想、言论和行动进行严密的控制，一面向他们灌输崇洋媚外的思想，从总体情况来看，这与现代世界教育发展的总的趋势是背道而驰的。正是出于对国民党政府专制主义教育政策认识和反抗，以鲁迅、陈鹤琴、陶行知等为代表的一批爱国主义教育家身体力行，反抗专制，在黑暗中探索中国教育的改革之路，为现代中国学校的建立提供了宝贵的思想和实践经验。

在抗日战争时期，学校教育的发展是比较艰难的。1937 年 7 月 7 日，日本帝国主义发动了全面的侵华战争，抗日战争爆发。为了征服全中国，将中国完全变成日本的殖民地，日寇在武力入侵的同时，还向中国进行了文化侵略。在当时的中国，日军所占之处，除了培植亲日汉奸，肃清占领区的反日力量外，主要在中国学校推行"奴化"教育，企图从思想上控制中国的下一代。但是，日军的种种恶行，并没有使中国人民屈服。在中国共产党的领导下，以苏区和陕甘宁等抗日民主根据地为主导在全国范围内掀起了轰轰烈烈的抗日运动。各抗日根据地根据中共中央制定的教育路线、方针和政策，开展文化教育、劳动教育和国防教育相结合的战时特殊教育。为了适应抗战的需要，毛泽东多次提出要改革旧的教育制度，废除不必要的课程，将爱国教育及军事教育纳入新的课程体系中来。根据地的教育蓬勃发展起来，并带动和支持着日统区抵抗"奴化"教育、坚持进行中国国民教育的运动。而在国民党统治的广大国统区，民众和教育部门为普及义务教育尽到了最大的努力。不过这一时期中国的教育发展是十分缓慢的。正如有的研究者指出的那样，由于当时中国政治腐败，社会秩序混乱，加上日本入侵，民不聊生，普及教育谈何容易。① 与其他国家教育相比，当时的中国教育，特别是学校教育还是相当落后的。

在解放战争时期，中国教育和学校的发展又经历了严峻的考验。1945年，在世界反法西斯主义力量的联合打击下，日本帝国主义被迫宣布无条

---

① 吴式颖、阎国华主编：《中外教育比较史纲》（近代卷），山东教育出版社1997年版，第603页。

件投降，中国抗日战争取得全面胜利。当人们还沉浸在胜利的喜悦中，对未来满怀憧憬的时候，国民党反动政府在美帝国主义的帮助下，又发动了内战，中国社会再次陷入战乱之中。同时，为了消灭共产党，国民党政府不惜勾结美国，签订了卖国的"中美友好通商条约"。至此，中国政治、经济、文化、教育、军事等多方面的权力完全被美帝国主义所控制。中国教育的发展也变得十分缓慢，据调查，在国统区，1945年城市儿童入学率仅为20%，[①] 广大农村和边远地区的教育情况则更差。这一时期，解放区继续贯彻抗战时期的新民主主义教育方针，坚持教育改革，发展解放区教育事业，为新中国成立后中国教育的发展奠定了基础。

2. 陶行知对中国旧学校教育的批判

在中国现代教育发展中，涌现出许多爱国教育家，为现代学校的建立做出了卓越的贡献。这些教育家不是空谈教育思想，而是身体力行，将自己的教育理论付诸实践。陶行知就是其中一位重要的代表。

陶行知的教育思想是在对中国旧式教育不断的批判和改造中形成的。作为承担旧式教育的最主要和最重要的场所，中国旧学校无疑是陶行知批评的主要对象。这主要表现两个方面：一方面，陶行知指出了学校教育的诸多环节存在的问题，包括旧学校的管理、教学活动和培养目标等；另一方面，各级各类学校发展所暴露的弊端也是陶行知先生批判的重点。

首先，陶行知批评了旧学校在管理、教学活动和培养目标上等存在的问题。

陶行知指出，中国旧学校的管理不利于民主教育的进行。在他看来，旧学校教育被专制充斥着，教师不民主，教学内容和教学手段成为学生全面发展的阻力。全体学生一律受教，不管个性如何，[②] 教师更是采用脱离生活实际的教学内容对学生实行"填鸭式"的教育。由此，陶行知提出，新教育应该是民主的教育，其执行者教师也应该用民主的教学法教出具有民主精神的学生。在《实施民主教育的提纲》一文中，陶行知勾勒出了一幅生动的民主教育之图。他主张，在学校实施民主教育，首先要有民主

---

① 吴式颖、阎国华主编：《中外教育比较史纲》（近代卷），山东教育出版社1997年版，第603页。

② 陶行知：《填鸭教育》，《陶行知全集》（第三卷），湖南教育出版社1984年版，第387页。

的教育方法，即要因材施教，激发学生的主动性，实现学生的"六大解放"①。其次，要有民主的教师，能够做到虚心、宽容、与学生共甘苦、跟民众学习、跟小孩子学习、消除形式、拿掉先生架子、打破师生的严格界限。再次，要采用民主的、鲜活的教材。最后，要综合不同人的需求编制民主的课程。

关于学校的教学活动，陶行知认为旧学校不存在真正的教学。陶行知指出，"重教轻学，教、学分离"是当时中国旧学校普遍存在的问题。教师只管照自己的意思去教学生，凡是学生的才能、兴趣一概不顾，专门拿学生来凑他的教法，配他的教材。陶行知认为，正是这种封闭的、僵化的教授方式导致了死教育的产生。教师"教死书，死教书，教书死"，学生"读死书，死读书，读书死"，学校成了大呆子教小呆子的场所，严重压抑和抹杀了学生学习的主体性和创造性。学校教育培养出来的学生，装了满脑的零碎知识，毫无动手能力。陶行知对这种学校教育十分痛心，他不断用实际行动，向世人诠释活教育、民主教育、现代学校教育的思想。无论在晓庄师范，还是育才学校，他所到之处，都在提倡学校教育生活化，倡导教学做合一的教学方法，主张手脑并用，强调教人求真和学做真人的教学自由。

关于学校的培养目标，陶行知指出中国旧学校培养的不是社会发展所需的真人才。陶行知指出，旧学校只向部分人开放，培养麻木的统治者和顺民，它教学生吃自己，教学生吃别人。传统的学校教育不顾学生全面发展的要求，教学生死读书，动脑不动手，泯灭学生的生活力和创造力。要求学生在课堂里，只许听教师讲，不许问。即便是允许问了，也不许他到大社会里、大自然界里去活动。传统的学校教育，向学生灌输"劳心者治人，劳力者治于人"的封建思想，不仅让学生劳心而不劳力，还不教劳力者劳心。这样的学校教育教出来的人，不仅在知识上存在缺陷，人格

---

① 六大解放：（1）解放他的头脑，使他能想；（2）解放他的双手，使他能干；（3）解放他的眼睛，使他能看；（4）解放他的嘴，使他能谈；（5）解放他的空间，使他能到大自然大社会里去取得更丰富的学问；（6）解放他们的时间，不把他的功课表填满，不逼迫他赶考，不和家长联合起来在功课上夹攻，要给他一些空闲时间消化所学，并且学一点他自己渴望要学的学问，干一点他自己高兴干的事情，还要把工友当作平等的人和他们平等合作。

特征也是不完整的。于是，陶行知提出了培养"长久的现代人"① "创造真善美的活人"② 的全新教育目标，强调学校必须为学生德智体美诸育的全面发展提供条件。

从纵向看，陶行知不仅揭露了小学和中学教育的弊端，而且对师范教育和乡村教育存在的问题进行了的批判。

众所周知，小学教育是建国之根本。然而，中国当时的小学教育现状却令人担忧。按照陶行知的说法，"中国学生，愈学愈弱，愈教愈懒"。③ 在他看来，要想纠正这些弊端，必须制定小学教育目标来指导小学教育方法，使其成为一切教育的基础。陶行知提出的小学教育培养目标是：健康的体力、劳动的身手、科学的头脑、艺术的兴趣和团体自治的精神。除了重视学校教育培养目标的制定外，陶行知也关心学校教师的作用。他认为小学教育失败，教师难辞其咎。小学教师教得是好是坏，足以影响孩子的一生。也就是说，全民族的命运都掌握在小学教员的手中。陶行知认为，要让教师全身心地投入教育事业，首先要解决教师待遇差的问题。当时的状况是，小学教师不但薪金低，而且还有欠薪问题，其待遇之差，严重影响了整个国民教育。陶行知指出，小学教师待遇差，不能专心于教育教学工作，是导致小学教育质量差的一个很重要的原因。因此，他呼吁，有关部门应该多关心小学教师的境况。④

关于中学教育，陶行知强调，在中国学校制度内，中学是最重要的，但却是办得最坏的。坏在教授法的恶劣，以及教师兼职多，不能专心授课。由于教师自己没有形成正确的科学观念，他们教授科学的方法多是错误的，加上学校缺少科学教育所必需的设备，致使学生不能进行科学实验，因此，中学的科学教育相当失败。中学教师大都兼多校功课，以致教师与学校、与学生关系失之密切，学生对教师失之敬仰。另外，由于中学聘任教师多以钟点支付薪金，以致教师为了多得到钟点而敷衍教授。陶行知在《中学教育实验之必要》一文中披露：一般办中学的人，不是按照

---

① 陶行知：《陶行知全集》（第三卷），湖南教育出版社1984年版，第248页。

② 陶行知：《创造宣言》，《陶行知全集》（第四卷），湖南教育出版社1984年版，第3页。

③ 陶行知：《陶行知全集》（第二卷），湖南教育出版社1984年版，第10页。

④ 陶行知：《小学教师之烦恼》，《陶行知全集》（第四卷），湖南教育出版社1984年版，第444页。

旧的惯例，就是抄袭颁布的规程，或是移植别国的制度，整天只管照葫芦画瓢。教学设施是否符合社会与个人的需要？学生在学校里是否学当其才？出学校后是否用当其学？一概漠不关心。中学教育应使学生具备四种素质。第一，应付社会环境所必需的人格。第二，改造自然环境所必需的知识技能。第三，生存所必需的知识技能。第四，休闲所必需的知识技能。事实是，中学对于培养应付社会环境所必要的人格，没有可靠的方法；对于培养改造自然环境所需的能力，很不充分；忽视培养学生利用空闲时间的能力，而使学生沾染上各种坏习惯。另外，虽然中学已经开始注重职业教育，但实施职业教育的具体方法仍有待琢磨。总之，在他看来，中学实在不能满足人意，处处都有改良的余地，而改良中学教育，必须从实验入手，一边摸索，一边改革。此外，教育实验要以不妨害学生学业为前提。在实验前，要有专门的研究人才，有条理的组织和缜密的计划。否则，实验不成，将使中学教育变得更加糟糕。

乡村教育和乡村学校也是陶行知大力推行普及教育、强调教育平民化思想的重要一环，这主要在于中国的乡村教育存在许多问题。陶行知指出："中国乡村教育走错了路！他教人离开乡下向城里跑，他教人吃饭不种稻，穿衣不种棉，做房子不造林；他教人羡慕奢华，看不起务农；他教人分利不生利；他教农夫子弟变成书呆子；他教富的变穷，穷的变得格外穷；他教强的变弱，弱的变得格外弱。"[①] 同样，中国的乡村学校也不能适应乡村的需要，所教与所学内容完全脱离实际。于是，在陶行知等教育家的引导下，中国出现了规模颇大的乡村教育运动，对改革中国乡村教育起到了重要的推动作用。在运动中，陶行知以开办中心小学作为乡村教育运动的出发点，并在此基础之上，建立了一个较为完整的乡村学校教育体系。通过实践，陶行知还总结出一些可以促进乡村学校发展及教育普及的方法，如小先生制、艺友制等。

关于师范教育和师范学校，陶行知也非常关注。他曾说过："有生活力的国民，是要靠有生活力的教师培养的；有生活力的教师，又是靠有生

---

① 陶行知：《中国乡村教育之基本改造》，《陶行知全集》（第一卷），湖南教育出版社1984年版，第653页。

活力的师范学校训练的。"① 然而，当时中国的师范教育并不尽如人意。因此，陶行知在其论著中对师范教育论述较多，批判也颇为犀利。陶行知指出，中国自办师范教育以来，无论高等师范、初等师范，只顾及教员的培养，忽视了教育行政人员、各种指导员、各种学校校长和职员这三类人才的培养。即便是教员的培养，师范教育的功效也是牵强的、片面的。主要表现在，高等师范教育培养出来的中学教员和师范学校教员，毫无分别；初等师范教育培养则重城轻乡；就培养都市教员而言，现在的初等师范教育也有值得斟酌之处，高小教员和初小教员的培养没有差别。此外，师范教育培养出来的专门人才和普通中学培养的人才没有区别。原因有二：一是师范学校的教育仍然沿袭"先理论后实习，把一件事分作两截"的传统做法；二是大多师范学校是中学的变形，只不过稍加些教育学、教学法等课程而已。这样，师范学校培养出的仍是不会学"学"、不会学"教"的教师，仍是"死"教师。因此，师范教育实际上并没有起到应有的作用。②

通过以上的分析，我们可以看出，陶行知的学校管理观、教学观、教师观、学生观，以及他关于农村教育和师范教育的一些独到见解，直击旧学校教育的要害，揭露了旧学校为少数人和为城市服务的宗旨，以及保守、落后的本质。他对于学校教育多角度的分析，对于我们今天的学校改革仍有重要的启发意义。

3. 陶行知与中国学校教育的改造

陶行知对中国学校教育没有停留在质疑和批判上，而是通过参与各种学校教育议案的拟定，以及创建各类学校等教育实践活动，竭尽毕生精力献身于学校教育的改造中，为中国这一时期学校教育的发展做出了重要贡献。这里主要从几个方面进行分析和概括。

（1）陶行知主持建立晓庄试验乡村师范学校、中心小学等实践活动，探索了中国乡村教育大众化和普及化的新路。

---

① 陶行知：《中国师范教育建设论》，《陶行知全集》（第一卷），湖南教育出版社1984年版，第141页。

② 陶行知：《新学制与师范教育》，《陶行知全集》（第一卷），湖南教育出版社1984年版，第215页。

陶行知曾说："乡村师范学校是依据乡村实际生活，造就乡村学校教师、校长、辅导员的地方。"[1] 又指出乡村师范学校是乡村生活全面改造的希望。为了将这个希望变成现实，1927 年，陶行知克服种种困难，在南京和平门外晓庄创办了第一所试验乡村师范学校，即晓庄试验乡村师范学校，并提出乡村师范学校的总目标——培养乡村人民儿童所敬爱的导师，具有健康的体魄，农人的身手，科学的头脑，艺术的兴味和改造社会的精神。在晓庄师范学校，陶行知不断思考如何将教育推行到平民大众中去，形成了许多乡村教育思想，并创造出"艺友制"等教育方法。"艺友制"方法以教学做合一为原则，通过以老带新、互帮互学等形式，不断提高师范生的教学技能。1928 年，南京试验乡村师范学校、燕子矶小学、晓庄小学、鼓楼幼稚园、燕子矶幼稚园等开始联合招收艺友，"艺友制"得以迅速推广，对当时的教育，尤其是师范教育产生了许多积极影响。

从 1932 年起，陶行知又先后创办了"山海工学团""晨更公学团""劳工幼儿团"，积极倡导"小先生制"，并成立"中国普及教育助成会"，开展"即知即传"的普及教育运动。所谓"小先生制"，是指教师教大徒弟，大徒弟再去教小徒弟。一般地，先生在上了几堂课以后，鉴别出几个较有天分、聪明的大徒弟。以后教师就专门去教大徒弟，所以他的精神容易去推动他们，学问也容易灌输到他们头脑中去。大徒弟再把他所学到的，分别教给小徒弟。这样，学生就很主动地去找知识，解释困难，贡献他所得的知识，先生不过稍加指点而已。通过教学，小先生对所学课目了解得更清楚、更透彻，还可以从他们的教育对象身上学到很多东西。[2] "小先生"制度很像西方近代英国出现的互教互学的"导生制"，不知陶行知先生是否受到这一制度的影响。

为了提高师范教育的质量，扩大师范教育的影响力，陶行知还提出了建立中心学校的思想。他主张将其作为师范教育的中心，为教师的培养提供重要的基地。陶行知认为，培养小学教师要在小学里做，小学里学，小

---

① 陶行知：《试验乡村师范学校答客问》，《陶行知全集》（第一卷），湖南教育出版社 1984 年版，第 149 页。

② 陶行知：《创造的教育》，《陶行知全集》（第二卷），湖南教育出版社 1984 年版，第 610 页。

学里教。因此，小学是培养小学教师的中心，亦即师范学校的中心，而不是他的附属品，故称中心小学。中心小学的含义有三。第一，把乡村生活作为学校生活的中心。第二，把学校作为改造社会的中心。第三，把中心小学办作师资训练的中心。可见，中心学校的创建充分体现了陶行知"教学做合一"的思想。①

在办教育的过程中，陶行知不仅重视师资的培养和教育的普及，也强调给特殊孩子以特殊的教育。当陶行知看见许多有特殊才能的孩子因为出生贫贱或战乱而不能上学的时候，就萌发了为他们创办一所学校的想法。经过努力，陶行知于1939年7月在重庆创办了育才学校。与传统人才教育不同的是，育才学校在一开始就注意对学生进行一般基础教育和特殊基础教育。陶行知还特别强调，育才学校"不是培养小专家，而是让孩子健全而有效地向前发展；不是培养他做人上人，而是要他们用学到的东西改造世界，为人类谋福利；不是丢掉普及教育来干特殊教育，而是普及教育的一部分"。② 育才学校的这一新的教育形式，不搞特殊化，强调与基础教育的联系，有利于培养儿童的知、情、意，启发他们的自觉性，并使其人格得到完备的发展。

总之，陶行知认真研究中国的教育，把教育理论与教育实践紧密结合起来，联系中国各类教育的实际，创办了许多有特色的学校形式和教育方法，为推动中国学校教育的改革做出了重要贡献。

（2）陶行知重视有关学校教育议案的提出，为中国教育和学校的早期立法和制度化建设做出了贡献。

陶行知留美回国后，全身心地投入到中国的教育事业中。他曾经担任过南京高等师范学校教授、教务主任等职；参与了"中国新学制"方案的起草工作；他曾是中华教育改进社"国家教育改革委员会委员"及"促成宪法中制定教育专章委员会"的委员；主编《新教育》《乡教丛讯》等多种期刊，当过校长，做过园长等职务。而更重要的是他为中国教育的改革与发展出谋划策，提出过许多有关学校教育改革的议案。这些

---

① 陶行知：《中国乡村教育运动之一斑》，《陶行知全集》（第二卷），湖南教育出版社1984年版，第26页。

② 陶行知：《陶行知全集》（第三卷），湖南教育出版社1984年版，第376页。

议案主要包括对南京高师发展的建议、关于义务教育的问题，以及关于小学教育等。

1917 年，陶行知留美回国不久便担任南京高等师范学校教授、教务主任等职。他在《在南京高师校务会议上的几个提案》一文中，提出了改良课程案，包括在南京高师实行选修制、改革教学内容和教学大纲等许多合理化建议。

在推行义务教育的过程中，陶行知曾发表过《义务教育入手办法之商榷大纲》《义务教育研究问题》《实施义务教育初步计划》（附实施义务教育初步计划提要）等方案，对义务教育的教育目标、课程编制、师资建设、经费筹措等问题提出了具体的改革建议，许多见解至今仍具有很强的现实意义。在《中国普及教育方案商讨》中，陶行知提出自己关于普及教育的设想，其中拟以学校力量来达到普及教育的目的的条款包括"全国小学生总动员做小先生""全国学校总改造""中学校总动员下乡""师范学校之改造"等，[1] 显示了他对中国普及教育的全面思考和改革的决心。

小学教育在整个教育体系中占有非常重要的地位，因此陶行知对小学教育改革格外关注。为了指导小学教育，陶行知提出了《小学目标案》，旨在明确小学教育的目标和任务。为了规范小学的课程设置、教法、教材等，提高学校的效率，陶行知提出了"编制小学生活历案"强调生活经历对小学教育的重要性。此外，陶行知还针对教育中不同的问题提出了各种议案和实施办法，如《减少校工以实施劳动教育案》《中华教育改进社辅导乡村小学办法》《学校系统改革案》《乡村小学师范学校标准案》《统一学校统计报告时期案》《筹设各级各种师资训练机关计划》《整顿师范教育制度案》《实施民主教育的提纲》，等等。

遗憾的是，由于受到当时的经济条件及社会政治环境的限制，陶行知参与制定的许多议案未被当时的国民政府采纳，即便采纳，在实施过程中也大多流产。尽管如此，这些教育议案都体现出陶行知对中国教育改革的关心与执着，是他的教育思想中非常宝贵的重要内容之一。

---

① 陶行知：《中国普及教育方案商讨》，《陶行知全集》（第三卷），湖南教育出版社 1984 年版，第 280 页。

（3）陶行知重视对学校建设和发展的思考，为现代中国学校的改革提供了宝贵的经验和重要的参考资料。

陶行知在不断的实践与思考中，非常关注中国学校教育的改革出路，他提出的许多主张和建议，为中国现代学校的改革与发展留下了宝贵的思想财富。关于学校改革的思考，陶行知主要在转换学校教育目标、教学模式、教学评价方式，以及对现代学校教师等问题提出了自己的建议，赋予了学校改革新的内容。

在学校教育改革中，现代学校教育目标的转换是一个非常重要的问题。一般说来，学校的教育目标，或培养目标，体现了学校的定位问题。陶行知关于学校教育目标的阐释，反映了现代学校以学生为本的教育理念。他指出，现代学校应该致力于培养"创造真善美的人"，促进学生德、智、体、美等各方面素质和能力的全面发展。在这样的学校教育目标的指导下，学校教学模式，师生的教与学活动，学校教育的评估体制等都应当赋予新的内容。

学校教学模式的转换与学校教育目标的转换是密切相连的。在南京高师担任教务主任的时候，陶行知对当时陈腐的、灌输式的教学方法提出了严厉的批评。认为当时学校中的教师像是书架子、字纸篓制造家；学校则是制造书架子、字纸篓的工厂；而学生无疑就是流水线上按照一个模子生产出来的毫无生命的书架子、字纸篓子，他们的个性和创造力在学校全被抹杀了。因此，他提出以"教学法"代替"教授法"的观点，强调学校教育是教与学的统一，教师的责任重在学习教学生和教学生学习。后来，陶行知又注意到，学校教育过于重视学生文化知识的学习，导致学生的动手能力很差；这也是科学教育在中国的旧学校中发展不起来的一个原因。由此，他在"教学合一"的基础上，创造出了"教学做合一"的现代教学模式，提倡教师在"做"的基础上"教"，学生在"做"的基础上"学"。陶行知的这一认识和做法改变了传统学校教育对教师教学和学生学习的片面认识，为把学校教育引导到教、学并重的轨道上来做出了卓越的贡献。

旧的考试制度是旧学校教育评价学生的重要的尺度，为了获得好的考试成绩，应对考试成为许多学校追求的目标。对此，陶行知批评了那种"考的必须教，不考的不必教"的学校教育。指出当时的学校为了应付考试而将教育的美妙之处全部抹杀掉了。陶行知曾在《杀人的会考与创造的考试》一文中痛心地说，传统的月考、学期考、毕业考、会考、升学考等给学生造成了极大的伤害，它们"赶走了脸上的血色，赶走了健康，赶走了对父母之关怀，赶走了对民族人类的责任"。因此，他大声疾呼："停止那毁灭生活力之文字的会考；发动那培养生活力之创造的考成。"①并在自己的教育实践中，尝试发明那种"创造的考试"。如，他所创办的晓庄师范学校在招生的时候，就实行了别开生面的"三分钟演讲""三分地开荒"等考试形式。由此，我们可以看出陶行知并不是反对考试这种评价方式，而是倡导改革旧的考试制度，提倡创造性的考试。

　　关于教员能力和素质，陶行知也提出了新的要求。他认为，新型的学校离不开民主的校长，民主的校长在培养教员能力，提高教员素质方面可以发挥重要作用。他主张，民主的校长必须做好四件事。第一件，培养在职的教师，使教师不断进步。第二件，通过教员使学生进步并且丰富地进步。第三件，在学校中提拔为老百姓服务的人，如小先生。第四件，将校门打开，运用社会的力量，使学校进步，同时动员学校的力量，帮助社会进步。②有了这样的校长，学校教育的成功指日可待，社会的进步与发展指日可待。在陶行知看来，现代学校教育新的教育目标和教学模式要求教师转变其角色和任务，更新教育观念，具备现代教育精神，从能力和素质上全面提升自己。为此，他也对教师提出了许多要求。如要求所有的教师都必须"擅长"一门自然科学，具有科学家一样的探索精神，用科学的方法、科学的思维和求真务实的科学态度武装自己；每一位现代学校教师，都要掌握社会基本的政治问题、经济问题、世界形势、社会历史的发展脉络，以及正确的思想方法；教师可以通过参加教师进修组织，如社会大学、星期研究会等，依靠集体的力量完善自我；现代学校教师还必须具备民主的精神，能够虚心、宽容、与学生共甘苦、跟民众学习、跟小孩子学习、拿掉先生的架子；此外，现代学校教师更应该具备创造的精神和能力，勇于试验，勇于探索新知。

---

　　①　陶行知：《陶行知全集》（第二卷），湖南教育出版社1984年版，第676页。
　　②　陶行知：《实施民主教育的提纲》，《陶行知全集》（第三卷），湖南教育出版社1984年版，第787页。

既然现代学校实施的是教与学并重的教育，那么，现代的学生应该如何适应现代的教学呢？陶行知比较了新旧时代学生不同特点后，也对现代的学生提出了新的要求。他指出，"新时代之学生也离不了书，所不同的，他是：用活书，活用书，用书活。"[1] 他要求学生学会用活书去生产、去实验、去建设、去革命、去建立一个比现在可爱可敬的社会。他主张学生应当将"埋头苦干"与"抬头乐干"相结合，指出创造的人生"是患难与快乐所织成"。告诫学生要懂得"失败为成功之母"，要创造，就必须经得起失败和挫折的考验；还要懂得"奋斗为成功之父"，要创造，还必须为真理奋斗不息。创造离不开"求真""奋斗"和"奉献"的人文情怀。

4. 其他教育家的探索和学校教育的发展

在中国近现代的学校教育发展中，涌现出了许多爱国忧民的教育家，不管是受过正规西方教育的陶行知，还是从未上过大学和出国留学的梁漱溟，或是黄炎培、陈鹤琴、杨贤江等都为中国教育各方面的发展献智尽力，提出了丰富鲜活的教育思想，为中国教育理论和实践的发展做出了卓越的贡献。同时，在新中国成立以前，由于多方面的努力，学校教育在各个方面也有一定的发展。

（1）其他教育家的尝试和探索。

①梁漱溟的"乡农学校"思想[2]与学校教育。

梁漱溟（1893—1988 年）是广西桂林人，我国著名的教育家、思想家、社会活动家和文化大师，被誉为中国最后一位大儒。梁漱溟早年曾参加同盟会投身辛亥革命，出于爱国之心，在寻找救国之路的过程中，为解决当时的社会问题始而转向民众教育和乡村教育。梁漱溟在学校教育方面也有自己的见解。

梁漱溟认为教育有广义狭义之分。学校教育乃狭义教育，是把受教育

---

① 陶行知：《新旧时代之学生》，《陶行知全集》（第二卷），湖南教育出版社 1984 年版，第 417 页。

② 梁漱溟的"乡农学校"是指在相当一定大小范围的乡村社会（二百户以上五百户以下的村落自然成一范围者为最相当）里所成立的乡农学校，通过社会学校化，来"推动社会，组织乡村"，进而实现乡村自救的目的。参见宋恩荣编《梁漱溟教育文集》，江苏教育出版社 1987 年版，第 233 页。

者从社会里面抽出来进入这学校的特别环境，可以减少或避免许多不必要的刺激或坏的刺激，而集中许多必需的给他。

梁漱溟主张学校教育应重视学生的全面发展、培养其实际能力。具体要求是强调身心健全和伦理向善的精神，由德育入手。梁漱溟认为，教育的本意是要把人们养成有本领、有能力的人；是要学生拿出心思耳目手足的力量，来实做他们自己的生活。学校教育应当着眼一个人的全生活而领着他去走人生大路，于身体的活泼、心理的活泼两点，实为根本重要，知识的讲习固后于此。他还指出，学校教育是生活的向上发展，这种"向上发展"（个人的和社会的）里面含藏着自爱、爱人的意思，是人类生命力量的源泉，不像近代西方人那样只是有一个满足欲望的人生，单是看见本身权利和现实幸福，而是要着重奋发向上。

梁漱溟认为，学校教育还要注重培养学生自主学习的能力。他指出，教育不是教育一个人成功地干什么，而是教他更会受教育，学着更会学习。为此，他鼓励学生在老师的指导下看书自学。梁漱溟在比较了东西方教育的基础上，指出当时的中国学校把知识教育的教学方法用于情感教育的教学，是不合理的。他主张学校教育与社会教育结合，所谓学校教育指小学、中学、专门学校和大学等；所谓社会教育即民众教育，泛指一切识字夜班、职业补习学校、函授学校等。

梁漱溟在教育的贡献主要在乡村教育和"乡农学校"上。他分析了中国当时的社会结构。认为"中国社会是乡村社会"，80% 的居民生活在乡间。因此，中国的民众教育应当乡村民众教育，中国的社会教育应当乡村社会教育。他认为，只有从乡村入手，通过教育发展乡村，才能实现中国社会结构的重建，实现民族的自救。

在他的乡村教育思想中，"乡农学校"是梁漱溟开展乡村教育的主要场所，是一种集政、教、养、卫为一体的组织。梁漱溟认为，"乡农学校"主要以成年农民为教育对象（因为他们是乡村的主要建设力量）。学校由校董会、校董、教员和民众四部分组成，以陶冶精神为核心设置课程，将扫盲教育、科学教育融于其中。同时，作为一种社会组织存在，"乡农学校"可以通过教育改造地方政权，营造一种民主的氛围。梁漱溟的乡农学校实验取得了一定的成绩，为农村建设培养了一批人才。但是在当时旧中国的恶劣社会环境下，他的实验最终还是以失败告终。

出于对中国社会的独特认识，梁漱溟把乡村民众教育作为改造中国社会的重要途径，注重教育对社会发展的能动作用，注重学校教育和社会教育紧密结合，把乡农学校的组织方法推forewarn到社会中去，最终实现整个社会的改造。这一思想反映了早一代知识分子对中国现实教育问题的思考和关注。

②黄炎培的"实用主义"思想与学校教育。

黄炎培（1878—1965 年）是我国杰出的爱国主义和民主主义教育家，职业教育的奠基人之一。青年时期的黄炎培，处于中西文化激烈交锋的时代。清政府的腐败无能，列强的入侵，让黄炎培无时无刻不在思索探寻救国之道。中国在中日甲午战争中的惨败，以及戊戌变法的失败，使他认识到依靠科学技术增强国力的重要性。1913 年，黄炎培在《学校采用实用主义之商榷》一文中，提出实用主义教育思想。1915 年，黄炎培随中国实业考察团远赴美国考察。两个月短暂的美国之行对黄炎培的触动很大，他提议将"实业教育"改为"职业教育"。1917 年，黄炎培等人发起成立了"中华职业教育社"。次年，他又在上海创办了"中华职业学校"。在实践中，黄炎培逐渐形成了自己的职业教育思想，对我国职业教育的发展产生了深远影响。职业教育要面向社会、面向人民，是黄炎培职业教育思想的核心；实习要从学校走向社会，是黄炎培职业教育思想的重要内容。在黄炎培职业教育思想的影响下，从 20 世纪 20 年代起，我国各类职业学校的数量明显增加，我国的职业教育初步发展起来。

黄炎培认为，要使国富民强，必须改革中国的学校教育。他批判当时旧教育脱离实际，脱离生产的弊病，主张教育与学生生活、学校与社会实际相联系，并具体提出小学各科的教学应与儿童的日常生活紧密联系。黄炎培所倡导的实用主义教育，在教育界引起了强烈的反响，在民国初年逐渐发展成为一种教育思潮，有力地推动了民初的教育改革。

在黄炎培的学校教育思想中，他还特别关心体育。他认为中国教育应当改变旧"文人"孱弱的形象，使中国学生具有健康的体魄。因此，他非常重视学生的体育训练。他在川沙小学的课程设置中增加了体育课，这在 20 世纪初的学校教育中是非常罕见的。这一做法虽然遭到当时来自社会和家长的非议，但是黄炎培不仅重言传，而且以身作则，坚持和学生们一起积极锻炼，从而打消了学生家长对体育课的顾虑。

③陈鹤琴的"活教育"思想与学校教育。

陈鹤琴（1892—1982 年）是我国现代著名的儿童教育家，五四运动后新教育事业的先驱，我国现代幼儿教育的奠基人，但他也有关于学校教育的论述。

1920 年，陈鹤琴开始了对儿童心理和家庭教育的实验研究。他以自己的长子为研究对象，进行了长达 808 天的观察和实验，获取了详细的文字和摄影记录。可以说，陈鹤琴是我国用观察法和实验法研究幼儿身心发展的第一人。和同时期其他教育家一样，陈鹤琴也是一位教育实践家。例如，他创办了南京鼓楼幼稚园（即现在的南京市鼓楼幼儿园），并担任园长；他出任晓庄试验乡村师范学校的指导员；他还与陶行知等人共同创办了樱花村幼稚园等。

陈鹤琴在教育实践研究中，不仅对家庭教育、幼儿教育有自己的贡献，也在学校教育方面形成了许多非常有价值的见解，特别是他的"活教育"的思想。

在学校教育目的方面，他认为，传统的学校教育以获取知识、应付考试为目的，而"活教育"的目的则重在培养儿童适应环境、控制环境、利用环境的能力，教他们怎样做人，怎样待人接物。

在学校课程方面，他批判传统学校教育只重知识的灌输，教学没有具体的目标，学生被动地接受零零散散的知识，这对学生的发展是不利的。为此，他主张把学校与自然、与社会结合起来，把学校教学内容与实际生活结合起来，提倡将大自然、大社会作为"活教材"，认为学校教学应与生活实际相结合，与生产劳动相结合等。

在教学方法上，陈鹤琴指出，传统学校的教学方法太死板，主张采用启发诱导式教学方法。在教学上，他反对传统的教师讲、学生听的教授法，反对死记硬背的学习法。他还揭露了旧学校教学过程中，教师不尊重儿童的人格、不重视儿童的兴趣和创造性、压抑儿童个性的错误做法。针对"没有一个儿童不好动，也没有一个儿童不喜欢自己做"的心理特点，陈鹤琴提出了"活教育"的"做中教，做中学，做中求进步"的方法论。他的教育思想，特别是"活教育"思想，也反映了实用主义教育的倾向，这一思想对于促使当时的学校教育向科学化、合理化和实用化方向转变，具有重要的意义。陈鹤琴在探索教育的中国化、科学化、民主化和大众化方面做出了重要贡献。

④杨贤江的"社会主义教育"思想与学校教育。

杨贤江（1985—1931年）是浙江余姚人，中国优秀的马克思主义教育理论家，早期青年运动的领导人之一①。他在《新教育大纲》中系统地阐述马克思主义教育基本原理，深刻地批判了资产阶级学校教育思想，揭露了资产阶级学校的阶级本质。

作为将马克思主义教育思想介绍到中国的第一人，杨贤江提出了他关于社会主义学校教育的思想，可以概括为这样几个方面：第一，学校要为实施社会主义教育与启蒙服务。第二，在社会主义社会中要废止家庭教育而采用社会教育。第三，青少年到了8岁至17岁（根据当时苏联的规定）应该接受平等而且免费的公共教育，施行这种教育的学校应该是统一的劳动学校。第四，在社会主义社会，学生将主要由劳动者组成，由此使技术与科学成为劳动阶级的共有物，而教授与学生之间的一切界限，也将消灭。第五，除学校之外，要广泛建立成人教育机构及娱乐机构，如图书馆、博物馆等，而且完全公开，让所有文化都变成大众共有共享之物，让社会主义精神浸润在大众心理。

总之，杨贤江的社会主义学校教育思想体现了他对教育平等、教育社会化、免费的公共教育等理念的追求，反映了苏联社会主义教育对他的影响，在当时不仅具有积极意义，也是非常难得的。他的学校思想反映了中国一部分进步知识分子对社会主义教育的向往和期待。

（2）新中国成立前学校教育的发展。

新中国成立前，"中国基本上存在着两种性质不同的教育，一种是国民党统治区的半封建半殖民地的教育；一种是共产党领导的解放区的人民教育"②。国统区和解放区的学校教育在教育目标、教学内容、教学组织形式等方面存在很大的差异。

首先看国统区的学校教育。1927年9月，蒋介石在南京成立国民政府。以后，蒋介石政府在其统治区内推行所谓的三民主义教育，并制定了

---

① 吴式颖、阎国华主编：《中外教育比较史纲》（近代卷），山东教育出版社1997年版，第427页。

② 《中国教育年鉴》（1949—1981），中国大百科全书出版社1984年版，第78页。

"中华民国"教育宗旨及实施方针。1931年9月，国民党第三届中央委员会第157次会议制定了"三民主义教育实施原则"，对各级学校的教育目标做了详细的规定。这次会议，国民党政府的目的是加强三民主义教育，但事实上，它是打着孙中山先生的"三民主义"的旗号，推行所谓的三民主义教育，即"一个党、一个领袖、一个主义的封建的、买办的、法西斯化的三民主义"① 教育。因此，南京国民政府的三民主义教育在学校教育上集中表现为：在学校里灌输封建主义观念和法西斯思想，镇压反对国民党统治的爱国师生。

抗战爆发后，1938年4月国民党临时全国代表大会通过了《抗战建国纲领》，制定了国民党在抗日时期的基本国策，其中正式提出"抗战与建国双管齐下"的战时教育方针。为保证该教育方针的实施，大会还制定了《战时各级教育实施方案纲要》，明确了发展战时教育的具体政策。可以说，这两个政府文件的颁发，在一定程度上保证了战时学校教育的正常进行。然而，国统区经济的不发达，加上连绵的战事，各级各类学校教育经费极其短缺，学校生存困难，严重地阻碍了教育的发展。

抗战结束以后，国统区内的学校开始逐步恢复，在校学生数有所增加。据国民党政府教育部统计，1946年国统区中等学校在校生数量为179.8万人，小学在校生数量为2285.8万人；中等教育、高等教育都有所改革。② 但是，由于国民党政府又开始忙于内战，没有把主要精力放在经济及学校教育的发展上，导致学校教学设备缺乏，教材陈旧落后，教育质量差，教育经费严重短缺，延误了统治区内学校教育的发展。

在解放区的学校教育方面，1927年"四·一二"事变后，中国共产党被迫改变了斗争方式，采取在农村建立革命根据地，以"农村包围城市"，进行武装斗争的形式来夺取革命的胜利。截至1931年，在毛泽东的领导下，中共建立起了以江西瑞金为中心的红色政权，即苏维埃政权。苏维埃政府在根据地改造旧教育，广泛地开展革命教育以为战争服务。1934年，毛泽东在第二次全国工农兵代表大会上提出苏维埃教育的总方针，即"在于用共产主义的精神来教育广大劳苦大众，在于使文化教育为革命战

---

① 李桂林：《中国现代教育史》，吉林教育出版社1991年版，第144页。

② 《中国教育年鉴》（1949—1981），中国大百科全书出版社1984年版，第79页。

争和阶级斗争服务，在于使教育与劳动联系起来，在于使广大的中国民众都成为享受文明幸福的人"。① 1940 年 1 月，毛泽东又提出了新民主主义的文化方针，即建设民族的、科学的、大众的文化。在这样的方针指引下，苏区的教育得到了较快的发展。尽管，苏区的教育以"干部教育第一"为原则，但是中小学教育也受到重视，有一定的发展。据陕甘宁边区不完全统计，1940 年边区小学的数量比 1937 年增加了约 3 倍，在校学生的数量比 1937 年增加了 7 倍。1946 年小学生数量比 1940 年增加了约5.5 倍。1941 年中等学校学生的数量是 1937 年的 31 倍，1944 年比 1941年增加了 51%。在东北老解放区，1949 年小学的数量和在校学生数比抗战胜利后国民党统治时期分别增加了 1.4 倍和 1.5 倍；中等学校的数量和在校学生数，分别增加了 0.4 倍和 3.9 倍。② 当时苏区学校实施的教育具有以下特点：一是文化教育、政治教育、劳动教育并重；二是重视理论教育与实践教育的结合；三是教学时间、教学形式灵活多样。革命根据地的这种学校教育形式，与革命需要相适应，是对总方针的有效贯彻，并对新中国学校教育的建立奠定了基础。

（3）新中国成立前学校教育存在的问题。

如前所述，新中国成立前中国人民为争取民族解放和民族自治，在中国共产党的领导下同国民党、日本法西斯及美帝国主义等反动势力抗争，学校教育也成为争夺的一个非常重要的领域。因此，在不同的地区，无论是国统区，还是解放区，尽管学校教育都有一定发展，但是从整体上看，各个地区的教育，特别是学校教育都是比较缓慢和落后的。这一情况总体上与旧中国政治、经济和文化的落后有密切关系，这在很大程度上限制了学校教育的发展。同时，由于连绵不断战争，中国的学校经常处于动荡不安的环境之中，师资和生源都极不稳定；办学经费短缺，学校教学设施难以得到改善；学校教学条件差，教育质量得不到提高；教学内容的设置多为应付战事，科学文化教育无从谈起。这些都影响了中国学校教育的发展，学校教育质量总体上看是比较低的。

---

① 李桂林：《中国现代教育史》，吉林教育出版社 1991 年版，第 107 页。

② 《中国教育年鉴》（1949—1981），中国大百科全书出版社 1984 年版，第 82 页。

5. 小结

这一时期中国学校教育的发展与中国的大环境的变化是分不开的。在学校教育思想方面，在早期与外来文化的交流中，一大批爱国教育理论家和实践家，积极主动地看世界，进行学校教育比较，并吸收外国学校教育的合理和科学的方面。这些教育家思想敏锐、身体力行，献身于中国学校教育改革的实践中去，在不断探索与思考中国学校教育的出路方面，做出了重要的贡献。他们的学校教育思想是现代中国学校教育的宝贵财富。在学校教育实践方面，这些教育家也进行了许多大胆的尝试。他们把国外进步的教育思想与中国学校教育实际结合起来，提出和创建了许多有特色的学校形式，对中国学校的发展起到了重要的示范作用。

当然，在当时环境里，由于中国社会生产力的落后、战争的干扰等因素的影响，虽然中国的学校教育在不同时期和不同地区得到了一定的发展，但是无论是总体规模和发展质量上都与同时期世界上的一些国家学校教育相比有很大差距，义务教育推广有限，学校教育没有得到完全普及，一些优质教育资源仍然为少数人服务。这一切都给新中国以后教育的发展带来了新的问题和困难。

二　借鉴与改造：现代中国学校的创建

新中国成立后，中国教育的发展有了一个相对稳定的环境。20 世纪50 年代，由于以美帝国主义为首的西方阵营对中国实行全方位的封锁，中国在政治、经济，以及文化和教育上只能与苏联联盟，向苏联学习，从政治、经济到文化、教育，成为这一时期中国社会改革与发展的主要内容。应该说这一全面的学习对中国各个方面影响是巨大的。

在学习苏联的过程中，特别是在苏联教育专家的帮助下，中国教育在新的起点上有了一个快速的发展，从学前教育、中小学教育，到高等教育，都可以看到在苏联教育影响下所带来的中国教育的可喜变化。可以肯定地说，这一时期苏联教育对中国教育的影响在一定程度上是具有积极意义的。当然，也出现了一些问题，主要是出现了盲目学习的倾向，以至于在以后很长一段时间内，中国教育，特别是学校教育都带有苏联教育模式的痕迹。后来，由于中苏关系的破裂与恶化，中国教育界又转而批判刚刚建立不久的苏式教育体制，走上了寻求具有自己教育特色的道路。然而，十年"文化大革命"的浩劫，不仅革了文化的命，也革了教育的命，导致了中国社会的停滞甚至倒退，学校教育更是面临着瓦解的危机。1978年，党的十一届三中全会的召开，确立了中国社会发展的正确方针路线，也为教育事业的发展提供了重要契机。改革开放，不仅促进了中国社会政治、经济和文化等各个方面的大发展，也使得中国教育迎来了与西方发达国家教育和思想进行近距离接触和交流的大好时机，中国教育开始融于世界教育中，成为世界教育重要的组成部分之一。通过与西方发达国家教育进行交流，中国教育，特别是学校教育，不仅学到了宝贵经验，也使得国际社会对中国教育有了新的认识。

1. 新中国成立后的社会背景及教育现状

1949 年 10 月 1 日，中华人民共和国成立，结束了长期以来封建主义、帝国主义和官僚资本主义在中国的统治。从此，中国进入一个新的历史发展时期。在社会主义建设初期，各项事业百废待兴，全国人民建设新生活的热情高涨，希望尽快改变贫困，过上幸福安康的生活成为最大的追求。新中国成立之初，国家面临着发展上的许多困难。在军事上，国民党反动派的残余及各种敌对势力仍在寻找反扑的机会，试图东山再起；在经济上，从战争的废墟中建立起来的新中国经济基础脆弱，工业和农业极端落后；在政治上，美国帝国主义为代表的西方反华势力，妄图孤立中国，对中国实行了封锁、制裁的政策，中国发展的外部环境是相当不利的。新中国的成立只得到苏联等社会主义国家的承认与支持。为了解决这些困难，中国共产党领导中国人民开展了建国初期的社会主义改造工作，社会主义政治、经济和文化教育有了一定的发展。

新中国成立初期，中国普通教育的各级学校和学生的数量都很少。中等学校共 5216 所，在校生 126.8 万人，专任教师 8.3 万人；小学共 34.68万所，在校生 2439 万人，专任教师 83.6 万人。[①] 而且学校的分布也极不合理，大部分学校在新解放区，老解放区的学校数量很少。当时，我国教育改革还有一个任务就是从国民党手中接管和改造原来的旧学校，处置教会学校等。1949 年 12 月，新中国第一次全国教育工作会议召开。会议在

---

① 《中国教育年鉴》（1949—1981），中国大百科全书出版社 1984 年版，第 88 页。

考察当时教育的基础上，对不同地区的教育进行了规划。提出在东北老解放区，重点任务是巩固教育和提高中小学教育质量。"在条件许可时，可适当应群众需要作某些发展"[1]；在新解放区，教育要"坚决执行维持原有学校，逐步做可能与必要的改善的方针"[2]，绝不能采取冒进的政策。

2.50 年代学校教育的变革：全面学习苏联经验

从历史上看，中国与苏联就有非常重要的联系。1917 年 11 月 7 日，俄国"十月革命"一声炮响，世界上第一个社会主义国家建立。在苏联社会主义的影响下，中国接受了来自苏联的马克思、列宁主义。第二次世界大战中，中国和苏联同属于社会主义阵营，并肩作战，最终击败了法西斯联盟。由于苏联社会主义建设取得了成功经验，不仅对世界其他国家产生了影响，更成为中国共产党人学习的榜样。这也影响到了中国的教育。如在新中国成立前，东北地区的一些学校就已经开始向苏联学习办教育的经验。新中国成立后，《中国人民政治协商会议共同纲领》颁布，提出了"民族的、科学的、大众的"[3] 新民主主义文化纲领；同时根据情况需要，采取了"全面"学习苏联的方针，强调按照苏联模式全面重建社会制度和教育制度。在教育方面，明确"学习"苏联教育经验，建设新民主主义教育的设想是在第一次全国教育工作会议上提出来的。从此，在一段时期内，中国教育界全面学习苏联教育经验，包括请苏联教育专家帮助制定教育教学大纲和教学计划，请苏联专家或学者讲学，派学生留学苏联，等等。在苏联专家的大力帮助下，中国在重建教育的过程中，吸收了苏联教育许多好的经验，对新中国成立后教育的早期发展产生了重要的影响。

1951 年 10 月 1 日，中国政务院颁布了《关于改革学制的决定》。《决定》参考了苏联的学校制度建设经验，制定出了新中国的第一个学制系统，包括幼儿教育、初等教育、中等教育、高等教育、各种政治训练班和各级政治学校。按照当时教育部的规定，从 1952 年秋季起，大学自一年级起"采用苏联教学计划和教学大纲，组织教师翻译苏联教材，成立教

---

① 《中国教育年鉴》（1949—1981），中国大百科全书出版社 1984 年版，第 88 页。

② 同上。

③ 陆有铨：《躁动的百年——20 世纪的教育历程》，山东教育出版社 1997 年版，第 833 页。

学研究组，学习苏联教学方法"。① 在高等学校的带领下，各级各类学校都开始聘请苏联专家，并广泛开设俄语班。全国的同类学校开始使用相同的教学计划，相同的教学大纲，乃至相同的教材。与此同时，重视"普通教育和升学教育"的思想，也从苏联移植到中国，并迅速影响了整个中国教育界。

应当指出，在移植苏联学校教育，创建现代中国学校的过程中，苏联学制系统对我国教育体系系统化的建立起到了积极的作用，在一定程度上促进了我国学校教育的发展，为社会主义社会培养了大批的建设人才。但也不可否认，我国在学习苏联的时候，由于采取了生搬硬套的方式，形成了苏联单一模式的教育制度。后来，这一模式的教育制度逐步产生了许多消极的作用，学校教育体制僵化，培养出来的"人才"不适应社会发展的需要，阻碍了我国学校教育的发展。

新中国成立初期，由于加大了对学校教育的改造和建设，我国的学校得到了空前的发展，呈现出规模式发展的特点。截至 1952 年底，我国中等学校学生数量增加了 142.2%，小学学生数量增加了 101%。当然这一时期教育也出现一些问题，主要表现为普通学校出现了不顾实际需求，重数量、轻质量的畸形发展特点。为此，1953 年，国家制定了《1953 年度教育事业计划》，提出："必须根据国家建设的需要与教育事业主观力量的可能，采取坚决切实的步骤，有准备、有重点、实事求是地继续进行教学改革，学习苏联的先进科学和先进的教育建设经验，以提高教学质量。"② 根据该计划，普通学校教育的工作中心转移到提高质量上来，要求重点办好 100 所高级中学，整顿初级中学和初级师范学校；在大中城市的初级中学中推广"二部制"；集中力量办好完全小学和农村中心小学，在城市小学推广"二部制"；鼓励群众有条件地发展民办小学；对民族中小学进行适当调整。1954 年，又提出要重点发展高级中学（包括完全中学高中部）；小学重在整顿提高，公立小学一般不再发展，对民办和工厂企业开办的小学予以支持。1955 年，全国文化教育工作会议提出了"以提高质量为重点"的教育工作方针。会议专门就新中国成立以来普通教

---

① 高奇：《新中国教育历程》，河北教育出版社 1996 年版，第 35 页。
② 《中国教育年鉴》（1949—1981），中国大百科全书出版社 1984 年版，第 89 页。

育在发展过程中出现的问题进行了讨论，提出要在认真提高中小学教育质量、贯彻德智体美全面发展方针的同时，有步骤、有计划地实施基本生产技术教育，并根据需求和实际能力大力发展高中。可以看出，这一时期，提高学校教育质量、办好"重点中学"的思想成为这一普通学校教育发展的指导思想。也就是从这一时期开始，"重点中学"逐步进入人们的视野，成为学校教育发展的关键词，对中国学校教育的发展产生了重要影响。

1956 年，随着社会主义改造的提前完成，国家对人才的需求量加大，中央提出了将普及教育和提高教育质量结合起来，进一步扩大和加快教育发展的规模和速度的精神，学校教育的规模发展又引起了社会的关注。这一时期，按照"加速发展，提高质量，全面规划，加强领导"的方针，大力发展普通中学教育，增加初中、高中学生的数量，加速发展小学教育，为全面实行小学义务教育做积极的准备，成为这一时期学校教育的主要任务。同年，中央又提出新的精神，要求各地根据实际情况，分别在 7 年或 12 年内普及小学义务教育。在中央精神的指导下，普通教育快速发展起来。①

1957 年，教育部召开第三次全国行政会议，总结了新中国成立八年来教育发展的经验得失，针对学校教育存在的问题，提出了"普及小学义务教育"的思想。主张打破国家包办模式，在城市鼓励街道、机关、厂矿企业办学，在农村提倡群众集体办学，允许私人办学。"中学的设置应适当分散，改变过去规模过大，过分集中在城市的缺点。"② 1958 年 10 月，中共中央针对农村的社会经济状况，在《1956—1957 年全国农业发展纲要修正草案》中再次强调要在农村普及小学义务教育，必须拓宽农村小学的办学渠道，允许群众集体办学，鼓励并支持私人办学。

20 世纪 50 年代是我国向苏联全面学习的时期。在教育方面，虽然学习苏联在一定程度上促进了我国教育研究的发展，对新型学校的建立也起到一些积极作用，但是苏联学校制度本身所存在的一些缺陷，加之我们不符合国情的盲目照搬，也带来了许多问题。如根据苏联经验，我国当时建

---

①　《中国教育年鉴》（1949—1981），中国大百科全书出版社 1984 年版，第 91 页。

②　同上。

立起了高度集中的教育管理体制，后来虽然经过几次"放权"和"收权"改革，"一放就乱，一统就死"的问题至今仍然没有得到很好解决。而且在重建过程中，由于受"左"的思想影响，一些民办和私立学校被取消，由国家包办，社会办学的积极性一度受到打击，直到今天仍没有完全恢复。同时，在很长一段时期内，由于"左"倾思想的影响，也对中国学校教育发展造成了极大的伤害。在学校教育中，政治教育取代了传统的道德教化、人格养成和心理辅导，教育的功利主义色彩浓厚，"应试教育"逐渐占据了统治地位，教育的人文主义内涵和价值逐渐丧失，学校逐渐成为单纯的知识传授，培养标准化学生的教育场所。

3. 60 年代学校教育的变革：苏联教育模式的批判

这一时期的学校教育改革主要是指 1958 年到"文化大革命"以前的教育改革。苏联教育在中国实践了一段时间后，逐渐暴露出种种弊端，单一的教育制度和大一统的教学模式不适应中国的国情。1958 年，中苏关系交恶后，中国教育界展开了对苏联教育的全面批判。1958 年 3 月，教育部召开第四次全国教育行政会议，提出要进行教育制度、教学内容和教育方法的改革。1958 年 9 月 19 日，中共中央又颁布了《关于教育工作的指示》，成为教育改革的纲领性文件。这一时期的改革主要是结合中国国情，对前一段盲目学习苏联所产生的问题进行反思，强调教育必须为无产阶级服务，教育必须与生产劳动紧密结合；教育必须使受教育者得到德智体的全面发展，成为社会主义的合格建设者。在这一方针指引下，我国开展了轰轰烈烈的教育革命，历时近十年之久。

20 世纪 50 年代的最后两年，我国各项事业都出现了严重的"大跃进"现象，呈现不求实际的泡沫式发展。学校教育也未能幸免，中小学教育出现了大规模的学制试验，包括小学三年一贯制、中学五年一贯制；三—四—二制；基础教育九年一贯制，十年一贯制等。后来，鉴于学制试验多且混乱，教育部门对试验的规模和数量进行了限定。最后基础教育只进行十年一贯制的学制改革试验，一直延续到"文化大革命"前夕。

1958 年，国家制定了"第二个五年计划（1958—1965 年）"，提出普通教育要在提高质量的基础上，积极发展高中和初中，逐步普及小学教育。为了配合教育质量的提高，这一时期学校课程设置也进行了调整，主要有三个明显的变化，一是大量增加思想政治课、生产技术课和劳动实习的分量；二是"将大中学的部分课程适当逐级下放"①，适当提高中小学的课程难度；三是将全日制中学分为甲乙两类，施以不同的教学计划，规定教学的上下限，增加了中学教学的弹性。当然，调整也注意到了教学与劳动的结合，如许多全日制学校改制为半工半读学校，学校教学形式也采取半工半读的形式，学生一边学习理论知识，一边参加劳动实践。1960年到1963年，随着课程设置的调整，各级学校的教学内容有了很大的变化，原来陈旧的、无用的内容被删减。同时，为了稳定学校教育教学秩序，提高教育质量，教育部门还陆续制定并颁布了全日制中小学、高等学校暂行工作条例，对于这一时期学校教育的发展起到了重要的保障作用。

应该说，这一时期学校教育的发展还是取得一定成效的。但是受整个大环境盛行的"大跃进"和"浮夸风"的影响，学校教育也遇到一些挫折，如在中小学出现的重数量、轻质量的规模式发展的倾向，就对中小学的教育质量造成了很大的冲击。

4.70 年代学校教育的变革："十年动乱"与中国学校教育危机

20 世纪 60 年代中期是新中国成立后中国社会发展最为艰难的时期。1966 年 5 月开始的、持续 10 年的"文化大革命"给中国社会各个方面的发展造成了极大的破坏，也包括教育领域。② 在教育领域，林彪、"四人帮"等人炮制"黑线专政论"，向教育发难，教育领域成为"文化大革命"的重灾区，建国十七年教育所取得的成就被全盘否定，一些专家、教授和中小学著名教师横遭批斗，系统知识教育被打入冷宫。在教育领域，"政治第一"的教育思潮迅速泛滥，教育被政治化，成为政治的附属和工具，"培养革命接班人"成为教育根本的也是唯一的目的。同时，各种非教育的手段开始干预学校，学校安定的秩序被打乱，传统的、有效的教育制度被取消，取而代之的是"开门办学""上山下乡""走与工农相结合的道路"等提法。受"文化大革命"的摧残，经过十七年所形成的优良的教育传统和教育经验几乎毁于一旦，中国教育现代化的进程被阻断，甚至倒退。

在学校教育方面，"文化大革命"对学校的破坏是全面的和深重的。

---

① 高奇：《新中国教育历程》，河北教育出版社 1996 年版，第 114 页。

② 陆有铨：《躁动的百年——20 世纪的教育历程》，山东教育出版社 1997 年版，第 864 页。

"文化大革命"开始后不久，受政治的冲击，城市的许多学校纷纷停课。1966 年 12 月 15 日，中共中央《关于农村无产阶级文化大革命的指示（草案）》发布后，全国城乡绝大多数学校也进入停课状态，中等学校放假闹革命，半农半读大中学校按照"抓革命，促生产"的方针开展"文化大革命"。1967 年，中共中央发布了《关于小学无产阶级文化大革命的通知（草案）》，小学的秩序也受到了影响。同年，发布的《关于大、中、小学复课闹革命的通知》，将"停课闹革命"转为"复课闹革命"，要求各级学校一边教学一边改革，对原有的教学制度和教学内容等进行无产阶级的革命。此后，学校的教学更加混乱起来。这里以《关于小学无产阶级文化大革命的通知（草案）》来看当时小学教育的具体情况。如规定复课后小学的教学内容包括：小学 1—4 年级学生只要求学习毛主席语录，兼学识字，学唱革命歌曲，学习一些算术和科学常识。5—6 年级，学习毛主席语录、《老三篇》和《三大纪律八项注意》，学习"十六条"，学唱革命歌曲。同时，要求学校只要不违反上面的规定，可以自行安排课程和教学内容。可见，以政治为主的教育内容成为这一时期学校教育的主要内容。

总之，这一时期的"文化大革命"对教育的破坏是灾难性的。它否定学校教育规律，随意缩短学制，改变教学组织形式，更改教学计划和教学内容，取消考试制度，严重破坏了刚刚建立起来的学校教育秩序，不仅使我国社会主义教育取得的最初成果毁于一旦，更是使广大知识分子，尤其是教师成为受害者。"文化大革命"对学校教育的发展和几代人的成长造成了严重的不良影响。

5. 80 年代学校教育的变革：改革开放与中国学校教育的新生

1976 年，"文化大革命"结束后，在邓小平等中央领导人的带领下，全国范围内开展了纠正"文化大革命"错误的活动。1978 年，党的十一届三中全会彻底冲破了长期存在的"左"倾错误的束缚，认清"文化大革命"对中国政治、经济、文化和教育等领域所造成的破坏极其严重的后果，并对中国当时的国内形势做出了科学的分析，正式将党和国家的工作重心转移到社会主义现代化建设上来。从此，我国各项事业开始拨乱反正，一个改革开放的新时期真正到来，教育事业也迅速得到恢复并发展起来。

十一届三中全会以后，党中央和国务院十分重视学校教育的恢复、稳定和发展，通过采取有力措施，使学校教育开始走上正轨。

首先是对学校制度的规范。1978年初，教育部颁发了《全日制十年制中小学教学计划试行草案》，统一规定全日制中小学学制为十年，即五、三、二制。

其次是对学校课程和教材的统一管理。1978年秋季，各科教学大纲、统一的教材同时在全国发行和使用，课程的管理权、编制权再次收归国家所有。

需要指出的是，这一时期的包括学校制度、课程和教材统一管理对于迅速扭转"文化大革命"所造成的中小学教育混乱的局面、恢复正常的学校教学秩序、提高教学质量，起到了极为重要的作用。当然，这一时期的改革也存在一些问题，主要是课程大都为必修课，缺少选修课；另外，学制过短，单一的课程和教材管理体制缺乏灵活性，不利于发挥地方和学校的积极性等。

十一届三中全会以后，我国进入全面发展的历史新时期，"改革开放"成为社会发展，也成为教育发展的主旋律。经过一段时期国民经济的恢复与发展，社会稳定，人们生活水平逐步提高，对教育也提出了新的要求。1983年，邓小平在北京景山学校提出的教育要"面向现代化，面向世界，面向未来"的号召，为新时期中小学教育的发展指明了方向。人们开始从"改革开放"的角度来思考学校教育的变革。

从学校教育本身来看，1978年计划草案所暴露出的学制过短问题，课程和教材等问题引起人们的关注，一系列改革政策和措施不断推出。

一是开始对中小学学校制度进行改革，经过多方面的努力，中小学学制由原来的十年制逐步向十二年制过渡，学制过短问题逐步得到解决。

二是从修改和重新制订教学计划入手，对中小学的课程设置和教材进行比较大的改革。1981年，教育部颁发了《全日制五年制中学教学计划试行草案的修订意见》和《全日制六年制重点中学教学计划试行草案》，1984年又颁发了《六年制小学教学计划草案》，对1978年颁发的各科教学大纲进行了重新修订。根据新的教学计划，以及社会对1978年教材偏深、偏难、偏重的反映，人民教育出版社编写了一套中小学十二年制教材。按照规定，中学于1982年秋季、小学于1984年秋季起开始使用新的教材。从此，中小学教育逐渐走上正轨。当然，课程设置和教学方法的问题，教材编写单一的问题当时并没彻底解决，直到进入 21 世纪以后全国范围内开始推行的中小学课程改革，才使得这些问题真正成为学校教育改革内容之一。

这一时期的"改革开放"也为中国教育，特别是学校教育带来外域文化和教育的新的思想和活力，教育工作者的视野更为开阔。通过与国外教育的交流，西方进步的教育思想开始传播进来。苏联的赞可夫，美国的布鲁纳、奥苏贝尔、加涅、布鲁姆、罗杰斯等当代著名教育家的教育思想被引进到中国，成为中国现代教育思想的重要内容之一，不仅推动了中国教育研究的发展，也促进了现代中国学校思想和制度的构建。

6. 小结

新中国成立后中国学校教育发展与中国整个社会的发展一样是十分坎坷的。50 年代，对传统旧学校的改造还没有完成，就开始全面学习苏联教育模式，以至于在很长时间里习惯和受制于这种模式，给学校教育的改革和发展带来了相当大的阻力。

60—70 年代，由于教育的自身的服务特点和受政治的影响和冲击，学校教育又成为政治斗争的工具。它在这一时期不可思议地要"革掉"新中国成立后所形成的 17 年的经验和自己的基础的"命"。"文化大革命"使得学校教育和一代学生受到考验，他们曾经成为缺乏文化修养和理智、盲目、激进、疯狂的一代。总之，经过"文化大革命"的"炼狱"，我国的学校教育经历了最严峻的考验；"文化大革命"也使得人们痛定思痛，更加珍惜今天的社会稳定和学校的安宁。

80 年代，经过十一届三中全会以后的拨乱反正，中国进入全面改革开放的新时期，我国的学校教育焕发出了新的生机和希望。改革开放以来，我国教育事业所取得的成就有目共睹，学校教育的快速发展尤为显著。可以说，这一时期是新中国成立以来我国学校发展最快的时期。

当然，随着知识经济时代的来临，由于各国在综合国力上的竞争越来越剧烈，我国教育又面临着新的挑战。这里也有我们教育和学校自身的原因。众所周知，我国于 20 世纪 80 年代建立起来的教育制度，特色是单一的规模化和统一化的制度。随着国内外政治经济环境的变化，它已经越来越不能适应社会经济的发展要求，学校教育的问题日渐显露。单一化的制度产生的单一化的教学组织形式和培养模式，使得学校教育发生异化，既压抑了学校教育者和受教育者的创造性和主体性，又阻碍了符合现代社会要求的各种人才的培养。学校教育为"应试教育"所左右，忽视人性化教育（包括历史文化教育、情感教育和道德教育等），学生的创造性和主体性发挥不够，对社会责任的承担不够，这些都意味着中国的学校又开始新的重建工作。

三　困境与变革：现代中国学校教育的重建

进入 21 世纪以后，经过改革开放几十年的发展，我国已经初步建成社会主义市场经济体制，学校教育在许多方面也有很大改观，但是在传统文化和社会竞争的合力作用下，我国的学校教育仍然存在非常突出的需要解决的问题，其中"应试教育"就是中国教育发展的最大阻碍。

1. "应试教育"的产生与学校教育的危机

（1）"应试教育"的产生及原因分析。

关于"应试教育"，可以说每个人都有自己的观点。我国著名教育家、中国教育学会会长顾明远先生认为，"应试教育"是指一切围绕考试要求，为应付考试而进行的教育。[①] "应试教育"在中国当代教育中辐射面广，影响深刻，成为一种波及全社会的教育思潮和教育行为。20 世纪 80 年代，"应试教育"典型地表现为在基础教育面向高等学校入学考试过程中，学校教育片面追求升学率，忽视对学生德、体、美、劳诸育以及能力的全面培养，其结果是导致学生学习负担过重，心理承受能力差，道德发育不完善，片面发展，学校培养出来的学生不能适应社会发展的需要。

"应试教育"为什么会受到人们的追捧，一个重要现实原因是学校教育（主要是城市教育），特别是优质教育还是一种短缺的教育资源。为了能够让少部分学习好的人享受到这一部分资源，学校教育在长期发展中形成了一种利用"淘汰选拔"式方法保护这种资源的模式。这种模式的特点是学校主要通过汰"劣"择"优"，以促进这部分人的发展，学校教育成为培养少数"精英"的教育。如何优胜劣汰？"应试教育"主要依靠

---

① 顾明远主编：《教育大辞典》（下），上海教育出版社 1998 年版，第 1919 页。

"考试分数"作为评价教师教学和学生学习的主要标准。当然，从现代社会的角度来看，这一标准是一种评价体系不科学、评价尺度不完善、评价结果不合理的标准。由于实施"应试教育"的学校，一般都是以"升学为中心"来制定教育目标、选择教学方法、安排教育内容和设置课程，结果与追求学生全面发展和个性发展的现代教育的理念背道而驰，导致教师采用填鸭式的教学方法，学生死记硬背地学习，泯灭了教师和学生的创造力。

另外，由于激烈竞争的需要，为了能够获得这少量的稀缺资源，许多学校主要是通过"应试教育"不断给学生施压，使他们承受着繁重的学习负担和精神压力，严重地损害了学生的身心健康和人格发展，也影响了创造性人才的培养。

下面主要对"应试教育"形成的历史、文化根源，"应试教育"存在的现实基础等问题进行进一步的分析。

在我国，"应试教育"有着悠久的历史和深厚的社会文化基础，是长期以来"官本位"文化的体现。众所周知，我国的考试制度可以追溯到上古时代的帝王举荐方式，其原则是选贤荐能。程序上包括衡察、试用、检验，以选取才学之士入仕。这以后，从汉代的"射策"到魏晋南北朝的"九品中正制"，历代考试都成为统治者选拔官吏的一种重要方式，而隋代创立起来的科举制度作为这项传统的延续，它的出现则更加巩固和改进了整个"考试入仕"的制度。需要指出的是，作为一种相对公正的选拔方式，"科举制"虽然给普天下广大书生提供了一条凭自己的能力考试而升官进取的路径，在一定意义上有利于官员的选拔和社会阶层间的流动。但科举考试内容的日益僵化也为日后教育的发展带来了诸多隐患。如将考试范围限定于四书五经内，考试方式偏重死记硬背（墨义、贴经、对答等）。由于历代王朝对科举考试的重视，这一制度也逐步成为社会普通人唯一的入仕之途，直接影响了以后历代学校的教育内容和教育方法。读书、应试、入仕三者紧密地联系在一起，学校成为培养官员的科举制度的附庸，读书应试成为学校教育的宗旨。应试教育就这样在中国的历史上深深地扎下了根。

1949 年新中国成立后，中国的社会制度发生了彻底的变革，教育界也先后经历了几次重大的改革，然而"应试教育"的地位却丝毫没有动摇。1966 年"文化大革命"开始后，学校教育遭遇到毁灭性的打击，高考制度也被取消，"应试教育"随之沉寂了一段时间。1976 年"文化大革命"结束后，教育界展开了对"文化大革命"的彻底批判，恢复了中断十年之久的高考制度，长期被压抑的人们渴望接受高等教育的热情迅速成为考试教育和学历教育的强大动力。学校教育再次被纳入升学教育和为升学做准备教育的狭窄轨道，最终形成了一种以考试为中心、为考试而考试进行的"应试教育"。20 世纪 80 年代，学校教育中盛行的这种现象发展到极致，被称为"片面追求升学率"。90 年代，这一教育被正式称为"应试教育"。可以说，"应试教育"的产生是传统"科举考试"在当代的复活和强化。虽然它不是以追求做官为目的，但是它满足了人们更多的选择和追求自我提升的需要。

应试教育不仅扎根于坚实的历史文化土壤中，在社会的发展中也有其存在的现实基础和现实的社会原因。

一是我国的用工制度、人事制度和考评制度一直存在着不合理的因素，重文凭轻能力、重理论轻实践等现象十分严重。各种职业的准入条件中，最重要的就是学历文凭。就业与文凭挂钩，待遇与文凭挂钩，晋升也与文凭挂钩，这就迫使学生不断地追求高文凭，以获得更好的发展和较高社会地位。

二是我国教育资源的稀缺，尤其是高等教育资源的稀缺，促使人们对高等教育文凭的狂热追求。在这里，高等教育主要是通过建立一套选择机制，通过发放文凭的方式以决定哪些人可以获得这一资源的。由于高等教育的这种特殊的导向作用，它的这一选拔方式就直接影响和决定了中小学的教育目的、教学内容和教学方法。中小学教育又成为那些准备接受高等教育的学生的教育基地，而一些重点中小学又成为稀缺的优质教育资源。

三是竞争和选拔式的高考制度又在一定程度上强化了学校教育对考试的重视。我们知道，我国采取的高考制度主要通过考试成绩来决定接受高等教育的人群的。尽管高考分数不能完全反映考生的"才"与"能"，但迄今为止，与推荐制度或其他制度相比，人们认为它仍是最有效和最公正的方式。而且还很难找到一种能够取代高考，并能保证机会均等、公平竞争的选拔方式。多年的高考制度的改革，并没有提出更新的方法，反而强化了这种考试制度。当然，考试这种选拔人才的方式本无可厚非，如果利用得当，可以起到一定的鉴别能力的作用。关键在于考什么，怎样考？现在的高考侧重于知识记忆的考核，使得学校教育围绕着这个中心转。高考考什么，如何考，学校就教什么，如何准备考；一切与升学考试无关的学科都要给高考科目让路。因而偏重智育，忽视德、体、美、劳的应试教育在中小学大行其道，成为"扎扎实实"的硬教育。

四是人们对这种考试方式的认同而导致这种方式的广泛渗透也强化了"应试教育"。若干年前，应试教育还只是基础教育中的普遍现象。随着我国社会经济和高等教育的大发展，持有本科生毕业文凭的人越来越多，迫于就业压力，很多人不得不接受更高层次的教育。于是，研究生入学考试开始左右本科生教育，应试教育呈现上移趋势。在一些地方院校，本科生教育几乎成了研究生考试教育的基地。现在许多刚入学的研究生带有明显的应试教育的痕迹，知识的记忆成为他们通过研究生的主要手段。

总之，要想彻底地改变这种整个教育以"应试教育"为中心现象，一是要从观念上消除人们对学历的片面认识和依赖；二是要改变人们对职业教育的歧视，大力发展职业教育；三是要改革教育评价制度，特别是高考评价制度，以多种方式的综合评价取代单一的高考一次性评价；四是要拓宽学生的选择和发展渠道，适当分流以减轻高等教育的压力。

（2）"应试教育"对学校教育的负面影响。

"应试教育"对学校各方面的影响是明显的。下面从几个方面进行分析。

首先，"应试教育"使得学校盲目追求自身利益的最大化，背离了教育的本意。

由于"应试教育"是以考试为中心的教育，而考试结果直接反映在分数上。因此，从学校的利益上讲，越多地拥有好的生源和高分的学生，其社会声望就越高，获得政府的拨款或社会的赞助也就越丰厚，学校的利益和发展前景就可能越好。而对学生自己而言，分数越高，就会越受老师的青睐和关注，享受更高层次教育的机会就越多，将来的社会地位就可能越高。因此，受"应试教育"左右的学校，往往视分数为命，任何能够促进学生快速提高分数的手段都可使用，任何有可能降低学生分数的事情都可以置之不理。

在"应试教育"的影响下，一些学校采取的办法主要有：一是千方百计地提高生源质量，甚至不惜采取非正当竞争方式。如不计后果地加班加点给学生补课，置学生的身体健康于不顾。二是加强对教师的管理，提出越来越高的要求。如将学生的考试成绩作为评价教师的一项硬性指标，使教师忘记"教书育人"的最高目的，制造出许多只认分数不认学生的"严师"。三是对家长施加压力。一些学校要求家长向学生灌输——"学习方法不重要，死记硬背、会套用解题模式、能得高分就好"的思想，使家长与学生一起紧张。四是在教学管理上，老师被赋予极大的权力。在课堂上，老师的话就是真理，谁反驳谁就是扰乱课堂秩序；课堂教学跟着老师和优等生的感觉走，无视其他大多数学生的学习进度。五是考试管理上，以成绩定高低，决定每个学生的命运。每次考试一结束，一些学校就按照考试成绩将学生分为三六九等，考得好受奖励，差的连同家长一起受警告。一些学校还按照考试成绩将学生编入快慢班，快班的学生享受更好的待遇。有的学校做得更绝，教室里的座位按成绩排，不考虑学生的视力、身高及其他要求；班干部由成绩好的学生担任，不管他是否有责任心，是否能够胜任。总之，受"应试教育"主导的学校，各项事务都围绕着"分数"进行安排，学生的兴趣爱好、身心健康、个性特征、儿童的全面发展等则是次要的。

其次，"应试教育"也使得学校的课程设置和学科教学受到影响，出现只重视学术性学科而忽视非学术性学科的现象。

众所周知，我国自20世纪50年代直到80年代初一直采用苏联的课程管理模式，即对全国的课程教材实行统一管理，全国实行统一的教学计划、教学大纲和教材。随着我国社会经济的发展，这种集中统一的课程管理模式显然不能适应社会发展的需求，也不利于地方教育行政部门发挥其积极性和主动性。20世纪50年代对苏联教育的彻底的移植和复制，深深地影响着我国教育的发展，尽管苏联教育模式在随后十年中遭遇了全面的批判，但课程设置比较单一，课程结构不合理的现象依然存在。20世纪80年代以后，由于"应试教育"的影响，中小学教育课程又强化了过去的做法。主要表现为：一是中小学各类学科的课时比例不合理，明显偏重学术性学科，实用性课程、地方性课程、活动性课程课时少。据观察，在一个正常的教学期内，非考试科目一般比考试科目少三个星期左右的课时。二是课程设置与上一级考试联系密切。在临考前和考试期间，非学术性学科一般都要停课，为学术性学科的考试让路。三是课程设置虽然比较多，但是重视的程度不一样。受"应试教育"的影响，与智育有关的课程往往被当作学校教育主要任务，而与德育、体育、美育等有关的课程则被置于从属地位。

其三，"应试教育"也对学校人际关系产生负面影响，造成学校内外紧张、对立的人际关系。

由于"应试教育"追求以分数为标准的利益的最大化，带有明显的功利主义倾向。因此，受"应试教育"影响，教师之间、师生之间、生生之间，以及校校之间的关系比较紧张。主要表现为：

一是"应试教育"偏重于强化知识和技能训练，崇尚"题海战术"和"加班加点"训练，加重了教师的工作负担。加上学校对教师的评价也采取了以"学生分数"为标准的方式，使得教师队伍中的不合理竞争加剧，增加了教师的心理压力。在这种情况下，教师的教学方式和教学质量等必然会受到影响。教师身心面临着巨大的压力，教师队伍的稳定性很难保证。

二是学生的考试成绩与教师的待遇挂钩，师生间感情靠分数维系，使学校中师生关系变质。由于"应试教育"目标单一，教学方法单调，学习负担过重，学生容易产生厌学情绪，甚至逆反心理。同时，又由于"应试教育"教学过程中强制因素过多，教师"一言堂"不民主的现象严重，学生多处于被动地位，致使师生关系紧张，甚至处于敌对状态。特别是与老师关系紧张的学生，通常会自暴自弃，或形成暴戾性格，甚至产生反社会行为等。

三是"应试教育"导致学生之间产生严重分化，通过分数人为地制造不平等，不利于学生的身心健康的发展。在"应试教育"模式下，学生之间的竞争也处于一种疯狂、无序的状态。为了获得高分数，胜利者往往变得冷漠和自私；失败者在被歧视和嘲笑中变得自卑甚至自闭。"应试教育"还使得许多差生产生厌学情绪，最终有可能导致其辍学。学校中的不平等和对立的关系，会延伸到社会，造成更大的不平等。

四是"应试教育"也使得学校之间产生紧张的关系。为了抢夺生源，一些学校不惜动用各种手段进行竞争。有的提出优惠承诺，有的封闭相关信息。同样，对优秀教师的争夺也是其中一个重要的内容。这些都使得学校之间的关系变得紧张和冷漠。

其四，"应试教育"强调以"分数"为导向的评价标准，扭曲了学校教育评价的本质。

"应试教育"以教师、教材和课堂教学为中心，强调知识灌输、忽视学生能力培养、个性差异和全面发展，这与历史上传统教育的"三中心"是一脉相承的。所不同的是它又以"分数"为导向作为学校教育评价的标准，片面追求升学率，不仅强化了传统教育的弊端，更扭曲了学校教育评价的本质。

以"分数"为导向的评价方式存在许多问题。首先，它容易导致学生对分数的斤斤计较。中小学学生盛行着这样的话："分儿，分儿，学生的命根儿"。在分数的驱使下，学生变得谨小慎微，出现作弊或死记硬背的现象，从而沦为分数的奴隶。其次，这种以"分数"为导向的评价方式也容易使学生陷入重记忆、轻求知，重知识、轻能力，重结果、轻过程的困境，磨灭了学生的创造力。再次，这种以"分数"为导向的评价方式带有很大的偶然性。学生一次考试可能得低分或得高分，但并不能完全反映学生的真实情况。而"一考定终生"的"应试教育"更会对学生的发展产生消极的影响。最后，"应试教育"中以"分数"为导向的评价方式还可能会产生评价的负面作用。因为它只重视容易量化的与智力因素相关科目的分数评价，而忽视难以量化的非智力因素的评价，如兴趣、动机、态度、意志等，这种评价方式不仅可能产生对一些学科的忽视，也是不利于学生的全面发展的。

（3）"应试教育"与学校教育的危机。

中国的学校教育从来没有像今天这样受到人们的普遍重视，但同时，中国的学校教育也面临从未有过的诟病和危机。① 许多人在质疑，为什么

---

① 2008年9月，新华出版社出版了由傅中国编写的《起诉教育》一书，对"应试教育"进行了猛烈的批判。该书列举了应试教育九大罪状，第一宗罪：误导信念，摧毁自信；第二宗罪：磨灭多种天赋，扼杀创新潜能；第三宗罪：损害学习意愿，破坏学习能力；第四宗罪：损害身体健康，降低体质体能；第五宗罪：损害心理健康，诱发精神疾病；第六宗罪：毁灭远大志向，降低人生价值；第七宗罪：忽视意志磨炼，削弱生存能力；第八宗罪：德育有名无实，品德普遍下降；第九宗罪：损害亲子关系，破坏家庭和睦。资料来源：http://www.huanqiu.com/special1/book/qisujiaoyu/。

在接受了长达十多年的学校教育后，我们学生却越来越不能适应今天社会的发展，学校能否合理、科学、有效地促进青少年全面地发展？学校能否使学生在校园里愉快、充实、和睦、互爱地度过他们的快乐时光？学校如何使学生具备传承历史、创造未来的能力？

而我们看到的恰恰是，在"应试教育"影响下，学校俨然成了一个"筛选"的机器，能得高分的人被留了下来，而把在低分徘徊的学生无情地推出校园，并在他的身上盖上"失败"的印章。受这种教育影响，青少年学习、心理等各种问题越来越突出，学校培养的学生与社会的需求脱钩严重。面对"应试教育"在学校教育中的全面渗透和影响，人们除了无奈、感叹，还能够做什么呢？我们讨厌它，但又离不开它。因为与"应试教育"密切联系的"高考"太重要了；因为"高考"目前还是一种所谓"公平"的选拔方式。我们现在能够用什么来取代它呢？没有高考，没有"应试教育"，没有"分数"作为评价的标准，人们还能适应吗？当然，也不乏有一些反叛者的抗争。如"低分高能"现象的出现，从某种意义上说正是对"应试教育"的一种鞭挞。随着"应试教育"走向极致，人们开始向学校教育发难，迫切要求学校改革教育方法，关注学生的人性发展，转变学校的培养模式，这些会对"应试教育"构成威胁吗？

2. "素质教育"思想的提出与学校教育的困境

其实，在"应试教育"大肆横行的年代，由于其所带来的弊端为人们所痛恨，人们便尝试用各种新的教育来取代它，其中"素质教育"便是最有影响的一个。

（1）"素质教育"思想提出的时代和社会背景。

"素质教育"是我国教育发展到一定时期的必然选择，这一教育思想的提出不仅有其时代的背景，也有其现实的社会基础。

20世纪80年代以来，世界各国为了适应新的国内和国际政治、经济、文化与科学技术发展的需要，提高综合国力，增强在国际市场上的竞争力，加大在国际事务中的影响力，纷纷掀起了教育改革的浪潮。① 教育在世界政治、经济发展中的作用越来越被重视。1996年，联合国教科文

---

① 顾春、张会军主编：《中国素质教育实用全书》，开明出版社1997年版，第86页。

组织"国际21世纪教育委员会"在《教育——财富蕴藏其中》的报告中指出:"在近半个世纪里,世界经济有了空前的发展……这些进步,首先归功于经济进步的首要动力科学和教育。"[1] 并提出要以促进人类的发展的眼光重新定义教育。教育与科学技术和人力资源的开发的关系受到空前的重视。

20世纪80年代以来,随着改革开放的不断推进,中国社会也发生了翻天覆地的变化,教育也有较快速的发展。与世界接轨,提高国家综合国力,提高劳动者的素质,增强国家竞争力等问题成为国家、社会和教育发展的核心问题。1985年5月,邓小平在改革开放后的第一次全国教育工作会议上明确指出,劳动者的素质、知识分子的数量和质量决定着一个国家的综合国力。同年,中共中央颁发《关于教育体制改革的决定》,将"提高民族素质"作为这次教育体制改革的根本目的。通过教育提高"民族素质"的思想由此产生,这也成为以后"素质教育"的来源。

《关于教育体制改革的决定》颁发以后,党和国家十分重视提高劳动者的"素质"问题。党的十四大报告中就提出:"科技进步、经济繁荣和社会发展,从根本上说取决于提高劳动者的素质,培养大批人才。"报告从提高劳动者素质的角度,确立了教育优先发展的战略地位。党的十五大报告,又进一步强调了培养高素质劳动者和专门人才的重要性,再一次明确提出提高民族素质是教育改革和发展的根本目的。从这些报告可以看出,提高"劳动者素质"和"民族素质"成为国家和教育的主要任务。这些提法是从国际环境和国家综合国力的角度思考的。

20世纪90年代以后,关于提高"国民素质"的提法开始与"应试教育"对立起来,"国民素质"问题引起了人们的重视。1993年2月13日,中共中央、国务院发布了《中国教育改革和发展纲要》,指出:"中小学要从'应试教育'转向全面提高国民素质的轨道,面向全体学生,全面提高学生的思想道德、文化科学、劳动技能和身体心理素质,促进学生生

---

[1] 联合国教科文组织总部中文科译:《教育——财富蕴藏其中》,教育科学出版社1996年版,第55页。

动活泼地发展，办出各自的特色。"① 这实际上提出了国民素质教育的基本内涵，即面向全体学生，使全体学生得到全面发展。

从 1994 年到 1999 年，关于"素质教育"的提法开始密集起来，还出现了推行"素质教育"的实验。"素质教育"成为这一时期的"关键词"。1994 年 6 月，李岚清在全国教育工作会议上提出："基础教育必须从'应试教育'转到素质教育的轨道上来，全面贯彻教育方针，全面提高教育质量。"同年 8 月，《中共中央关于进一步加强和改进学校德育工作的若干意见》第一次正式在中央文件中使用了"素质教育"的概念。

1996 年 2 月，《人民教育》刊载了湖南汨罗大面积推行素质教育的报道，由国家教育委员会向全国推广。这是素质教育实践过程中的一个重要转折点，使改革试验从学校试点扩展为区域改革，为在全国全面实施素质教育奠定了广泛的基础。1996 年 3 月，八届全国人大四次会议通过的《中华人民共和国国民经济和社会发展"九五"计划和 2010 年远景目标纲要》强调指出，要"改革人才培养模式，由'应试教育'向全面素质教育转变"。1997 年 9 月，国家教育委员会在烟台召开了全国中小学素质教育经验交流会，李岚清出席了会议。这是在全国全面推进素质教育的标志性会议。1997 年 10 月，国家教育委员会制定了《关于当前积极推进中小学实施素质教育的若干意见》。

1998 年，李鹏和朱镕基在各自的政府报告中都提出要大力推进"素质教育"。1999 年，国务院批转教育部制定的《面向 21 世纪教育振兴行动计划》，提出了"跨世纪素质教育工程"，将"素质教育"的重心由办典型示范为主转向整体推进和制度创新为主，即"通过课程教材革新、评价制度改革和师资队伍建设，全面贯彻教育方针，办好高质量的教育，提高国民素质和民族创新能力"②。同年，中共中央、国务院发布《关于深化教育改革全面推进素质教育的决定》，发出全面推进"素质教育"的动员令，"素质教育"由此进入全面推进的阶段。

2001 年，教育部在《全国教育事业第十个五年计划》中总结了改革开放以来教育工作的进展情况，进一步提出要"坚持社会主义办学方向，

---

① 参见 http://www.lzsc.net/edu/2004/8—14/183210.html。
② 李岚清：《李岚清教育访谈录》，人民教育出版社 2003 年版，第 299 页。

全面推进素质教育，改进并加强德育和思想政治工作"，通过"建设高质量、高水平的教育，努力将沉重的人口负担转化为巨大的人力资源优势"。① 全面推进素质教育的工作仍在进行，在新的历史时期，素质教育被赋予了新的任务和新的目标。

2001 年 5 月，国务院印发了《关于基础教育改革与发展的决定》，对全面推进中小学素质教育进行了部署，并于 6 月召开了全国基础教育工作会议。《决定》要求加快构建符合素质教育要求的新的基础教育课程体系，深化教育教学改革，扎实推进素质教育。2002 年 11 月，江泽民同志在党的十六大报告中提出："坚持教育创新，深化教育改革，优化教育结构，合理配置教育资源，提高教育质量和管理水平，全面推进素质教育，造就数以亿计的高素质劳动者、数以千万计的专门人才和一大批拔尖创新人才。"2003 年 3 月，朱镕基在十届全国人大一次会议上做政府工作报告时强调，要继续加大对科技、教育的投入。深化教育体制改革，坚持教育创新，全面推进素质教育。加快发展各级各类教育，提高教育质量。2005年 1 月，教育部公布了 2005 年教育改革与发展的六项重点工作，其中之一是坚持"育人为本、德育为首"，全面推进素质教育。②

总之，从"素质教育"观念的提出到"素质教育"实践的推动，国家及教育部门是十分重视的，它反映了这一时期国际形势和中国社会的巨大变化对教育提出的新的要求。

（2）"素质教育"的含义。

理解"素质教育"首先应当认识"素质"的含义。我国学者从多方面对"素质"一词进行了研究，提出了许多有价值的观点。

有学者从心理学上对"素质"进行了分析。认为"素质"是指一个人与生俱来的生理解剖特点，主要是指人的感觉器官、运动器官和神经系统特别是大脑的结构和功能的发育水平和完善程度，其内涵较多地侧重于先天的生理性特征。先天的遗传素质是一个人的能力和性格形成和发展的自然前提和生理基础。

---

① 教育部《关于印发〈全国教育事业第十个五年计划〉的通知》（教发〔2001〕33 号）。
② 以上有关素质教育资料主要来自人民网——《中国素质教育大事记》，2005 年 11 月 3日。资料来源：http：//edu. people. com. cn/GB/1055/3826202. html。

　　还有学者从现实社会生活的角度认为，"素质"是指从事某一领域的社会实践或承担某种社会职责所必须具备的基本条件和发展潜力，如国民素质、民族素质、干部素质、领导素质、军事素质、教师素质、法官素质、警官素质、职工素质、专业素质和技术素质等。一般来说，各行各业、各种岗位在人才的选拔和使用上都有其特定的要求，都必须具备相应的基本条件和发展的潜力。

　　从教育学的角度，一些学者认为，"素质"主要侧重于人的社会属性，是指受教育者在其先天禀赋的基础上，在家庭、学校和社会的教育和影响下所形成的那些稳定的、基础性的、对其活动效率和未来发展能产生广泛影响的具有社会意义和特点的总和。诸如身体条件、智能发展、文化素养、政治理念、思想水平、心理视野、高层次心理结构（如世界观、人生观和价值观），及其在现实生活中所展现出来的生存能力、适应能力、承受挫折的能力、社会交往能力、应变能力、探索未知的能力、合作共事的能力等各方面的生理和心理特点及潜力，都属于素质的范畴。

　　总之，从不同角度对"素质"概念的分析可以看出，"素质"是儿童身心发展的最基本的品质和内在结构；是人类社会的历史文化、科学技术和行为规范内化于儿童和升华的结果；是儿童身心发展的质量和水平的标志。"素质"有一定的结构。良好的、个性化的素质结构是内在品质与外在环境相互作用、和谐发展的结果。从这个意义上说，"素质"是可以通过教育和训练来培养的。

　　关于"素质教育"，许多学者进行了大量的研究，从不同角度提出了自己的观点。

　　从发展人的基本品质的角度，有的学者指出，"素质教育"是"发展人的身心最基本品质的教育"①。

　　从提高民族素质的角度，有的学者认为，"素质教育"是以提高民族素质为宗旨的教育。它是依据《教育法》规定的国家教育方针，着眼于受教育者及社会长远发展的要求，以面向全体学生、全面提高学生的基本素质为根本宗旨，以注重培养受教育者的态度、能力、促进他们在德智体等方面生动、活泼、主动地发展为基本特征的教育。

---

① 顾明远主编：《教育大辞典》（下），上海教育出版社 1998 年版，第 1494 页。

从提高国民素质的角度，有人认为，"素质教育"就是全面贯彻党的教育方针，以提高国民素质为根本宗旨，以培养学生的创新精神和实践能力为重点，造就有理想、有道德、有文化、有纪律的德、智、体、美等全面发展的社会主义事业建设者和接班人的教育。

需要指出的是，人们对于"素质教育"的认识与前面对于"素质"的研究是密切相连的。素质教育在很大程度上是与人的内在品质、民族素质和国民素质相关的。也可以说，素质教育既与儿童的发展有关，也与社会的整体发展有关，是儿童发展与社会发展的统一，因此具有重要的意义。

关于素质教育，一些研究者还从素质教育的目标、思想基础，以及核心价值方面进行了研究，丰富了素质教育的内涵。

一些研究者指出，素质教育的目标在于提高劳动者素质、国民素质和民族素质。这就要求现实的教育从目标到模式实现三个方面的转变，即从单纯培养少数拔尖学生的教育，转变为提高全体学生的素质的教育；从单纯注重智育的教育，转变为注重德智体美等全面发展的教育；从片面追求为升学服务的教育，转变为社会主义现代化建设服务的教育。素质教育的基本特征是以人为本、全体性、全面性、整体性、基础性、普遍性、发展性等。

还有的学者从马克思关于人的全面发展学说出发论证了素质教育。这一观点认为，马克思关于"人的全面发展同教育有着密切的关系，教育是培养和造就全面发展的个人的重要途径"[①]的思想，提出了人的全面发展的基本观点，其主要内容是：人是在劳动基础上产生的社会化的高级动物，是社会历史活动的主体，具有主体性、自主性、社会性、高度创造性等基本属性。其中，主体性是人的本质的最高表现，而创造性是主体性的最高层次，是全面发展的人的根本特征和最高目标。由于人的创造性是一种潜在的素质，每个人都具有这种素质，若不被唤醒，它就会萎缩甚至泯灭；只有得到开发，人的创造性素质才能表现为现实的创造能力。

应当指出，这一观点的提出具有重要意义和价值。它所提出的主体性和创造性是人的本质的最高表现，创造性是主体性的最高层次的观点，不

---

① 黄济、王策三主编：《现代教育论》，人民教育出版社1996年版，第240页。

仅丰富了素质教育的内涵，还突出了素质教育的核心，即素质教育应在重视人的多方面素质的基础上把培养人的主体性和创造性放在重要的位置上。

20世纪后期，在我国的素质教育中开始把培养学生的主体性、创造性和实践性作为重点提出，成为这一时期素质教育发展的重要特色。国务院前副总理李岚清对素质教育的内涵也做过这样的解释。他说，素质教育是面向全体学生的教育，是促进学生全面发展的教育，是促进学生个性健康发展的教育。即素质教育要"坚持面向全体学生，为学生的全面发展创造相应的条件，依法保障适龄儿童和青少年学习的基本权利，尊重学生身心发展特点和教育规律，使学生生动活泼、积极主动地得到发展。"①这一思想是对素质教育思想的全面概括。

总之，素质教育是我国教育发展到新时期教育改革的最重要的内容之一。实施素质教育，就是全面贯彻党的教育方针，以提高国民素质为根本宗旨，以培养学生的创新精神和实践能力为重点，造就"有理想、有道德、有文化、有纪律"的德、智、体、美等全面发展的社会主义事业建设者和接班人。从学生的角度看，推进素质教育，要坚持三个统一，即使受教育者坚持学习科学文化与加强思想修养的统一，坚持学习书本知识与投身社会实践的统一，坚持实现自身价值与服务祖国人民的统一，坚持树立远大理想与进行艰苦奋斗的统一。②

（3）"素质教育"对中国学校教育的积极影响。

自从"素质教育"实施以来，中国学校教育已出现了可喜的变化。

从学校教育思想上看，"素质教育"将以知识为中心的学校教育转变为以学生为中心，体现了"以生为本"的思想。素质教育强调促进学生的全面发展，倡导以学生自身的经验组织教学内容，还学生以主体地位，以平等的师生观构建和谐的学习环境，关注学生的身心健康发展，关注学生的理性和非理性的发展，提供了学生宽松的发展空间。其实，这一变化是与整个世界社会和科技的发展密切相关的。我们知道，20世纪科学技术的迅猛发展，在给人们的生活带来了很大便利的同时，也在一定程度上

---

① 李岚清：《李岚清教育访谈录》，人民教育出版社2003年版，第303页。

② 同上。

使人物化成为科技产品的奴隶，科技理性成为教育的主宰，人文教育丧失，学生被降格为物品，而非有创造力的人。在学校教育中，师生关系紧张，构成一种教育与被教育的关系，学校教学忽视学生的个体差异性和各自的发展需求，最终必然失掉人性。素质教育的思想与西方文艺复兴时所倡导的人文主义教育思想有很多相似之处，将人重新带回到教育之中，体现了人文精神与科学精神的融合。在这种思想的指导下，学校改革课程结构和课程内容，使之更适合学生的发展需求；修订课程目标，注重通过教学培养学生的创造性、丰富学生的情感经验等；改革学校管理，贯穿着人性化的思想。随着时间的推移，教育理论仍然在快速发展，素质教育的思想正一步步走向成熟，对学校教育的影响也必然更加深入。

从学校教育实践上看，"素质教育"推动了学校课程改革的进程。课程改革是实施素质教育的关键环节。2000 年，我国掀起了新一轮的中小学课程设置、课程标准制定和教材编写工作。《基础教育课程改革纲要（试行）》中提出了 2000—2010 年全国基础教育课程改革的总目标，对学校课程结构、课程内容、教材、教学方法、教学评价方式、课程管理政策等做出了新的规定。具体为：改革过分注重课程传承知识的偏向，强调课程要促进每个学生身心发展，培养终身学习的愿望和能力；改革过分强调学科独立性，课程门类过多，缺乏整合的偏向，加强课程结构的综合性、弹性与多样性；改革过分强调学科体系的严密性，过分注重经典内容的倾向，加强课程内容与现代社会、科技发展及学生生活之间的联系；改革教材忽视地域与文化差异，脱离社会发展、科技发展与学生身心发展规律的倾向，深化教材多样化的改革，提高教材的科学性和适应性；改革教学过程中过分注重接受、记忆、模仿学习的倾向，倡导学生主动参与，交流、合作、探究等多种学习活动，改进学习方式，使学生真正成为学习的主人；改革评价考试过分偏重知识记忆，强调选拔与甄别功能的倾向，建立评价指标多元、评价方式多样，既关注结果，更加重视过程的评价体系；改革过于集中的课程管理政策，建立国家、地方、学校三级课程管理政策，提高课程适应性。《纲要》还要求课改要在邓小平教育理论特别是"教育要面向现代化，面向世界，面向未来"的方针指导下，全面贯彻党的十五大精神，认真落实《中共中央国务院关于深化教育改革　全面推进素质教育的决定》，构建一个开放的、充满生机的有中国特色社会主义基础教育课程体系。

此外，素质教育还推动了学校教学的改革。学校教育开始出现教学结果与教学过程并重、关注理性因素与非理性因素对学生的共同影响、教师指导与学生学会学习并重等趋势。

（4）素质教育与课程改革。

2000 年开始，我国启动了新一轮的包括中小学课程设置、课程标准制定和教材编写工作的课程改革。在这次改革中颁布的《基础教育课程改革纲要（试行）》① 中提出了 2000—2010 年全国基础教育课程改革的总目标，对学校课程结构、课程内容、教材、教学方法、教学评价方式、课程管理政策等做出了新的规定。新的课程体系涵盖幼儿教育、义务教育和普通高中教育。

课程改革总的目标是以邓小平同志关于"教育要面向现代化，面向世界，面向未来"和江泽民同志"三个代表"的重要思想为指导，全面贯彻党的教育方针，全面推进素质教育。新课程的培养目标应体现时代要求。要使学生具有爱国主义、集体主义精神，热爱社会主义，继承和发扬中华民族的优秀传统和革命传统；具有社会主义民主法制意识，遵守国家法律和社会公德；逐步形成正确的世界观、人生观、价值观；具有社会责任感，努力为人民服务；具有初步的创新精神、实践能力、科学和人文素养以及环境意识；具有适应终身学习的基础知识、基本技能和方法；具有健壮的体魄和良好的心理素质，养成健康的审美情趣和生活方式，成为有理想、有道德、有文化、有纪律的一代新人。

从总的目标可以看出，这一次的课程改革要全面贯彻党的教育方针，构建符合素质教育要求的新的基础教育课程体系。这一次的课程改革与推进素质教育是密切相关的，可以看作素质教育的继续。

一些研究者指出，这次课程改革的推行与我们多年来一直运行的课程体制存在突出的问题有关。现行的课程体系完成于工业经济时代。在工业经济时代，产品的生产和流通对于国家实力的增强、经济的繁荣具有最直接的意义。因此，学校教育的使命就是把受教育者培养成为合格

---

① 《基础教育课程改革纲要（试行）》，《中国教育报》2001 年 7 月 27 日第 2 版。

的生产者和消费者。工业生产的需要决定了学校教育课程的内容，而科学知识及其相关的技能对于工业生产的意义或价值则成为许多教育家关注的问题。

同时，工业经济对于"效率"和"管理"的崇拜又决定了学校教育必须以简约、规范的方式来传授知识。因此，建立在对知识加以分门别类基础之上的分科课程就成为课程结构最重要的特色。此外，各学科对于各自领域知识体系的"完整性""系统性""逻辑性""权威性"的追求，不仅造成了学科之间的森严壁垒，而且使教科书获得了至高无上的尊严。在课程实施的过程中，以教科书为载体知识便处于核心地位，成为制约教师和学生活动的依据；追求书本知识成为学校教育的主要目的。

现行课程体系反映的教育理念是：国家和社会发展集中地体现为经济的发展，因此，与生产有直接或间接关系的知识和技能的掌握，乃是学校课程体系应该追求的最高目标；同时，它也构成了人的"发展"的全部内涵。

现行课程体系表现出了下面一些特征：对于书本知识的热衷追求使学生的学习负担和厌学情绪不断加重；学生为考试而学、教师为考试而教，学科为考试而设，这些形成了我国教育中被广为诟病的"应试教育"。

显然，从实施"素质教育"角度来看，如果不根治我国基础教育课程体系现存的应试教育的弊端，素质教育就不能推行。

这次基础教育课程改革的具体目标有六个方面。

一是改变课程过于注重知识传授的倾向，强调形成积极主动的学习态度，使获得基础知识与基本技能的过程同时成为学会学习和形成正确价值观的过程。

二是改变课程结构过于强调学科本位、科目过多和缺乏整合的现状，整体设置九年一贯制的课程门类和课时比例，并设置综合课程，以适应不同地区和学生发展的需求，体现课程结构的均衡性、综合性和选择性。

三是改变课程内容"难、繁、偏、旧"和过于注重书本知识的现状，加强课程内容与学生生活以及现代社会和科技发展的联系，关注学生的学习兴趣和经验，精选终身学习必备的基础知识和技能。

四是改变课程实施过于强调接受学习、死记硬背、机械训练的现状，倡导学生主动参与、乐于探究、勤于动手，培养学生搜集和处理信息的能力、获取新知识的能力、分析和解决问题的能力以及交流与合作的能力。

五是改变课程评价过分强调甄别与选拔的功能，发挥评价促进学生发展、教师提高和改进教学实践的功能。

六是改变课程管理过于集中的状况，实行国家、地方、学校三级课程管理，增强课程对地方、学校及学生的适应性。

新的课程改革根据基础教育不同阶段的教育任务提出了具体的课程设置。

要求小学阶段以综合课程为主。小学低年级开设品德与生活、语文、数学、体育、艺术（或音乐、美术）等课程；小学中高年级开设品德与社会、语文、数学、科学、外语、综合实践活动、体育、艺术（或音乐、美术）等课程。

初中阶段设置分科与综合相结合的课程，主要包括思想品德、语文、数学、外语、科学（或物理、化学、生物）、历史与社会（或历史、地理）、体育与健康、艺术（或音乐、美术）以及综合实践活动。积极倡导各地选择综合课程。学校应努力创造条件开设选修课程。在义务教育阶段的语文、艺术、美术课中要加强写字教学。

高中以分科课程为主。为使学生在普遍达到基本要求的前提下实现有个性的发展，课程标准应有不同水平的要求，在开设必修课的同时，设置丰富多样的选修课程，开设技术类课程。积极试行学分制管理。

同时《基础教育课程改革纲要（试行）》规定，从小学至高中设置综合实践活动并作为必修课程，其内容主要包括：信息技术教育、研究性学习、社区服务与社会实践以及劳动与技术教育。强调学生通过实践，增强探究和创新意识，学习科学研究的方法，发展综合运用知识的能力。增进学校与社会的密切联系，培养学生的社会责任感。在课程的实施过程中，加强信息技术教育，培养学生利用信息技术的意识和能力。了解必要的通用技术和职业分工，形成初步技术能力。

农村中学课程要为当地社会经济发展服务，在达到国家课程基本要求的同时，可根据现代农业发展和农村产业结构的调整因地制宜地设置符合当地需要的课程，深化"农科教相结合"和"三教统筹"等项改革，试行通过"绿色证书"教育及其他技术培训获得"双证"的做法。城市普通中学也要逐步开设职业技术课程。

为了保证课程改革的顺利进行，《基础教育课程改革纲要（试行）》还做出了一些具体规定。

在课程标准方面，要按照不同阶段教育的特点制定相应的国家课程标准，对不同阶段的学生在知识与技能、过程与方法、情感态度与价值观等方面提出基本要求。如义务教育课程标准应适应普及义务教育的要求，让绝大多数学生经过努力都能够达到，体现国家对公民素质的基本要求，着眼于培养学生终身学习的愿望和能力。

在教学过程方面，要求教师在教学过程中应与学生积极互动、共同发展，要处理好传授知识与培养能力的关系，注重培养学生的独立性和自主性，引导学生质疑、调查、探究，在实践中学习，促进学生在教师指导下主动地、富有个性地学习。教师应尊重学生的人格，关注个体差异，满足不同学生的学习需要，创设能引导学生主动参与的教育环境，激发学生的学习积极性，培养学生掌握和运用知识的态度和能力，使每个学生都能得到充分的发展。

在教材开发和管理方面，应有利于引导学生利用已有的知识与经验，主动探索知识的发生与发展，同时也应有利于教师创造性地进行教学。教材内容的选择应符合课程标准的要求，体现学生身心发展特点，反映社会、政治、经济、科技的发展需求；教材内容的组织应多样、生动，有利于学生探究，并提出观察、实验、操作、调查、讨论的建议。同时要积极开发并合理利用校内外各种课程资源。学校应充分发挥图书馆、实验室、专用教室及各类教学设施和实践基地的作用；广泛利用校外的图书馆、博物馆、展览馆、科技馆、工厂、农村、部队和科研院所等各种社会资源以及丰富的自然资源；积极利用并开发信息化课程资源。

在课程评价方面，建立三个评价体系。一是建立促进学生全面发展的评价体系。评价不仅要关注学生的学业成绩，而且要发现和发展学生多方面的潜能，了解学生发展中的需求，帮助学生认识自我，建立自信。发挥评价的教育功能，促进学生在原有水平上的发展。二是建立促进教师不断提高的评价体系。强调教师对自己教学行为的分析与反思，建立以教师自评为主，校长、教师、学生、家长共同参与的评价制度，使教师从多种渠道获得信息，不断提高教学水平。三是建立促进课程不断发展的评价体系。周期性地对学校课程执行的情况、课程实施中的问题进行分析评估，调整课程内容、改进教学管理，形成课程不断革新的机制。同时，继续改革和完善考试制度。

在课程管理方面，为保障和促进课程对不同地区、学校、学生的要求，新的课程改革实行国家、地方和学校三级课程管理。教育部、省级教育行政部门和学校按照分工有不同的任务。

在教师的培养方面，要求师范院校和其他承担基础教育师资培养和培训任务的高等学校和培训机构，以及地方教育行政部门按照分工对教师进行不同的培训和管理。

另外，《基础教育课程改革纲要（试行）》还提出了课程改革的组织与实施的问题，强调教育部和各省区市要加强对课程的领导和管理，各地区要建立课程改革实验区，建立"基础教育课程研究中心"，建立课程教材持续发展的保障机制等。

总之，这次课程改革分为两个阶段实施：2000—2005 年，完成新课程体系的制定、实验和修订；2005—2010 年，逐步在全国全面推行新课程体系。目前，各地区已经进入实验全面推行的阶段。

（5）"素质教育"的实施与学校教育的困境。

应当指出，新的课程改革对"应试教育"来说应该是一次极大的冲击。因为，这次课程改革提出，高等学校招生考试制度改革应与基础教育课程改革相衔接；要按照有助于高等学校选拔人才、有助于中学实施素质教育、有助于扩大高等学校办学自主权的原则，加强对学生能力和素质的考查，改革高等学校招生考试内容，探索提供多次机会、双向选择、综合评价的考试、选拔方式。同时，考试命题要依据课程标准，杜绝设置偏题、怪题的现象。教师应对每位学生的考试情况做出具体的分析指导，不得公布学生考试成绩并按考试成绩排列名次，等等。

从新课程改革的主导思想来看，我国基础教育改革所坚持的素质教育与"应试教育"在理念上和方式上是相互对立和排斥的。素质教育关注人性的存在和发展，是一种着眼于人的长远利益的教育；应试教育则是一种急功近利、目光短浅的教育。因此，可以说素质教育应是中国学校教育改革的首选。

　　但是，目前的现实的问题是，既然素质教育非常重要，为什么在现在的学校教育发展中影响有限，应试教育在学校教育中仍有很大的市场；为什么素质教育还不能完全取代应试教育，或者与其平起平坐；当前学校教育的改革和发展真是离不开应试教育吗；在现实学校教育中，果真是"近期靠应试教育，长期靠素质教育"吗？有人说，现实应试教育的存在有其合理的基础，因为高考还存在。而且就目前来说，高考仍然是体现教育公平的一种最有效的手段。还有人认为，应试能力也是一种素质，它也是人的成长发展中所必需的过程，因此应试教育与素质教育并不矛盾。这些说法看似有道理，但经不起推敲。

　　很多人都认为"分数面前人人平等"的高校招生制度相对来说是比较公平的。但是我们为了这种所谓的"公平"付出的代价也是非常巨大的，许多人的自由和和谐发展被大量的考试牺牲掉了。为了在高考中尽可能地得高分，许多学生不惜压抑自己的兴趣和爱好，花成倍的时间和精力去钻研自己不喜欢、不擅长的学科，结果是把学习变成了苦不堪言的差事。同时，为了取得好的成绩，学校大考小考的排队分等，使学校变成一个提前给失败者贴标签的场所，进而导致学生的厌学和惧学，导致学生的内心畸形和人格扭曲。另外，由于各地教育资源的不平衡，也给这貌似公平的高考制度打上了问号。其中"高考移民"现象就是这种高考制度的产物。许多学生由于本地优质教育资源的紧缺和高考竞争的压力，不得不"移民"到别的高考竞争压力相对较小、优质教育资源相对充足的地区。应当说这些学生是没有错的，他们也应有接受好的教育的权利。问题恰恰是高考制度本身，统一的制度和不平衡的教育资源，使得一些人为了获取利益的最大化而不惜采用各种手段。这种恶性的竞争对于学生发展和教育的健康发展都是不利的。

　　尽管目前我们还没有一种更好的方法来取代高考，但是高考也正在向着与素质教育结合进行一些新的改革。如在高考出题方面尽量减少机械记忆的比重，增加启发思考的内容；增加综合知识的考试，注重学生多方面素质的考核，等等。高考的这些变化实际上对中小学的教育改革已经产生了一定的影响。另外也在考评学生的方式方面进行一定的探索，如把学生在中学学习期间的评定与高考结合进行等。但是这些还不够，还应当采取更有力的措施，如现在有学者①对高中文理分科的设置提出批评。还有些学者认为，高中文理分科是为高考进行设置的，实际上造成了"半个人"的现象。

当然，一些人把应试的能力与素质教育混为一谈，把应试教育与素质教育捆绑起来，更是为应试教育的"合理"存在寻找借口和提供方便。应当指出，应试教育之所以大行其道，素质教育遭遇尴尬，在很大程度上与我们社会人才评价的标准、学校追求的目标，以及一定地方部门的经济利益有关。

从社会的人才评价上看，社会对人才的评价标准存在不合理的地方，在对人才的评价和选拔上，存在严重的"唯学历论"倾向。许多用人单位只靠文凭选人，人才市场上很多单位挂起"专科免谈"的牌子，公务员招考、企业招聘动辄要求本科生、硕士生甚至博士生，低学历的学生毕业后明显感觉"低人一等"。而努力读书取得高分数是获得文凭的必经之路，所以，在"以分数论英雄""唯学历论"的社会环境中，在中国目前严峻的就业形势下，学生和家长只有千军万马去挤独木桥，加入"分数大战""文凭大战"的行列。

从学校自身来看，学校过分关心学生的学业成绩也是导致素质教育不被重视的原因。学校是培养人才的地方，学生的发展毫无疑问应当是衡量学校教育质量首要的、最直接的指标。然而，现在许多学校只关注学生的学业，其中最重要的指标就是升学率。校长和老师关注升学率，背后的实质是关注自己的政绩和业绩。也就是说，学校和教师的业绩是建立在学生的学业成绩的基础上的。

从"素质教育"和"应试教育"的推行来看，权力都在政府机关，但是不同的利益其结果是不同的。"素质教育"之所以推行不利，在很大

---

① 2008年11月29日，由国家外国专家局等主办的"国际人才高峰论坛"在深圳召开，全国人大常委会委员、民进中央副主席朱永新做了《人才培育与教育创新》的演讲，炮轰我国现行教育中的三大"病症"。朱永新批评现行中学的文理分科。认为文理分科降低了民族的整体素质。因为过早的文理分科以后，理科的学习不再学历史、学地理，不再与伟大的思想家对话，那么科学家的人文情怀就有问题，对中国问题、对人类问题、对民族文化的关系、环境污染问题等等就会很少关注。他建议教育部立即组织专家进行取消高中与高考文理分科的论证。资料来源：《广州日报》2008年12月1日，http://www.zzdnews.com/tyjy/200812/18513.html。

程度上，是推行"应试教育"的利益远远大于推行"素质教育"的利益。由于都是行政权力所为，抓"应试教育"比较实在，而抓"素质教育"就比较虚。结果"素质教育"成为"应试教育"的累赘，"素质教育"变成了仅供上级检查、评比用的花瓶。

当然，从"素质教育"的推行来看，也存在一定问题。我们知道，"素质教育"提出至今已有二十年了，但是应试教育的势力依然很强。如果从"素质教育"本身来分析，有许多原因，其中一个重要原因是各级政府推行的力度不够，许多政府没有尽到应尽的责任。推行"素质教育"，政府是主体，肩负着主要的责任。《中共中央国务院关于深化教育改革全面推进素质教育的决定》提出："全面推进素质教育，必须切实加强党和政府的领导。……全面推进素质教育是党和政府的重要职责，各级领导干部要转变观念，充分认识素质教育的重要性和紧迫性，把思想统一到中央的决定上来，认真贯彻落实。"[1] 许多学校在"应试教育"影响下缺乏自觉性。"素质教育"表面上轰轰烈烈，实际上冷冷清清。推进"素质教育"步履艰难，基础教育还没有摆脱"应试教育"的惯性和影响。

但是，尽管这样，"素质教育"仍在与"应试教育"的抗争中前行，其中山东省率先走出了重要的一步。2007年底，山东教育部门在全省各地、市、县做了近一年调研，得出的结论是："素质教育"必须从应试倾向最严重的高中阶段开始突破。在他们看来，高中教育是国民"素质教育"加升学教育，最重要的还是国民素质教育。高中阶段正是一个人的价值观和职业倾向形成的重要阶段，这时候推进"素质教育"，有助于学生找到自己的人生定位。但在"应试教育"条件下，学生只能把目标定位于考大学，由此，几乎所有的高中都办成了应考这一个模式，既不能做到因材施教，也不能发挥高中教育应该起到的人才分流的作用，即一部分人进入普通高等教育，一部分进入职业高等教育。

为此，2007年底2008年初，山东省教育厅陆续下发了许多重要文件，[2] 包括：《山东省教育厅关于深化基础教育课程改革全面提高教育质量的意见》（2008年1月3日）；山东省教育厅《关于印发〈山东省普通

---

[1]　参见：http：//www. pcedu. gov. cn/News_ view. asp？ID = 1207。

[2]　参见：http：//blog. tianya. cn/blogger/post_ show. asp？BlogID = 1052112&PostID = 12995968。

中小学课程实施水平评价方案（试行）〉的通知》（2008 年 1 月 15 日）；
山东省教育厅《关于认真学习贯彻〈山东省普通中小学管理基本规范
（试行）〉的通知》（2008 年 1 月 3 日）；山东省教育厅《关于印发〈山东
省普通中小学管理基本规范（试行）〉的通知》（2007 年 12 月 20 日）；
山东省教育厅《关于印发〈山东省普通中小学学籍管理规定（试行）〉的
通知》（2007 年 12 月 28 日）；《山东省教育厅关于规范普通高中招生行为
有关问题的通知》（2007 年 5 月 15 日）；《山东省教育厅关于建立基础教
育质量监测制度的意见》（2008 年 1 月 9 日）等。其中的《山东省普通中
小学管理基本规范（试行）》，被认为是山东素质教育规范的法规性文件。
该规范在"教学管理"上规定，"落实课程标准，按照国家规定的教育教
学内容和课程设置开展教学活动，不随意增减课程和课时。开展好技术、
艺术、体育与健康、综合实践活动四个领域的教育教学工作。在高中教育
方面规定，要建立学生选课制度，为学生自主选课提供科学指导。高中指
导学生选择发展方向不早于第二学年末，尊重、保障学生通过选择课程实
现选择发展方向和发展水平的权利，不强迫学生选择文、理或艺、体发展
方向。"

　　山东"素质教育"的新一轮的推动，在省内乃至全国范围内引起巨
大反响，被认为是向"素质教育"，尤其是高中的"素质教育"迈出了重
要的一步。目前这一改革仍在进行，当然会有许多阻力，但我们相信只要
方向明确，措施得当，"素质教育"一定会迎来明媚的春天。我们正关注
这一改革的进展。

　　3. "人性化"教育与"素质教育"

　　（1）"人性化"教育思潮的产生。

　　人性化思想古已有之，在古希腊主要表现为对个性的弘扬；在古代中
国则表现为对人本精神的尊重。中世纪时这一思想受到宗教神学的压抑。
文艺复兴时期，古希腊人文精神重获新生，它反对宗教神学，提倡思想解
放和个性自由发展，对西方社会各个方面产生重要影响。以后西方人文主
义教育发展起来，并成为西方教育的重要传统。不过，自 17、18 世纪以
来，随着西方工业和科学技术的发展，科学主义教育出现并逐渐成为占统
治地位的教育思潮，文艺复兴形成的人文主义思想和教育开始受到轻视和
压制，人的个性与主体性逐渐丧失。第一次世界大战以后，随着战争给社

会和人们带来的破坏和痛苦，人们开始反思以理性为基础的科技的发展对社会的影响，要求关注人的生存问题和人性问题。这一时期，西方教育家也开始将目光转向对人与社会现实问题的探索，教育与人的存在、与人类生存的关系成为研究的中心。这样，人本主义教育思潮又重新引起人们的重视。应当指出，现代人本主义教育思潮是对文艺复兴后人文主义教育的继承和发展，它吸收了人文主义教育"推崇人性，反对神性"的思想，抛弃了人文主义教育所倡导的理性传统，它与非理性主义结合，为人们观察与认识教育问题开辟了一个新的视角。

20 世纪 70 年代，在西方社会，基于科学主义教育思想之上的功利化、理智化和机械化的思潮的影响，学校教育出现了一系列青少年厌学、犯罪、吸毒、精神颓废等问题，引起社会的广泛关注。这一现象也使得人本主义教育对科学主义教育展开了全面批判。"学校教育人性化"成为这一时期西方教育的重要口号，"人性化"教育深深地影响了西方现代学校教育的改革。

受整个国际教育环境的影响，"人性化教育"也成为思考我国"素质教育"的一个重要维度。我们知道，人的发展一直是"素质教育"的重要内容，促进全体学生的全面发展不仅是"素质教育"的基本理念，也体现了一种平等的人性关怀。"人性化"教育不仅强调以人为本，促进学生的全面发展，更关注学校教育对学生生存和生活状态的积极影响，从各个方面体现了"以学生为中心"的思想。随着时代的变迁和国际教育的发展，"人性化"教育，已经成为我国新一轮"素质教育"和学校教育改革的价值取向。

与此同时，我国社会政治和经济的改革也提供了重视"人性化"的社会环境，如公检法在审理和判案过程中对待犯罪嫌疑人的态度及人性化管理的变化、社会管理的"人性化"的政策变化等，都为我国"学校教育人性化"的实践提供了重要条件。社会人性化，是以"人本"和"民生"为立足点的，其目的是实现社会发展与个人需要的统一，使个人获得最大价值，获得最大物质享受与精神解放，实现个人自由发展，最终实现整个社会的进步和发展。

将"人性化"作为学校教育管理的指导思想，对于推进学校的素质教育，推进教育教学改革具有重要的意义。在这种思想指导下，学校需要一个新型的、和谐的师生关系；在发挥教师主导作用的同时，学校更应注重"因材施教"，发挥学生的积极性和主动性，形成"以人为本""以学生为本"的氛围；在学校里，学生的心理素质、性格脾性、兴趣爱好、身体健康等都应当受到管理者和教师的关注。在这种思想指导下，学校管理更趋于人性化，其集中表现为：学校硬件建设和软件管理融入了人性化的思考；学校规章制度不再以惩戒为主，充分体现了对学生的保护与帮助；学校鼓励学生参与到学校事务中来，搭建学校与学生之间的沟通桥梁，使学校的发展有一个良性的循环，使学生的成长有一个健康和良好的环境。

（2）"人性化"教育与"素质教育"的关系。

随着社会主义主体精神的确立，应试教育逐步走向衰落。尽管"素质教育"发展阻力重重，但是随着"人性化"教育被社会的广泛接受，应试教育一定会被取而代之。因为"素质教育"所具备的"人性化"内涵将对应试教育形成很大的冲击力。

"人性化"教育就是尊重、关怀学生的人性，提倡人文精神，更利于学生的全面而自由的发展。"人性化"教育是建立在对受教育者个性充分尊重的基础上的，它体现出对教育对象人格的尊重与关怀。正像我们前面所指出的，"人性化"教育要求教育工作者在进行教育活动时，要从学生的需要出发，观察和分析他们的行为，针对不同学生的不同需要和满足需要的不同行为，分别进行分析和引导，并充分调动和发挥学生的主观能动性，促使他们创造、提升需要，并创造、利用条件使自己的需要得到合理满足，从而在学生需要满足的基础上，促进他们全面发展。"人性化"教育必定是尊重多样性的教育，承认学生的差异性和独特性。当前，学校教育改革正在彰显人性化的要求，推动学校向更深层次进行改革。

我们欣喜地看到，在一些城市和发达地区，这一改革已经初见成效。在一些学校，"人性化"的制度和措施相继出台，突出表现为学校制度安排和日常管理规章开始以"学生"为本，尊重学生作为"人"所应享有的一切权利，为学生身心的健康发展创造和谐、宽松的环境。一些学校设立学生校长助理，由学生民主选举产生，充当广大学生的代言人；在一些学校的校园，悦耳的、富有个性的音乐铃声取代了千篇一律的、单调的上下课铃声；一些学校的校园，把墙壁装饰成生态墙，赋予墙壁以生命，让每一面墙壁都会"说话"。学校教学方面也有新的变化，如一些教师改进教学评价方式，学生成绩单上的评语不再是生硬、枯燥的语言，而采用第二人称的口吻，对学生的成长给以生动的描述，细致地反映学生的变化，令学生备感亲切。这些看似细微的变化，在一定程度上反映了学校在人性化教育上所取得的成绩。

应当指出，人性化教育与"素质教育"关系密切，人性化教育是"素质教育"的核心内容。"素质教育"的根本目的是培养"人"，因此，教育过程就必须"以人为本"，尊重人性。任何简单粗暴的教育方式，单一标准的评价体系都谈不上人性化，也达不到"素质教育"的目的。真正的"素质教育"一定是尊重人性、倡导人性和激发人性的教育。从这个意义上说，人性化的教育又是"素质教育"的高级形式，它必将成为学校教育改革的方向。学校教育只有朝着人性化的方向发展，才是对"素质教育"的正确理解与贯彻。

（3）"人性化"为核心的"素质教育"：学校教育改革的未来选择。

需要指出的是，由于长期以来我们在提倡"素质教育"时，往往是把"素质教育"放在与"应试教育"的比较和对"应试教育"的批判中进行的，同时比较注重对"素质教育"各个成分，包括各种素质的分析，这样往往把"素质教育"中最核心的部分，即对人和人性的尊重忽略了。结果出现了"应试"也是一种素质的情况，弱化了对"应试教育"批判的力度。从这个意义上说，作为"素质教育"的核心内容，"人性化"教育不应只是个口号，而应该渗透到学校教育的方方面面。

总之，中国学校教育改革未来选择需要考虑的是，应当继续坚持"素质教育"的发展方向，把人性化教育作为"素质教育"的重要内容，走人性化的"素质教育"道路，从学校的类型、办学的主体、学校的管理、课程的设置、学校教育的评价、学校与社会的关系等方面进行深入的研究，为学校和学生的健康发展创造良好的环境。

4. 小结

改革开放以来，我国现代学校教育逐渐与社会主义经济接轨，与世界接轨。为了适应社会经济的发展需求，我国对学校长期存在且牢固生长的"应试教育"进行了全面的批判与改革。在"素质教育"的全面推进过程中，我国不断吸取国外教育改革的经验，紧跟国际教育发展的步伐，掀起了一次次学校教育改革的浪潮，开创了我国学校教育的新局面。"素质教育"的观念已经深入人心，"人性化"教育在许多学校中开始出现，但是由于各种历史及现实原因，"应试教育"的负面影响仍然存在。"素质教育"观念在学校乃至全社会有待进一步深化，"人性化"教育思潮的出现正是对这一要求的积极反应。从教学内容到教学组织形式，从教育理念到教学实践活动，从教育制度到教学计划，从教学方法到教育评价等都应该做出相应的改革和调整，遵循人性化原则，使教育沿着人性化的方向发展，这样才有利于为国家培养出适应 21 世纪发展需要的建设者和接班人，培养出更多的在未来世界竞争舞台上能够大显身手的人。

第四章

美国学校教育的特征

现代的美国学校教育主要指与其文化教育传统有一定联系，反映美国现代教育特征的一定的教育形式。在本章里，我们将对美国学校教育的设计，美国学校教育的社会、文化基础和学校结构，以及美国学校教育的主要特征进行分析。

第一节　美国学校教育的社会基础

美国的学校教育是以个人主义为中心来设计的。它继承了西方重视个人价值的文化传统，也是对美国社会现实的反映，具有与东方国家和文化明显不同的特点。认识美国学校教育主要从两个方面，社会和文化基础，以及学校结构进行把握。

一　美国学校教育的社会基础

美国，全称美利坚合众国，位于北美洲南部，面积为 93.726 万平方公里，是一个经济和文化高度发达的国家。美国人口约为 2.6 亿，居民中 80% 为白种人，是一个由世界各地的移民及其后裔和当地印第安人组成的多民族的国家。这样一个社会构成了美国社会"一大、二杂、三多元"，即国家大，人种杂，思想意识和生活方式的高度多元化的特征。① 但从其历史发展和其现实情况看，这些特点又是与其开放性、分权制和不平衡的

① 段连城：《美国人与中国人》，新世界出版社 1993 年版，第 50 页。

特征相联系的。

美国最初是一个由移民组成的国家。"除印第安人以外，其余都是移民。"① 这些来自欧洲、非洲、亚洲等国的移民在寻求自我发展的过程中，共同开发美国，建设美国，为美国的形成和发展做出了自己的贡献。在这个过程中，不同的民族，不同的种族相互合作和学习，促进了多民族文化的融合，促进了美国社会开放和多样性的发展。在 1776 年建国以后，美国摆脱了欧洲资本主义国家提供的发展资本主义的现成模式，按照自己的特点，走出了一条有特色的道路，成为一个经济发达的国家。也正是由于开放性和多样性的特点，美国又形成了管理上的"小政府，大社会"的特征。即美国在政治上实行联邦制，联邦和各州均按宪法实行分权。联邦政府除制定和执行法律和法规之外，只能在权力范围和法律允许的范围内行使职权，社会总体运行主要是在市场机制自由运行的基础上依法进行。从管理上看，尽管联邦政府的作用有限，但由于严格依法办事，社会总体的运行尚处于有序的状态。也正是美国社会的这个特点，再加上美国以市场为主导的市场经济的推动，形成了美国社会"两头小，中间大"的特点：一个贫富悬殊的社会。10% 的富有阶层占有了全社会的 40% 以上的财富，社会的发展极不平衡。美国是资本主义世界中有着最富的阶层，也有着最穷的阶层的国家。美国社会的这一特征对各州各学区的学校教育管理具有重要的影响。

从实际效果看，"小政府、大社会"的模式使得美国社会在管理上行政干预比较少，许多问题的解决，包括学校教育问题的解决，更多是依靠市场机制的运作。这样的好处是可以允许各个方面和领域有创新和机制有活力，但也存在一定风险，即如果某方面的监管没有到位，可能会产生许多负面的作用。②

美国社会的这一特点反映了美国社会多元化的价值观。在美国这样一个特定的社会环境里，不同的民族，不同的文化，相互融合和吸收，创造了美国人的一种独立、进取和变革求新的精神。在这种精神指导下，美国

---

① 段连城：《美国人与中国人》，新世界出版社 1993 年版，第 50 页。
② 如 2008 年下半年由美国"次级住房贷款"引起的席卷全球的金融海啸，一个突出问题就是管理层缺乏对金融衍生品的严格监管，导致金融秩序的混乱。

人有很强的适应能力和进取精神。他们一般不迷信权威和崇拜权威，不屈服传统观念，也不拒绝外来文化。他们在各种领域内都喜欢标新立异。既不怕别人非议，也不担心个人的失败。他们既不恋旧，也不寄希望于未来，而是强调时间和效率，注重现在和眼前。大部分美国人的信条是"忘记过去，把握现在，不问将来"，不断追求创新，为自身的利益而奋斗。

美国社会多元化的特点，产生了两方面的作用。一方面是有力地促进了美国社会各个方面的发展，使美国在较短的时间内成为世界范围内一个政治、经济、文化有着重要影响的超级大国；也形成了一种有利于学校和儿童发展的宽松的环境。但另一方面，国家的强盛又使得美国文化的发展进入了一个相对保守和僵化的阶段。有学者指出，美国文化的发展没有经历一些国家在文化的发展上需要面对自己的传统文化的问题。美国文化一开始就是早期资本主义的开拓型的文化。随着美国资本主义制度的不断巩固和稳定，随着美国在世界上的影响不断加强，美国早期所倡导的民主的和开放的文化，逐步为保守的和僵化的文化所代替。其主要标志就是：美国社会的发展越来越信奉自己的或适合自己标准的文化，并强行推行这种文化。而对不利于自己或不适合自己的文化，则采取一概反对或打压的政策。美国文化上坚持的这种双重标准和政策，是其文化霸权主义发展的必然结果，已引起了许多国家的反对。

受美国社会发展特点的影响，美国的学校教育非常强调平等和自由的观念。教育的平等意味着每一儿童应平等地获取教育机会和通过教育获取平等的生活机会；教育的自由意味着作为儿童有自主选择一定学校和课程的自由。当然，在美国，教育的平等更多是强调学习机会的均等。学习机会的均等主要是通过多层次的教育提供多层次的机会实现的。而教育的自由又是与教育发展所提供的机会相联系的。由于美国教育的发达，美国人的学习机会是非常多的，这又提供了美国人选择教育的自由。从目前来看，尽管美国学校教育存在许多问题，但强调教育的普及和人人机会均等作为美国教育所追求的目标又是有一定意义的。这一价值目标的提出，对于保护个人的受教育权利，鼓励个人不断进取和奋斗，实现自身的价值是有利的。同时它也锻炼了儿童适应社会，独立生存的能力，这从整体上培养了美国儿童创新进取的精神。

二 美国学校教育的文化基础

分析美国学校教育的文化基础，目的是为了认识影响美国学校教育的主要文化价值观念，包括个人主义文化、实用主义、多元主义和互利文化。这些文化对于美国学校教育哲学、学校价值观念产生了重要的影响。

1. 个人主义文化

个人主义是现代美国社会政治生活和社会生活核心的东西，也是美国学校教育的基础。从历史和现实看，美国个人的一切价值、权利和义务都来自个人主义。正像《心灵的习性》的作者，美国的罗伯特·贝拉所指出的那样，"放弃个人主义就等于放弃我们最深刻的本质"。在美国，个人主义不仅仅是被看作一种个人利己主义，而是被看作一种政治和社会哲学。个人主义高度重视个人的自由，广泛强调自我控制和自我负责，反对外来的强制性约束。因而，从广义上说，个人主义就是相信每个人都应具有价值，都应按其本人的意愿和表现来对待。即我相信我的个人主义，也尊重你的个人主义。对于美国的个人主义，有许多学者都进行了比较深入的研究。

一是个人权利至上。这是美国历史发展的结果。美国的《独立宣言》（1776）就表明，个人的生命的权利、自由的权利和追求幸福的权利受到保障。当任何形式的政府破坏这些权利时，人们就有权改变政府建立新的政府。这实际上是"社会契约论"的反映。1791年，美国政府又通过了《权利法案》，更明确地保证个人的各种自由和权利。由于强调个人的自由和权利至上，因而，美国人对于政府的权威不是轻易地迷信和盲目地服从。而是认为，最好是没有政府，但又不能没有，政府的主要责任应是管理大家的事情，为大家服务，给人以彻底的自由。于是，在美国社会，人们就形成了"个人—家庭—团体—国家"的由大到小的价值观的排列顺序。由于持有这样的信念，美国人从小就十分关注自己的利益，关注自己的隐私。儿童在学校也常常被鼓励根据自己的利益做出决定，学会用自己的价值观去观察世界，通过自己的思考、自己的判断和自己的选择来解决问题，而不是盲目地服从权威和传统。

　　二是强调人与人不同，注重自我表现。在美国，人们很注重个人特点，维护自己的独特个性。美国人的信条是："我就是我，你就是你，我不是你，你不是我。"① 要想与人不同，就必须自信。自信自己是独一无二的，想做什么就能做成什么。同时，还要自立，自我依靠。要么依靠自己，要么被逐出人类。在他们看来，通过个人自立和奋斗取得成就是一种美德。强调个人自立就意味着不能依赖别人，不能依赖父母，自己必须独立生活，掌握自己的命运。反之，则会遭到鄙视。而要自信和自立，就要进行自我训练，自我完善，最后达到自我实现。正是这样一种环境和要求，使得美国学生在学校里注重表现自己，很少顾及周围人的议论，并把自谦看成是无能的表现。做什么事一般不说"No"，而是说"Let me try"。反映在美国学校教育上就是鼓励儿童的个性特征和发挥主动性，并且把它与社会重视个人的奋斗和个人的成就联系在一起。因为，在美国社会，衡量一个人的能力大小，主要是看他工作的成就和表现。

　　三是重视个人平等和竞争。平等是美国社会中的一个重要的价值观，在"法律面前，人人平等"是美国宪法中最重要的思想。但实际中，这种平等只是形式上的平等。例如，美国人非常重视在美元面前的人人平等。另外，这种平等也不是经济平等。经济领域涉及财产的自由权，不能强行要求平等。强行地拿一部分人的钱去给另一部分人是不合适的。因而，在美国，平等的观念更多的是与自由和竞争联系在一起的。平等只是"起跑线上的平等"，即"机会平等"。这种"平等"的观念体现在学校里就是应创造条件，给每个儿童受教育的机会，尽量使每个人能平等地接受教育，学成以后去参与竞争。至于在竞争中能否获胜则凭自己的本事和运气。因而，美国人也承认这种竞争后的不平等。在他们看来，竞争是促进社会进步的动力。由于在竞争中，人人都要努力，不甘落后，因而，人的能力和水平或商品的质量都会提高，其结果对社会来讲都是有利的。当然，美国人所强调的"公平竞争"，实际上很难达到，因为，竞争者在起点上条件就已经不平等，竞争以后又以自己取胜为主，结果只能导致社会各种问题的产生和加剧。

　　总之，美国的个人主义文化是适应美国社会发展的必然选择，对于美

---

① 段连城：《美国人与中国人》，新世界出版社1993年版，第55页。

国儿童的发展和学校的发展是起到一定的推动作用的。但其中也有不利的方面。由于个人主义强调个人的独立性，强调个人的自由和自立，强调一个人一生自始至终必须依靠自己，因而，他们十分重视自己的权利，不愿意别人过多地干涉自己，或自己过多地干涉别人。这样容易形成一种孤立地看待自己的思维习惯。认为自己的命运只能掌握在自己的手里，自己只应关心自己。结果把自己与家人，与社会他人隔离开来，形成一种淡漠的人际关系，形成一种孤独的心理。

2. 实用主义文化

实用主义文化主要影响美国学校教育的办学理念和方法论。实用主义是伴随着美国的形成而产生的，当时，为了开发新大陆，需要一种实用主义文化精神。因为只有这种精神才能发展美国的资本主义，而欧洲封建的贵族的文化精神在这里不适用。因此，欧洲的学者认为："实用主义是美国人按照自己的目的与推理制定出来的。"① 美国的实用主义精神最初是由富兰克林和爱默生加以阐述的。富兰克林认为，中世纪的封建文化束缚了生产力的发展，妨碍了资本主义工业的自由成长。因而，必须采用一种实用主义的态度来发展美国的个人和社会。在学校教育上，他批评美国当时的拉丁文法教学，认为死去的语言只会妨碍活人的前行。他主张"时间就是金钱""自助者天助"，应当根据美国的实际情况来解决问题。爱默生说得更加具体，他说："自然是以效用学说来教育人的；这就是说，一个事物是好的，仅仅因为它有用。""所谓好的就是有效的。"② 美国早期的实用主义精神对以后的实用主义哲学及方法，特别是美国人的生活方式产生了重要的影响。威廉·詹姆士在他的《实用主义》一书中指出："实用主义的方法，不是什么特别的结果，只不过是一种确定方向的态度。这个态度不是去看最先的事物、原则、范畴和假定是必需的东西，而是去看最后的事物、收获、效果和事实。"③ 作为一种方法论，实用主义主要强调以下几个方面的原则。

一是效用至上原则。所谓效用至上原则就是指将思想与行动统一起

① 罗志野：《美国文化与美国哲学》，广西师范大学出版社 1993 年版，第 15 页。
② 同上书，第 17 页。
③ ［美］詹姆士：《实用主义》，商务印书馆 1979 年版，第 31 页。

来，把二者结合产生的收获与效果放在第一位。在美国人看来，任何事物都应产生一定的效果。一种思想或一个行动如果不能取得实际的效果，就毫无意义而言。实际效果是判定任何思想过程和行动过程意义大小的标准。詹姆士曾指出："正确的思想就是我们能够吸收、证明、确定和证实的思想。而错误的思想就是我们不能够吸收、证明、确定和证实的思想。"① 当然，这种思想或行动的效果不能仅仅以个人评判为标准，还必须为社会的评价所接受。看美国学校教育发展的历史，进步主义教育之所以被多数人诟病，一个重要的原因就是，它在美国社会政治、经济和军事竞争方面没有取得比较好的效果，没有为国际上强国之间的竞争培养需要的人才。

二是任何事情、任何领域都可以尝试的原则。强调独立，强调个人表现的美国人为了在竞争中获取更为有利的地位，十分重视以实用主义的态度来对待自己的发展。在他们看来，任何事情只要法律没有禁止，都是可以尝试的。一个人应当敢于创新，敢于把任何领域都当作可以开发的领域。通过这种尝试、创新、开发，发现别人没有发现的东西，做出别人没有做出的东西，从而，使自己处于有利的位置。因而，在美国社会，使儿童具有创新精神和实干精神是人们一贯倡导的原则，也是美国学校教育中特别注重培养的一种品质。这在很大程度上形成了美国社会和文化发展的动力。

三是什么方法都可以尝试的原则。为了使自己思想和行动达到满意的效果，为了使自己的尝试和开发成功，美国人还十分重视实现这种效果和成功的方法或手段。在他们看来，方法和手段是为目的和效果服务的。为了实现预定的目的并产生满意的效果，人们不应采用一元的方法论和一种固定的方法，应坚持多元主义的方法论，具备多种不同的方法和手段。因而，在美国，"有用即真理"，不仅强调的是效用至上的思想，也突出了方法和手段怎么都行的重要。美国的科学哲学家保罗·费耶阿本德从美国的现实情况出发进一步阐明了这一思想。他指出，"显然，固定方法的观念或者固定理性理论的观念，是建立在一种极其朴素的人及其社会环境的观念之上的。那些注视历史的丰富材料的人，那些不愿为了满足从明晰性、精确性、客观性和真理中获取理智安宁这种欲望而把史料弄得枯燥无

---

① 转引自康马杰《美国精神》，光明日报出版社 1988 年版，第 139 页。

味的人，将会明白，只有一条原理可以在所有情况和人类发展的所有阶段上加以维护。这条原理就是：怎么都行"。[①] 正是这样一种方法论，使得美国学校教育在强调儿童在解决问题时，非常关注问题解决的效果，然后根据这些效果的有利无利、有用无用、好与坏来决定选择和计划，并且为计划的进一步实施做出详细的设计。

实际上，实用主义已成为美国社会生活和学校教育的重要指导原则和办学理念。在美国人看来，关心学校教育，舍得进行投资，是因为学校教育对促进社会流动，提高人的社会等级，取得有利的竞争地位有实际用处。而进学校，读学位是个人为了获取更好的职业、更高的薪金和社会地位。这样，就使得美国人无论是在学校管理上，还是在学习上都不拘形式，不拘习俗，不花无谓的钱，不浪费无谓的时间，注重实际，注重效率和质量，形成了美国学校教育的较强的创新和进取的精神。

3. 多元主义文化

在美国学校教育中，多元主义文化也是一个重要的基础。在他们看来，强调多元主义文化，可以保护不同学校的利益，以及不同种族儿童的利益。美国的多元主义思想的形成与历史传统和现实需要是相联系的。

早在美国建国之前，北美的各个殖民地就非常重视自己的利益，保护自己的利益。建国以后，在原有殖民地基础上建立的各个州，更是把本州的利益放在优先考虑的位置上。正是从这样现实考虑，美国的发展既没有采纳法国中央集权的模式，也没有接受英国君主立宪的模式，而是根据美国的具体情况，选择了一条适合自己发展的地方分权的道路。因而，在美国，许多事情是很难强调统一性的，即使像国家的大法——宪法的制定，也只能做一些原则上的规定。而具体的内容等多由各州根据自己的情况去制定。美国人们信奉的原则是，国家的权力不能集中，集中可能会导致专制；权力分散有利于防止由于权力集中产生的弊端。因而，美国人很欣赏自己的"小政府，大社会"的模式。认为在一个社会里，最好没有政府，这样可以给人们以更多的自由，但没有又会导致无政府状态。建立政府就是应该为人的发展提供良好的环境，为人们办事和服务。总之，在美国人看来，政府是应该有的，但必须限制政府的权力，不要让它过多地干预人

---

① 桂保：《美国的智慧：实用与理想的变奏》，浙江人民出版社 1993 年版，第 10 页。

们的生活。而采取多元主义的分权制的发展模式，正是防止政府权力高度集中的有效办法。于是，这样一种治国思想就成为美国人思考社会问题，从事各种社会活动的一种指导思想。它反映在美国的社会生活中，就是反对强制的统一性，注重事物的多样性发展。

例如，在教育上，美国也不像其他国家那样有自己的国立大学。建国初期，美国的一些人士曾提出过要举办国立大学的设想，但终因各州的反对而没能建成。同样，20世纪80年代以来尽管美国学校教育存在质量下降问题，已引起政府的重视，但国家在强化政府行为，加大管理力度时，总是小心翼翼，成效不大。这与美国社会所奉行的这样一种多元主义的文化价值观是一致的。

从现实情况来看，多元主义思想也是美国学校教育对待儿童发展和学校管理的重要原则。在美国人看来，每个人的存在和发展都有自己的特点，人与人是有很大不同的。强求学校按着统一的标准进行管理，是不利于儿童的发展的。因而，在美国，个人发展的多元化是得到社会和大众所认同的。曾经有这样的报道，一个普通的美国家庭，孩子既有上了大学，拿了博士学位做大学教授的，也有大学毕业到中学当教师的，也有高中毕业不上大学就开始工作当了木匠的，而父母对子女的个人选择都十分尊重。在这些父母看来，每个孩子都一样，都能得到父母的爱。同样，这种情况也反映在学生的发展上。例如，学生有对自己前途进行选择的权利。在是否上大学的问题上，有的是高中毕业后直接上大学，有的是工作以后上大学，也有不准备高中毕业后马上就上大学的。社会、家庭和学校不能给学生任何压力，学生将来的发展由他们自己来选择。在美国学校教育的发展过程中，这种多元主义文化也是处处体现的。例如，美国各州的教育发展各具自己的特点。每一州设置了众多的学区，各学区又设置了不同类型的学校，这就为儿童的进一步的选择提供了方便。在各州，家长有为子女选择学区和学校的自由，而子女也有上学后根据自己的需要选择课程的自由。美国的学校，层次越高，形式也就越多，学生选择的机会也就越多，这些都为学生的多元发展提供了可能性和条件。①

① 不过，英国教育家埃德蒙·金指出，美国学校教育问题比较多也是其多元文化造成的。参考［英］埃德蒙·金《别国的学校和我们的学校》，人民教育出版社1989年版，第68页。

4. 互利文化

互利文化也是美国社会和学校教育的重要价值观念，它是美国社会和学校处理人际关系的重要准则。在美国，尽管个人主义文化承认每个人都有权满足自己的需要，强调个人奋斗的目标就是获得事业的成功，但是，为了保证个人的成功，谋取自身的利益，还必须考虑人与人之间的关系。美国社会的人与人之间的关系是建立在互利文化的基础上的，它反映了美国的个人主义和实用主义文化的有机结合。"互利文化"的形成主要有两个方面的原因。① 一是历史和现实生活必需的。从历史上看，大批移民刚来美国时，经济上一无所有，为了生存，就必须放弃原有的传统观念。谁能保存自己，就为谁干活。于是就形成了一种公开讲互利的观念。在现实生活中，这种互利主义文化的形成是从家庭的人际关系开始的。表现为美国的父母并不把自己的全部精力放在孩子身上，而是始终关注自己的私利。例如，美国人在家庭教育上的一个基本原则是不能为了孩子而牺牲大人的利益，而应寻找双方都有利的方式教育孩子。孩子在家里吸尘、除草、打扫庭院，父母一般要按雇人的价格给孩子一定的酬劳。如果父母让孩子无偿劳动，孩子们往往不干，而到别人家去干活挣钱。在美国父母看来，这样一种互利关系既对自己有利，也对孩子有利。对于父母来说，不把全部精力放在孩子身上，可以使自己的事业有更大的发展。对孩子来说，可以让他们从小接受生活的各种锻炼和考验，培养了他们自己独立生存的能力。"互利文化"的形成还有理论上的原因。英国近代的经济学家亚当·斯密在《国民财富的性质和原因研究》中指出，在社会活动中每个人都需要一定的帮助，但这种帮助是一种协助，而不是恩惠。协助就是相互有利，而不是单方面有利。他曾说过，请你给我所要的东西，同时你也可以获得你所要的东西。看来互利文化与个人主义文化有密切联系。在美国人看来，利己主义是人的本性，每个人的行动都受利己心的支配。但每个人追求个人利益，就会给社会带来共同的利益，会给国家带来财富。

总之，个人主义文化，实用主义文化，多元主义文化和互利文化等思想，是融合于美国的社会、文化和学校教育中的。它们相互渗透，相互影响，共同推动了美国社会和文化的发展，构成了美国学校教育的文化基础。

---

① 罗志野：《美国文化与美国哲学》，广西师范大学出版社 1993 年版，第 56 页。

三　美国学校的基本结构

受美国社会、文化和教育哲学的影响，美国学校形成了自己的独特结构。由于美国是实行联邦制的国家，美国的法律规定教育事业的管理权属于各州政府和教育行政机构，从而形成了美国学校多样化和自由化的发展格局。美国人十分重视教育，历来把学校教育看成国家发展的基础和个人发达的工具，国家和个人都愿意在教育上进行投资。这使得美国学校的发展一直在世界上保持领先的地位。美国人对教育的理解带有美国文化的特征。在他们看来，美国的学校是按着美国人对自由、民主社会的信念塑造的。国家的生存和发展依赖于全体公民的智力参与，每一个公民都有接受教育的权利和义务。

1. 美国学校的结构层次

美国学校结构层次多样，其中公立中小学是美国教育的主体，80%以上的儿童接受这种教育。美国的中小学属于义务教育①，共 12 年。中小学分为公立学校和私立学校两大类，公立学校占绝大多数。美国的公立教育对于融合多元的文化，形成具有美国文化的价值观念发挥了重要作用。

美国的小学教育，包括 1 年或 2 年的学龄前教育，1 年级幼儿教育，6—8 年小学。美国的大多数公立学校都为 5 岁儿童开设半日制幼儿班，有的还为 5 岁以下儿童开设学前班。美国的公立小学约占80%以上，私立小学占20%以下。小学学制有 4 年制、8 年制和 6 年制三种，其中 4 年制小学与中间学校②衔接，数量不多；8 年制小学多设在乡村；6 年制小学占大多数。

美国小学教育（Primary School）的主要目标是使 6 岁到 12 岁

① 　关于美国的义务教育，美国各地有不同规定，其中有 29 个州规定是从 7 岁开始，16 个州是从 6 岁开始，3 个州是从 5 岁开始。义务教育一般到 16 岁为止。江山野主编：《美国、加拿大学校课程》，河北教育出版社 2001 年版，第 46 页。

② 　中间学校是美国 20 世纪 60 年代出现的一种学校。主要根据儿童生理心理发育提前的研究，认为应当设立一种新的学校以适应这种变化。这实际上是初中概念的具体化，目的是使初等教育更有效地过渡到中等教育。美国的中间学校一般包括 5—6 年级，采取分组教学制，强调对课程的探讨，逐步培养学生的独立性，以适应 10—14 岁学生的需要。江山野主编：《美国、加拿大学校课程》，河北教育出版社 2001 年版，第 47—48 页。

（6 年制）或 14 岁（8 年制）的儿童获得基本技能和基础知识，树立积极的学习态度。因此美国小学教育的重点是放在儿童个性的发展上，根据儿童个人需要和能力推动他们学习的进步。

美国的中学教育（Secondary School）从 7 年级或 9 年级开始（这主要与小学的 6 年制和 8 年制有关），到 12 年级为止，学制为 4—6 年，学生一般 17、18 岁读完中学。美国中学教育又可细分为 Middle High School（6 年级至 8 年级）、Junior High School（7 年级到 9 年级）、Senior High School（9 年级到 12 年级，或 10 年级至 12 年级）。也有的分初中和高中。初中一般有两个年级，有的和小学在一起，统称为 Elementary School（初级学校，如果称其为小学，则需要说明）；有的和小学 5、6 年级在一起，称为 Middle School（一般也称为中间学校）；也有单独的初中；还有少数与高中合在一起的。美国的高中多为 4 年，即 9—12 年级，并且多数单独设校。

美国中学所安排的课程不尽相同，但是一般从 9 年级到 12 年级的核心课程主要有：4 年英文（包括作文、英国文学、美国文学等）；3 年历史（世界历史、美国历史、欧洲历史）；3 年外语；3 年数学（几何学、代数Ⅰ、代数Ⅱ）；3 年科学（地球/环境科学、生物、化学）；音乐/艺术课程因校而异。

2. 美国学校的管理和学校类型

受美国政治体制的影响，美国教育管理职权高度分散。美国宪法第 10 条修正案规定，凡是未经宪法授予合众国，也不禁止各州行使的权力，仍由各州或人民保留。美国的各级教育主要由各州立法进行管理。①

根据 1980 年美国国会通过的《教育部机构法》，联邦教育部的主要任务有，保证联邦政府人人得到受教育机会的承诺得以实现；在各州、地方学校系统、公私立非营利教育机构，以社区为基础的组织，以及家长和学生参与教育的基础上，采取补充措施，使教育质量不断得到提高；鼓励公众、家长和学生积极参与联邦政府实施的教育计划等。

---

① 美国学校教育主要由四个政府级别管理——地方政府、中介机构、州政府和联邦政府。由于管理职权分散，美国 50 个州有不同的州立教育体系，甚至在同一个州的地方教育体系也存在许多差异。参见［美］阿伦·奥恩斯坦、莱文·丹尼尔《教育基础》，杨树兵等译，江苏教育出版社 2003 年版，第 215 页。

联邦教育部的职责是，对美国教育中出现的重大问题进行指导；收集并传播优秀的教育思想和最新的教育研究成果；向有需要的家庭提供奖学金和贷款，使其子女能够接受高等教育；帮助地方社区及学校解决学生面临的最紧迫问题；根据经济形势的变化，帮助学生做好就业准备；保证所有公民都有平等享受联邦教育基金资助的权利，不受种族、肤色、国籍、性别、健康状况或年龄的影响。[①]

80 年代以来，美国加强了联邦政府对教育的集中领导，除教育部门外，还涉及了 9 个部门和 27 个独立的联邦机构。这些机构通过全国性教育法的制定和贯彻，与地方合作项目的增多，对地方教育拨款的增加等措施，把联邦政府的教育政策渗透到各州，以加强对美国教育的控制。[②]

美国各州教育行政机构是教育法律和政策具体制定者，权力也最大。制定的教育政策由各州教育部门及地方学区的教育董事会负责实施。美国各州的教育委员会是州的教育决策机关。其主要职责是，制定州的教育政策；对全州公立学校系统进行监督；提供教育咨询服务和教育资料。美国各州均设立教育厅，其主要职责有四个方面：制定各项规章制度，并负责督导实施；经营州教育事业实际业务；掌握州教育财政；制定州教育事业发展目标和规划，开展研究和评价活动。80 年代以后，美国各州的教育权力开始倾向于集中。

与美国学校教育联系最为密切的是美国地方教育机构，其管理主体是地方教育行政当局，即学区。虽然，各州也可以过问学校，但是它主要是宏观上制定方针、政策法规，学校的具体管理由各市县学区委员会负责。美国现有 14891 个学区。[③] 学区的划分主要依据学生入学地区进行。因

---

① 实际上，美国联邦教育部的权力是非常有限的。美国联邦教育部没有权力过问任何一家私立学校的结构组织、教育理念、教学方法；也没有权力干涉美国任何一州一县一市一学区公立学校的事务。尽管美国联邦教育部也有全国教育成绩考试，但学校和学生是否参加，要由各州议会决定。参见沈宁《点击美国中小学教育》，湖北人民出版社 2001 年版，第 14—15 页。

② 强海燕：《中、美、加、英四国基础教育研究》，人民教育出版社 2005 年版，第 131 页。

③ 同上书，第 132 页。其实，所谓学区的好坏，主要看该学区在全国性的考试中的总成绩的高低，以及学生的毕业率、退学率、上大学率的高低。美国的学区主要是根据不同的居住区域划分的。学校的经费主要来自居民们的房地产税。如果这一带的房子好，交的房地产税就会多，学校的经费也就多，这一学区的教育条件也相应会好些，这些都会影响学区的好坏。

此，学区规模大小不一。学区的行政机构主要是学区教育委员会，该机构主要职责是执行州的教育法规政策，制定学校办学方针，为学校征税，进行教育经费预算，雇用人员，制定教育与课程计划，选派学区教育局长等。美国学区教育行政管理主要由学区教育局长负责。

美国学校类型形式多样，主要有这样几种类型。

一是私立学校。包括教会学校和非教会学校，这些学校条件比较好，主要按照自己的规则管理学校，对学生要求一般比较严格，州政府管不着。

二是传统组织的公立学校。这些学校与中国学校比较相似。学生按照住家地区分配，就近入学。学区好坏与学区内居民经济文化层次有直接的关系。

三是公立性质的特许学校。这类学校主要指由州或市政府与一些团体、企业或个人签订合同，将某些公立学校的主办权交给他们，由承租者提供具有各自不同教学特点的学校教育，并实行开放招生。①

四是多类型的高中。美国学校在高中阶段，类型差异比较明显。主要有为升学做准备的高中、综合性高中、职业高中或职业技术高中。这些高中里，第一类高中目的非常明确，主要是以升学为主，比一般性高中要求高，学术性课程多于实用性课程和职业性课程。这类学校公立和私立的都有，大多是名牌中学。第二类综合性高中，学生既有准备升学的，也有准备就业的，还有目标尚不明确的。这类学校除要求学生达到最低毕业要求之外，还要对学生选学课程进行分类指导。如有的学校明确分为三轨（track），即准备升学的、一般的和准备就业的，为分别进入不同轨道学习的学生提供不同的选课模式。一般来说这类学校的选修课程比例大，实用性课程和职业性课程也多些。第三类高中主要是为培养专门人才服务，职业性和专业性比较强，但也有高中毕业的最低要求。这类学校与中国的职业高中比较相似。

---

① 美国各州的特许学校有法律的支持。如康涅狄格州通过的《特许学校法案》规定，特许学校享受私立学校待遇。只要得到州政府许可，任何人、任何团体，无论商人、投资者、家长还是教师，都可以申请到公众教育经费，成立这类学校。州政府每年为每个特许学校的学生提供6500美元的教育经费。参见魏嘉琪《美国中学生报告》，作家出版社2002年版，第40页。

　　五是具有特色的学校。这类学校不限于高中，从小学到高中都有，一般也叫"磁石学校"（Magnet School），即有吸引力的学校。这类学校主要是以某种特色或专长来吸引学生，属于普通教育的性质，学生也需要达到一般学校的毕业要求，但在课程设置和教学计划上要突出某一方面的特点。比如语言文学、数学、科学技术、人文、外语、体育、艺术以及一些不同的职业或专业教育，以吸引在这方面有特长和有志趣的学生，培养特殊人才。除此之外，一些学校还设置"磁石计划"的班级。

　　六是收容性学校。一般也称为选择学校（Alternative School），有选择和替换的含义。这类学校主要是吸收在一般学校里学习有困难和有突出问题的学生，在一定程度上带有特殊教育的性质。但这类学校不同于残疾人或弱智儿童学校，也不同于我国对一些问题比较严重的孩子进行教育的工读学校，因为美国的这类学校，孩子入学是家长及孩子自愿申请的。从这一点可以看出，美国的学校分类是比较细致的，能够较好地照顾到各类孩子的发展和需要。

　　七是家庭学校（Home School）。这也是美国学校的一大特色。家庭学校也称为"在家上学"，是美国人对公立学校教育质量不满的一种表现。通常是一些家长自动组织起来，懂专业的家长轮流给孩子上课，也可以轮流在各家聚会上课。这类学校由于家长比较重视，人数少，每个学生都能够接受老师的直接指导，通常功课也都比较好。据一些调查和测验表明，在家学习的孩子，测验成绩要比公立、私立学校的学生均高出许多，其中25%的学生成绩甚至比普通学生高出一个年级。[1]

第二节　美国学校教育的基本特征

　　美国的学校教育经过长期的发展，在吸收外来文化和结合本国实际的基础上，逐步形成了鲜明的特征。美国学校教育的特征主要包括个性化教育、开放式教育、务实型教育和规范式教育。

---

　　[1]　魏嘉琪：《美国中学生报告》，作家出版社 2002 年版，第 39 页。

一　个性化教育

从美国社会对儿童发展的期望上看，美国学校教育非常重视儿童个性的发展。因而，在美国学校教育中，促进儿童个性发展成为美国学校教育的重要特色。美国学校教育的其他方面都是为这种个性化的教育服务的。

美国学校个性化教育主要是指努力创造条件，重视与儿童的发展有关的儿童生存能力、独立意识、自信心、反抗精神，以及多种能力的培养，造就有个性、有活力、有创造力的个体，以适应美国社会政治、经济和文化发展的需要。

美国学校个性化教育体现在各个方面，主要表现为：

在学前幼儿教育阶段①，美国幼儿园教师比较注重在保证儿童安全的条件下，通过游戏或自主活动让儿童得到自由发展。美国学前教育理论认为，这一阶段的儿童应当绝对自由发展。教育上不要对儿童进行束缚和训练；在幼儿园，每个儿童都可以自由思想，自由活动，想说话就说话，想说什么就说什么，说对说错都得到鼓励。在管理上，美国教师一般不强调儿童的统一活动，而是对儿童进行一对一的帮助。教师往往是让儿童自己活动，谁爱看书，谁就坐在书架边看书；谁爱画画，自己就坐在桌边画画；不爱看书画画的，可以趴在地毯上玩积木、推小车等；教师到处看，如果有需要帮助就给予指导。美国幼儿教师比较注重儿童个体的发展。在他们看来，应把每个儿童都当作一个人来看待，让他们受到敬重，懂得自尊，让他们学会提出自己的看法，学会表达自己的需要和情感。在学习上，美国教师不注重对儿童的训练，主要是鼓励儿童自己去探索、选择，发现新的方法，而不停留在已明白的事物上。他们认为，培养儿童好提问题的态度应是教育的主要内容。在儿童活动时，要积极创造条件，鼓励儿童大胆发问。对于幼儿的问题，成人应能做到倾听、观察，尽力创造条件

---

① 如果把一个孩子离开家庭来到一个机构接受群体教育看作是一种新的教育开始的话，我们把学前幼儿教育也纳入学校教育的范畴。实际上，美国的教育制度中是把学前教育纳入进去的。在美国，学前教育包括学前和小学低年级，但是强调游戏为主的学习。在中国的一些学前教育机构已经有了"学前教育学校化"的特点，甚至也有"家庭教育学校化"和"社会教育学校化"的倾向。

协助儿童解决，避免引起儿童害怕的压力，避免在评价儿童的过程中迷信权威或持否定态度。美国教师比较重视幼儿独立的创造性活动，支持和强化幼儿的新想法。在教学上，教师一般都鼓励幼儿提问，强化幼儿学习的主动性。即使在一些难度大些的教学中，教师也很少给儿童出示样板，让儿童照着做，而是鼓励儿童运用材料，按照自己的想法去做。

　　在小学教育阶段，美国教育者比较强调减轻儿童学习压力，仍然注重儿童自由的发展。美国小学教育的特点是"两少一轻"，即课时少，作业少，书包轻。美国小学没有书包过重的问题。一般来说，学校发给每个儿童两套教科书，一套放在学校里，一套放在家里，儿童在学校里和在家里都能使用，十分方便。美国小学学生的在校时间也比较少，据统计，美国学生每年学习时间为180天，中国为230天，其中美国小学生用于学术性活动的时间只占他们在校时间的64.5%，中国为91.5%。美国的小学生也没有大量的家庭作业和各种复习资料的困扰。美国的一些教育工作者认为，布置家庭作业会剥夺儿童平等发展的权利。因为每个儿童的家庭状况不尽相同，家长的文化程度，对教育的热心程度，家里的学习环境都不同，让孩子回家学习，会导致孩子学习进程和学习效益有差异，造成学生发展的不平等。

　　美国人认为，与大人学习相比，儿童学习不应当是一件严肃的事情。因此从整个小学教育环境看，美国儿童的发展也是在一种轻松愉快，没有更多压力的环境中进行的。例如，美国小学课堂对儿童没有什么约束，儿童不仅不用两手放在背后，端正听讲，而且可以窃窃私语，发出笑声，甚至还可以走动、喝水，削铅笔，或摆弄玩具，做些小动作。在美国小学课堂里，没有中国课堂中那样摆放整齐的课桌。在小学低年级，一般有几个可以围坐十几个孩子的长方形矮桌和一些小椅子。这些桌椅也不按行排列，而是散放着。通常课堂中央是一片空地，铺着地毯，听老师讲故事，就像在幼儿园一样。在高年级课堂，有了课桌，但也不是一律面向黑板，孩子们可以成组围坐课桌，听老师讲课。上课时，老师都按着自己的特点给孩子上课，有时又像大孩子带一群小孩子一样，在教室里边走边说，有时边唱边跳，与学生一起活动、游戏。

　　当然，美国的小学教学并不只是玩，美国教师鼓励学生在课堂上除自由地表现外，还要积极提出问题和回答问题。他们认为，如果一个学生在课堂上从没有提出过问题，也没有发表过自己的见解，那么教师就很难了解这个学生是否弄懂了教学的难点，很难知道这个学生的思路是否对头。在美国教师看来，如果学生课堂上从不提问题，就别想得到好的成绩。这也就促使学生上课要积极动脑思考，主动学习，敢于发表自己的看法。美国的教师非常重视发挥每个学生的积极性。在教室里，教师经常鼓励学生参与课堂讨论，发表自己的看法。

需要指出的是，美国小学的这种个性化教育也是与注重保护学生个人隐私和鼓励优秀孩子脱颖而出分不开的。美国学校及班级一般不当着学生的面公布成绩，也不在全校或全班排名次。他们认为，每个学生都有自己的特点，各有所长。一个学生即使有很多缺点，也会由于有一项优点而得到老师的表扬或奖励。当然，在美国学校里，虽然成绩不排名次，但竞争还是存在的。每一班分成几个学习小组，组与组之间互相竞争，小组的成绩不仅表现了每个组员的能力，更重要的是体现了组员之间的合作，直接影响着每个人的成绩。为了鼓励优秀学生脱颖而出，美国小学还设有高智班或资优班，专门给优秀的学生开小灶。这种班每周一般上一两天课，学习内容广泛，包括速算、文学阅读、计算机等。学习优秀的小学生可以跳级、跳班，可以获得各种奖励。毕业时特别优秀的学生还可以获得"好学生奖"和印有自己名字，并由学校校长、美国学校教育部长和美国总统签名的"国家教育奖状"。这些都为学生充分发展自己的能力提供了有利的条件。

在中学教育阶段，美国的学校非常重视学生按照自己的兴趣和需要主动的学习，重视个人能力的发挥。学生一入学，就可以拿到一份学校根据学生的不同情况用电脑为每一个学生排出的课程表。根据这张课程表，一个美国中学生就开始了新的学习生活。① 在美国，中学学习与小学是有很大不同的。美国中学的特点是初中和高中都实行学分制，中学开设的课程注重学生选择的需要。许多学校除必修课外，还有大量的选修课，课程量

---

① 在美国人看来，对于上初中的十几岁的美国孩子（teenager）来说，这一时期是一个非常大的变化时期。因为，这一时期的孩子已经不是小学生了，他们要自己选课学习了。对于一些不知道如何选课的孩子，许多家长和老师会说，你上初中了，半大人了，选对选错，自己选吧！可以选课，选老师，不喜欢的课可以用其他课来代替学分，不喜欢的老师可以退课，再选别的老师的课。

几乎占全部课程的近 50% 左右。不仅如此，必修课也有选择的余地。很多主要课程如英文、数学、物理、化学、生物、历史等都有程度较深的所谓"荣誉课"（Honor），这些课程可以选读继续深造，也可以根据自己的能力直接作为必修课。由于美国中学的学习生活，是在多样性课程的学习中通过学生的自我选择完成的，因而，美国中学生学习的流动性是比较大的。在美国小学，学生们一般是固定在一个教室，一个班级，在 6 年期间与几位教师经常学习、生活在一起。而在中学，由于每个人的选课不同，不仅一个班的学生不固定，而且教室也不固定，一个学生一天要跑六七个教室去上由不同教师开设的不同的课。这样在中学，学生就已经体验到类似大学的流动性的学习生活了。这就要求每一个中学生能够在这样一种新的、变动性比较大的学习环境中，学会很好地自我调节自己、控制自己，能够在多样性的课程学习中，学会根据自己的兴趣和需要进行学习，自觉地适应学校的生活，掌握学习的主动权。

美国中学教育的教学特点是注重教师的启发性教学，重视学生的多方面发展，不偏重考试成绩。在课堂上，教师组织教学很注意创造活泼宽松的气氛，引导学生独立思考，给学生以充分的时间发言或讨论，鼓励学生提出个人的见解。课程的内容和要求，对学生有很大的引导和启发性。同时，比较注重概念和应用，不要求死记硬背。美国中学布置的作业很少，但一般比较活，尽量让学生开动脑筋，通过动手、动脑来完成。一些学生为了完成好作业，亲自到学校图书馆或城市图书馆去查阅书籍。有的作业完成后，已经成为一本图文并茂的内容丰富的综合性材料。美国的中学非常重视学生的创造能力的培养，这在理科教学方面尤其突出。在理科的教学中，教师强调学生的动手实验，其目的不在于证明理论，而在于发现理论，强调得出的结论可以不在书上。教师也鼓励学生采用不同的仪器和方法，得出的结论可以各不相同。教师发现有创造性的思想或超出一般认识的见解则特别给予奖励。美国中学的培养目标是适应现代社会需要的有基本知识和技能的合格公民。因而，学校不认为考分高的学生就是最好的学生。相反，美国中学更加重视学生特长的发挥，重视学生在校内、校外活动中所表现出的能力，重视学生之间人际关系的和睦互助，以及体育水平的高低。这就使得美国中学生的发展不仅仅在课堂上，而且可以在学校以外的其他方面。美国中学生通过参加课外活动发展自己兴趣和爱好的大有人在。例如，学生可以自愿参加的有话剧社、合唱团、社会问题讨论社、科学研究组、学校演讲团、各种运动队等组织。凡是参加的学生，学校都给予鼓励，并记录在成绩单上，其中包括学生个人的组织能力、特长等，以备高校录取时参考。美国大学也十分重视学习成绩优异，课外活动突出的学生。

美国的中学一般有两次重要的考试——中考和高考。学生初中毕业后可以根据初中的通考成绩及平时的成绩申请，由于美国是实行 12 年的义务教育制，因而上高中也是免费的，一般没有特殊情况，大多数学生都要读完高中。但在选择什么样的高中上是自愿的。美国的许多学生和家长不愿意学生上所谓的"重点高中"，有的学生怕压力太大，功课紧张跟不上，有的家长怕学习负担过重，对其子女的身心健康不利。当学生进入高三后，他们可以根据自己的情况参加为预备上大学的学生设立的全国统一的学生才能测试。如果学生对自己的成绩不满意，可以参加多次考试，大学则以学生最佳的考试成绩为准。由于升学不是"一考定终身"，因而学生的考试压力是比较小的。另外，才能测试的成绩也不是大学唯一的录取标准。许多学校还要看学生平时（在中学期间）的学习成绩，学生参与课外活动的情况，以及学生自述的上大学的抱负，等等。总之，美国大学的录取标准很多，即使各方面情况都不理想的学生也有上大学的机会。美国全国各地都设有众多的社区大学，这类学校只要学生高中毕业就可申报。

总之，受美国社会和文化环境的影响，美国学校的个性化教育是建立在整个社会重视儿童的存在，强调儿童认同自己，表现自己，为儿童发展创造较好的环境基础上的。它突出地表现为以下几点。

一是在对儿童发展的评价上，美国教师对学生的发展多是强调鼓励性的，评价是比较高的，用来表达鼓励和赞扬的词汇非常丰富。例如，使用 great，super，magnificent，marvelous，splendid，wonderful，excellent，outstanding，good job，nice try，try again 等。因而，美国儿童对自身能力的认识多是比较自信的。

二是在对学生差异的认识上，美国人认为每一个人都是不同的，因此要尊重学生的差异，不能用一个统一的标准来要求所有的学生，学校教育应当考虑不同学生的不同需要。在这方面，美国学校教育也做了许多实际的工作，特别是高中阶段。美国的义务教育是 12 年，高中学生的程度参差不齐，各个学校都为学生按程度设置不同水平的学科。比较有代表性的是四种：第一，基本水平（Basic level），这一水平主要适合学习能力或基础比较差的学生，使他们能够掌握最基本、最必要的知识和技能；第二，一般水平（General level），也叫标准水平（Standard level），这是多数学生都能够达到的中等水平；第三，先进水平（Advanced level），有的学校也称为荣誉水平（Honors level），这一水平是内容的加深加宽，为比较优秀学生设置的；第四，高级水平（Advanced Placement，简称 AP），是美国通行的高校承认的水平，相当于大学水平。通过 AP 考试的课程可以计入大学学分，升入大学后可以免修相应课程。对于这些不同水平的学科，学生可以根据自己的基础、学习能力和需要，在指导教师和家长的帮助下选择不同的水平。如英语可以选择一般水平，数学可以选择基本水平，其他学科也可以选择先进水平等。这些不同的水平课程适应了学生各有所长的实际情况，避免了学生发展"一刀切"的情况。因此，美国学校教育课程已经"个人化"了，有利于学生个性的发展和需要。

三是在对教科书的认识上，美国的教育学者认为，任何教科书都是由一个解释某些事实为己任的人编写的。同样的事实，别人用不同的方式可以编得更好。因而，教学中不能局限于一本教科书，而应推荐使用多种教材，提出多种理论，让学生进行比较、选择。同时，也应让学生较早地认识到教育的目的是教人批判性地读书，教育学生独立地理解事实，谁是某一方面的专家应由学生自己来判定。这一思想反映在美国中学里，就是没有统一的教材，每个学校不一样，同样的年级不同班级也不一样。在美国教师看来，人是个体的，个体的创造性劳动具有不可重复性。因此，美国教师上课没有集体备课这一说，许多资料都是自己精心准备。教育部门对此也认同。

四是在对教师和权威的认识上，美国人鼓励学生不要迷信教师和权威。美国人认为，教师不是真理的源泉，不应自称拥有"真理"，而真理就在教师和学生的面前，探求真理是师生共同的任务。在美国校园中，学生也不太"尊重"教师，更没有师道尊严，学生都直呼教师的名字，甚至可以与教师开玩笑。同时，在学习上不要求学生谦虚谨慎，而是要求学生敢于向权威挑战，鼓励学生质疑最了不起的权威。通过学习和批判，注重发展学科中合理的内核和学科的价值观，把过时的那部分弃之，从而不断进步。

五是在对教学过程的理解上，美国人认为，教学过程应是引导学生不断探究的过程；学习过程是一个作为学生初步研究的过程。在这个过程中，教师主要鼓励学生自己动手进行模仿科学研究的学习，主动提出自己的见解，主动地获取知识。因而，美国的学校教育有两个非常突出的特点。一个是比较重视鼓励学生根据自己的特点进行竞争，强调优秀学生的培养，强调你要有能力就充分地表现自己。在小学和中学，优秀的学生不必按部就班地升级，可以随时进入高一年级或资优班。同时，动员学生、家长、教师尽力发现和推荐自己身边优秀的儿童，使他们受到更适合他们的教育。另一个特点是强调教育的平等性，表现为平等地对待每一个学生，平等地为每一个学生的发展创造共同的、有利的条件。在对学生学习的评价上，美国教师不以分数作为评价学生智能的唯一标准，强调从每个人自己的实际情况出发，尽量发挥自己的最佳的水平。教师对成绩好的或差的均不给予特别的奖励、照顾或督促，只是因势利导，给予个别的指导。同时在教学上，也不以学术课程作为学生学习的唯一课程，而是从初中起就设置各种选修课和职业训练课，供学生选择，使学生掌握未来社会中独立谋生的本领。当然，强调竞争和平等是会发生冲突的，在解决这一问题时，美国人更重视的是在平等的基础上的竞争，在他们看来，只有竞争才能推动一个社会的发展，只有竞争才能不断提高儿童生存和生活的质量。这当然也包括教育的竞争，包括学生之间的竞争。

美国学校的个性化教育是受多种因素影响的，除受社会大环境和特定文化的因素作用外，还有以下几种理论。

一是"生存竞争"论。美国社会是一个生存竞争非常激烈的国家，在美国，人们追求的价值观是要生存，就要尽量表现你的个性和才能。一个人要想获取有利的生存地位，就必须不断地拼搏和奋斗。对一个人来说，人们不会去看你过去的历史光环，不看你过去骄人的成绩，而是看你现在的表现，看你现在的才能。因而，无论什么人，在激烈的竞争面前，都需要放下过去，放下面子，重新开始。在美国人看来，尽管竞争对于某些人来说是残酷的和不利的，但对整个社会的发展来说是有利的。生存竞争论使得美国人非常重视对教育的投资，非常关心自己所处的教育地位的高低，教育地位低下，就意味着自己处于不利的竞争地位。

二是"自我发展参照"论。在美国，生存竞争主要是依靠自己的实力，这就需要自己能够把握自己。美国人认为，不要把自己前进的目标定在别人的身上，如果定在别人的身上，你胜了别人，超过了别人，你就高兴；你落后于别人，你在竞争中失利，你就充满怨气。用这样的标准，你是永远处于被动的，你的一切是永远交给别人来掌握的。他们主张，你自己的发展才是你自己前进的参照和标准，这个标准就是你自己的潜力的发挥程度和努力的程度。"自我发展参照"论使得美国人强调教育要尊重每个人的发展特点，允许儿童多样化的发展，同时，尽量为个人的发展创造有利的条件。

三是"尊重生命价值"论。受西方传统文化的影响，美国人非常重视生命的存在和表现。强调一个人应当勇于开拓，努力征服自然，充分展示自己，否则就浪费了生命。强调全社会应当重视个人的成就，重视个人的生存价值，要以人道主义的观点对待个体的生命。因而，在美国，尽管社会的犯罪率很高，但被判死刑的犯人很少。尊重生命价值论体现在学校教育上，就是美国学校教育十分强调向儿童和青少年灌输尊重自己生命价值的思想，各级教育也十分重视对儿童和学生进行人格、心理和行为发展的指导，积极创造条件，适应儿童需要，开设各种心理咨询和治疗课程，及时解决儿童和学生发展中存在的各种问题。

以上，我们分析了美国学校的个性化教育，那么如何认识和理解这种教育呢？[①]

首先，美国学校的个性化教育反映了美国教育管理者对人的发展问题的缜密思考。他们把强调人的个性发展作为教育的中心任务，既反映了美国社会制度的需要，也体现了当代社会发展的一些基本特点。美国的教育制度总的目标正是为此服务的。从美国学校教育的设计来看，其总的目标是不追求儿童发展的近期效果，而是注重对儿童长远发展的考虑。即把对在儿童日后发展有重要影响的独立性、思考力、批判性和创造力的培养作为儿童发展的总的目标。让儿童从小依靠自己的力量，发展多方面的兴趣，培养实际生活能力，形成一种独立发展、表现个性的机能。因而，这

---

① 郭法奇：《论美国的个性化教育》，《教育理论与实践》2001 年第 1 期。

种设计和考虑导致美国学校教育不把追求熟练性或记忆性的东西当作儿童
教育的主要内容，这也是美国学校教育不注重知识性考试和成绩的一个重
要原因。

其次，美国学校的个性化教育不仅有总的目标，而且还有具体的实施
机制，这种目标和机制相互制约，促进和保证了个性化教育的实现。如在
学校教育中，美国教育者对儿童的发展是强调鼓励性的，评价是比较高
的。只要儿童在发展中有一个方面做得好，就给予积极的评价。实际上，
经常性的高评价有利于儿童个性发展，能增强儿童的自信心；而经常性的
低评价，则使儿童行动谨慎、缺乏创新，个性发展有缺陷。

再次，美国的个性化教育及其相应机制有利于社会整体创新精神和创
新能力的培养和提高。如在学校里，儿童的发展往往受教师、教科书和教
学过程的影响较大，而美国人对这三个因素的作用有自己独特的理解。如
在对教师的认识上，美国人鼓励学生不要迷信教师的权威。认为教师不应
自称拥有真理。而真理就在教师和学生的面前，探求真理是教师和学生的
共同任务。在学习上，学生应敢于向教师和权威观点挑战。在对教科书的
认识上，美国人强调，教学中不能局限于一本教科书，而应使用多种教材
或参考材料。教学应提出多种理论，让学生进行比较、选择。同时，也要
让学生及早地认识到，教学和学习的目的是教人批判性地读书，教育学生
独立地解释事实。谁是某一方面的权威，应由学生自己来判定。在对教学
过程的理解上，美国人认为，教学过程应当是一个激发学生学习兴趣、引
导学生不断探究的过程。在这个过程中，教师主要鼓励学生自己动手进行
模仿科学研究的学习，主动提出自己的见解，主动地获取知识。正由于上
面这些观念的解放，使得美国学校的管理制度和组织制度富有弹性，学生
在学校里能有一个自由的思考空间，能根据自己的兴趣和能力来选择自己
的学习方式和进度；它也使得学校的课程设置出现了多样性，加大了选修
课的比例，为儿童的创造力的发展提供了有利的条件。从美国人对学校的
重视，以及从学校教育对美国社会的影响和作用来看，以上这些观念和措
施为美国社会整体创新精神和创新能力的发展奠定了重要的基础。

当然，美国学校的个性化教育也会带来一些问题。由于美国个性化教
育所强调和鼓励的是个性的发展，强调的是人与人之间的不同，社会上占
主导地位的价值观就是"胜者为英雄"，而社会受到关注的只是能够获胜

的少部分人。因而，在美国社会上的竞争是十分激烈和残酷的，社会上的每一个人都要为自己的生存和存在而不断地奋斗。而那些由于竞争而落伍的人，那些处于社会不利地位的人，往往不被社会所重视，沦落到社会的最底层。在学校教育上，由于家庭环境、社区环境的不同，也会使得儿童的地位和竞争会有很大的差异，特别是那些外来的或少数民族的儿童。

二 开放式教育

从美国社会对儿童发展的要求和学校管理来看，美国的学校教育是一种开放式的教育。这种开放式教育主要是强调学校应为儿童的发展提供一个开放的环境，不设立统一的标准，不要求每个学生都达到同样的高度，而是通过因材施教使每个学生在原有基础上都能有所提高。美国学校这种开放式教育与尊重儿童的个性化教育有着密切的联系，如果说个性化教育是美国学校教育的核心内容的话，那么开放式教育则是美国学校教育的基本形式。

美国学校开放式教育主要表现为：教育观念的开放，教育手段的开放，学生发展的开放，学生管理的开放，课程和班级管理的开放，评价方式的开放，家校结合的开放等。学校教育"寓教于乐"，[①] 学校和文化环境的创建注重较为宽松的管理气氛和管理方式，实行有限度的控制，反对强制性的灌输，使得儿童在选择上和发展上有较大的自由度和空间。

美国学校开放式教育的形成具有多方面的原因。第一，它是美国社会个人主义文化长期熏陶的结果。美国学者霍华德·金在《独立宣言——美国意识形态剖析》一书中指出："我们是在这样一个社会里成长起来的。这个社会里思想观念的选择有限，某些思想观念占据着统治地位。我们从自己的父母那里，从学校里，从教堂里，从报纸上从广播电视中，听

---

① 在美国家长和教师看来，中小学阶段的孩子最重要的事情是"玩"。他们认为，孩子的"玩"是成长的重要阶段，在玩的过程中，孩子们可以了解社会，享受生活，开发智能。因此，在美国，孩子进行各项兴趣活动、体育活动的时间都比较充裕，活动场所到处都有。每逢节假日，父母也都会带着孩子一道外出游玩，在玩的过程中获得对社会、生活的认识。"玩"的这一观念在美国学校教育也有所体现。为此，黄全愈博士专门写了《玩的教育在美国》（作家出版社2001年版）一书，认为"玩"是素质教育的摇篮。在这里，美国学校教育中的"寓教于乐"与中国学校教育的"寓乐于教"形成极大反差。

到这些占统治地位的观念。从我们开始学习走路和说话时，这些观念就充斥在我们周围。这些观念构成了'美国意识形态'——即占统治地位的思维模式。这些观念的流行并非某个集团把某种观念强加给社会的结果，也不是人们真正自由思考后做出选择的偶然结果。实际上存在着的是一种自然的（也可以说不自然的）选择过程。在这个过程中，某些正统观念受到支配我国文化的那些最强大的机构的鼓励、资助和促进。"① 美国主流个人主义文化的熏陶方式提供了美国儿童成长和发展的大的文化背景和社会环境，对美国学校教育中的开放式教育形成和发展产生了重要的影响。

　　第二，它与美国社会在管理上实行软性控制的特点有关。任何一个国家，任何一个社会都存在着协调个人和社会的关系问题。如何使人的活动和社会的活动都能在一种有序的控制中进行，使人和社会的关系处于一种协调的关系，既有利于个人的发展，也有利于社会的进步，这成为每一个民族和国家向前发展必须面对和解决的问题。实行社会控制实际上是解决这一问题的重要手段。一般说来，社会控制分为软性控制和硬性控制两类。软性控制主要包括一个社会的风俗习惯、舆论导向、宗教信仰、表扬批评等；硬性控制主要指行政手段和法律制度等。任何一个国家的社会管理都是软性控制和硬性控制相结合的结果，区别主要是在于软性控制和硬性控制二者在管理中所占的比重不同。从美国社会的管理特点看，美国也非常重视采取各种手段使个人的行为不许超出美国社会占主导地位的价值观念和行为规范。但与一些国家相比，美国更强调软性控制的作用。一般说来，美国的社会控制比较宽松，硬性控制比较软，软性控制比较强，有"小政府，大社会"之称。即政府的管理权限有限，社会主要通过法律制度和各种传统的风俗习惯、舆论导向进行控制。实际上，这也与美国历史上的个人主义文化发展有关。美国的个人主义文化崇尚个人的价值和个人的自由发展，它使美国人长期重视追求一种个人自由的生活方式，反对外部的过多的干预。这种文化不仅成为人们日常生活的观念和价值，也通过美国社会物质财富的创造而体现出来，深深地扎根于美国社会的物质文化和精神文化的土壤中。因而，在美国，虽然社会的一般管理主要是通过立

---

① 段连城：《美国人与中国人》，新世界出版社 1993 年版，第 10—11 页。

法进行，联邦和各州的各种法律条文又多又细，但美国人认为，法律不是为了干预人的自由，而是为保护个人的自由而设立的，在法律面前人人平等。而且，美国人还认为，在人们的日常生活中，只要法律允许，人们爱干什么就干什么，这是属于个人权利范围内的事。而在法律之外实行一种强制的手段或措施来干预人们的生活是行不通的。因此，我们可以看到，尽管在美国，人人强调自由发展，每个人也都有自己追求的目标，但在法律的制约下和社会舆论的影响下，整个社会呈现出一种散而有序的状态。这实际上就为美国式的开放式教育的推行提供了有利的条件。美国的个人主义文化使美国人选择了自由的生活方式，而美国的法律制度又保障了美国人这种自由的生活方式。这就使得美国式的生活方式和教育方式带有开放式的特征，开放式教育也成为人们最为认同的教育方式。

第三，它与美国的教育管理的特点有关。美国的教育是按照美国人反对联邦政府过多干预地方事务的传统信念建立的。从美国教育管理的特点来看，美国联邦教育部对各级别和各层次的教育政策和事务没有统一和严格的规定，教育行政权主要在各州。各州除了对本州教育进行一般的规定之外，主要通过各州设立的学区教育委员会负责本学区的教育事务；同时，学区内的各级学校又按本校的实际情况进行管理，不受统一的模式束缚，各个学校在管理方面有更多的自主权。

第四，它也与美国教育对儿童的认识和管理特点有关。从对儿童的认识来看，由于美国社会十分推崇个人主义文化和价值观，重视人的独立思考、独立人格和独立应对各种问题的能力，因此培养儿童的独立意识成为从儿童出生到进入学校教育的一个社会文化共识。孩子没有语言和独立意识之前，就让其自己单独住一个屋，到时间就上床睡觉，无论孩子怎么哭，大人都不心软；孩子有了语言和独立意识以后，家长和孩子说话就要用商量和征求的语气，不可强行命令。婴儿刚会说话，父母就会耐心地问他，早餐是吃面包还是麦片，让孩子知道自己的饮食可以选择；穿衣服也是让孩子进行选择，如果天冷，孩子固执地要穿单衣，母亲会告诉他这样的天气最好穿厚衣服，否则会感冒，但不会用任何方式强迫孩子服从自己，更不能打骂孩子，否则会被别人告发，会被警察逮捕。因为孩子是一个独立的人，自从有生命开始就应得到人权保障。到了学校以后，学校管理部门也是这样对待学生。学校教育注重学生的天性和潜质开发的重要性，而不把统一的管理和严格的训练放在儿童教育的重要的位置上，各类教育"点到为止"，告诉学生要做什么，好处在哪里；不要做什么，坏处在哪里。总之，美国家长和教师比较相信儿童内心的动力，教育所能做的就是启发儿童内在的动力。过多地管孩子，管得面面俱到，孩子的内心动力就懈怠了，反而转化为一种反抗的力量。①

第五，它也与美国儿童教育理论有关。一是"正面态度"理论。所谓正面态度理论，就是说永远对学生采取正面鼓励的态度，不要负面批评的方法。在学校里，学生从来听不到老师说，你做错了，答错了的话，经常听到的是赞扬，即使答错了，也会得到鼓励和赞扬。美国小学教师信奉的一个教学理论是，教小学生写作，只鼓励学生动手写，不必在意学生是否写对、写错。只要学生写，就是好，学生会慢慢纠正自己的错误。二是"儿童发展宽容"理论。在美国教师看来，儿童从小就有对自己事务的判断力，成人社会应该尊重儿童的这种判断力。具体在儿童身上，就是主张儿童有犯错误的权利，对儿童的错误思想和错误行为应当宽容，强调让儿童充分地表现自己，发展自己，儿童发展到一定阶段就会改正自己的错误。

美国学校开放式教育主要体现在以下几个方面。

一是教育观念的开放。这主要表现为美国教师在进行教学时能够从学生的需要出发给学生更多的思考空间。例如，在美国的中小学课堂上，教师不是一言堂，一节课讲到底；上课也没有固定框框，教师一般不讲解太多的内容，多是提出一些富有启发性的问题给学生，让他们相互讨论，查阅资料或使用多媒体计算机等形式主动获取更丰富的知识。美国的小学的许多教学形式是小组学习，学生通过积极参与小组活动，发挥自主性、积极性和独立性。在课堂上，教师也重视给每个学生提供思考、创造、表现和成功的机会，尽力通过课堂教学给学生带来欢乐和成功。课堂上，教师无论讲什么内容，讲到哪里，学生都可以随时举手，提出自己的问题，而教师会不厌其烦地给学生以指导，并鼓励学生通过自己的思考找到解决问题的办法。在布置作业方面也是这样，一般没有固定的标准答案，需要孩子自己去寻找资料，或根据要求自己编题，然后通过独立思考，创造性地

---

① 魏嘉琪：《美国中学生报告》，作家出版社 2002 年版，第 120—121 页。

完成作业。①

　　二是教育手段的开放。主要包括两个方面，一个是获取信息资料的手段开放。美国学校充分利用各种手段为学生的学习和发展提供有利的条件。美国的学校一般都有优良的条件，教室空间大，桌椅可调节，便于学生讨论，而重要的是它的信息手段的开放。美国任何一所小学都有图书馆，里面有各种图书，中学的图书馆比小学大，有些规模甚至可与中国的市县图书馆媲美。美国的许多学校的教室都有多媒体计算机、打印机、电视、录像、录音、投影、屏幕等现代化教学设备；许多教室还配有各种现代化的与教材配套的教学软件，学生可以课堂阅读，也可以课后借阅。美国的所有中学都有电脑中心，各种电脑软件设备应有尽有。电脑中心与国际互联网连接，学生可以随时查阅资料，进行打印，使课堂的教学和学习空间得到极大的延伸和扩展。② 根据学习需要，学生还可以随时到本地图书馆去查阅资料，用互联网、借书、翻阅报纸，即使是新出版的书，也可以找到。另一个是课堂教育手段的开放。主要是指学生可以走出学校到社会相关领域通过调查获得课堂上很难得到的知识，以加深对社会的认知。如学生可以三五人组成一个小组，去一个破产的企业进行调查。他们会用一个学期的时间拟订调查提纲，设计调查手段，寻找相关资料，论证破产的原因，最后写出有理有据的报告。另外，学校还可以把社会名流学者请到学校给学生上课，与学生进行交流，扩大学生的视野。

　　三是课程和班级管理的开放。美国中学课程和班级管理与中国中学有很大区别。在中国，一个班的学生都学习同样的课程，有固定的班级；美国的中学，特别是高中，学生选课，人人不同。例如，一个学生上英语课和一些同学在一个班级，上数学课可能会与另外一些同学在一个班级；上其他课程又会与其他同学在一起。因此，美国中学的"同班同学"的概念是流动和变化的。美国中学没有学生总在一起的固定的班级，也没有固定的教室。美国中学的教室一般都是按照学科进行划分，每个学科有若干

　　①　许新海：《美国小学教育考察》，南京师范大学出版社1998年版，第3页。
　　②　据美国国家教育统计中心报告说，1999年美国国内95%的学校已经与互联网链接（1994年为35%）。学生家中使用电脑的比例1993年为36%，2000年达到60%。参见 ［美］阿伦·奥恩斯坦、莱文·丹尼尔《教育基础》，杨树兵等译，江苏教育出版社2003年版，第468—469页。

个教室，学生上什么课就到什么教室。这样，美国学生也没有统一的课程表，一千个学生可能有一千个选课计划，有一千个课程表。为了解决这一复杂的问题，美国的中学多是采用计算机进行编排，并有相应的程序。尽管没有固定的班级，但是美国中学仍然要进行一定的"编组"。一般是每25人一组，有一个指导教师，有一个临时教室。每天学生到学校时，要到这一教室进行集中，与指导教师见面。教师利用这一时间进行点名，了解学生出勤和学习情况；学生也可以向教师提出问题，请求解答或帮助。

　　四是学生发展的开放。这里主要是指学生发展的多样化。美国学校教育一般奉行"点到为止"[①]的原则，反对对学生实行强制的教育，鼓励学生按照自己的特点进行自由选择和发展。学校教育鼓励学生多样化发展，并为不同学生的发展设立不同的通道。如对于学习能力突出的学生，可以设置"荣誉课程"和"高级课程"，对于能力比较差的学生，可以设置"基本课程"和"一般课程"。学校教育能够使少数学生达到最低标准就行，而大多数学生能够达到一般标准，只有少数学生能够进入先进行列。对于达到最低标准的学生，美国学校也有自己的办法。长期以来美国学校采取的是"社交性升级"[②]的办法，不让一个学生留级。90年代后期，这种情况开始发生变化，一些州和城市的学校取消了"社交性升级"的制度，但是为了不伤害这些学生，对于留级的学生，强调学区学校应该给予补习的机会。据统计，1999年，美国有1/5的学生将不能升级；芝加哥学区1999年就收留了25000名学生，为这些学生办补习班。[③] 还有一些学校有2/3的高中学生不能如期毕业，学生还可以在学校待到19岁，超

---

　　① "点到为止"是指不告诉学生应该怎样做，或者怎样做才对，而是强调向学生摆明各种事实，鼓励学生独立思索，独立寻找途径获得答案。当然，对于违纪和触犯校规的学生，美国学校会按照各自的规定进行严肃的处理。但是在学生的发展上，包括学生的学习成绩和努力程度，学校管理者没有强行的规定，而是根据学生的不同特点采用不同的方法，让学生尽自己的能力发展。许多美国人认为，任何人都不可以强迫另外一个人必须做什么。这一思想不仅成为美国的社会文化，也是美国学校教育文化之一。

　　② "社交性升级"（Social Promotion）也称为"同班升级"制度，是60年代美国教育家为中小学教育提出的一个理论。这一理论强调小学生从一年级开始就进入一个相同年龄层的社交团体。每学年结束时，不管一些学生的学业成绩和文化技能是否达到应有水平，都应该为保护这些学生的心理平衡，让他们跟随这个年级升入高一年级。

　　③ 沈宁：《点击美国中小学教育》，湖北人民出版社2001年版，第119页。

过 19 岁还不能拿到文凭就必须离开学校，到成人学校继续学习。总之，任何时候只要你想学习，学校和社会都会想办法让你实现目标。

五是学生管理的开放。这主要体现在学生发展的各个方面。如在学生管理上，以学生为中心成为学校管理的重要特色。美国的许多学校，包括从小学到中学在学生管理方面都比较松散，只要学生不违反法律和校纪，爱干什么就干什么，学校不能干涉；而校方如果违反原则则会遭到学生的控告。

在课堂管理上，教师十分注重调动和迎合学生的兴趣。例如，在中小学课堂上，美国教师常常运用许多幽默、故事和儿童语言，或谈论一些与教学无关的问题，吸引学生的注意。

在教学管理上，每个教师都有自己一套适合于学生的教学方法，教师比较注重启发式和讨论式教学，使得学生在学习中没有更大的压力和负担，在这个过程中，学生在逐步掌握初步知识的基础上，更多的是形成独立思考和创新的习惯和能力。

在德育管理上，主要是重视通过各种教育形式使德育工作与学生实际和社会实际结合起来，为学生成为美国社会的一个成员做准备。美国学校一般不开设道德教育课，德育的途径主要是通过"公民学"课程的学习，目的是培养学生成为合格的公民和具有为公众服务的社会责任感。在德育教育的内容上，中小学德育教育的主要任务是对学生进行公民教育，主要传授一般的伦理道德规范和法律知识。美国的德育工作十分注重层次性和渗透性。例如，中小学的教学方法强调由浅入深，层层递进。由于中小学生缺乏判断力，德育教育主要以正面教育为主，但注重启发诱导，联系实际，避免直接讲授规则或强迫灌输某种意识形态。同时，加强课堂上师生之间的讨论，通过学生自己的判断，进行一定的价值选择。美国的道德教育很重视联系美国社会的实际，为避免课堂教学或讨论流于形式，许多学校还把现场教学作为学校德育教育的补充形式。例如，组织各种社会活动、旁听审判大会或政府咨询会、模拟竞选总统讲演以及联合国大会等形式。美国学校的德育教育也重视社会榜样或楷模的作用，但它不是来自行政的干预或学校的导向，而是在社会各种媒体的影响下，学生依靠自我判断对某种对象的认同。因而，学生心目中的榜样往往是电影中的"超人"或现实中的文体明星、警察等，学生所崇拜的是那些"能干任何事情"的独立性强的英雄。

六是评价方式的开放。美国学校对学生的评价不是仅仅以智力发展或学习成绩为标准，而是重视对学生全面的和全方位的评价，特别是对即将毕业的高中学生来说。美国的学校课程没有全国统一的规定，各州的规定也比较笼统，但是各州、市、学区以至学校都有基本相同的高中毕业要求。主要内容是高中阶段学生必须学习的学科及每门学科要学习几年和必须选学的选修课程。一般是英语多为 4 年，数学多为 2 年，社会多为 3 年，科学多为 2 年。每学年一般为 36 周，180 个学习日。除了上述的基本要求外，在课程和学习上还有一些其他的附加要求。如在毕业前要通过美国宪法和州基本法的考试；要学过消费者教育课程；要求所有学生必须参加一定的社区工作或活动，以培养与他人合作的实际活动能力；还有的学校要求所有的学生都要学会如何查阅资料和利用图书馆；还有的学校要求所有的学生都要学习驾驶课程；等等。

七是家校结合的开放。美国学校非常重视与家长沟通形式的常规化。一般学生的家长与教师会议在每年 3 月和 11 月举行。会议给家长和教师共同参与对学生进行教育的机会。如有必要，家长和教师可以要求在一年中增开会议，开会时和学年结束时学校将提供学生学业情况的报告。对于学生的成绩，统计后保留在学校，但家长有权检查、审评并对记载的内容提出质疑。美国学校也都安排家长到学校听课。家长计划来学校听课可以提前打电话给学校或教师，以便了解当天的活动时间安排。家长到校后需要在校长办公室签字。美国学校还设有家长教师协会，包括主席、副主席、秘书、财务秘书、会计、编史员、审计员等组成。协会会议每月召开一次，及时与家长沟通情况，以得到家长对学校工作的支持。当然，对于学校的安排，美国家长也是积极支持的。在美国学校教室和图书馆里，经常可以看到许多由家长担当的志愿者。他们每天都轮流自愿到学校协助教师一起从事教育孩子的工作。①

总之，美国学校开放式教育在处理儿童发展和学校教育的关系时形成了一些特色：

一是从学生发展与教师的关系上来看，美国学校开放式教育比较重视儿童或学生的自由发展，强调教育者和受教育者双方的平等性，反对成人

---

① 许新海：《美国小学教育考察》，南京师范大学出版社 1998 年版，第 76 页。

对儿童进行严格的说教和管理，反对把成人的思想强加到儿童的身上，以免给儿童的发展带来过重的压力，禁锢儿童的思想。同时，强调成人要为儿童的发展创建良好的成长环境。

二是从学生的发展与教育条件的创建和教学过程的管理的关系上看，美国学校的开放式教育比较重视教师对教学情境的设计，重视教学管理的层次性、多样性、灵活性和宽松性，强调教学是在一种柔和、随意的和激励的过程中完成的。同时，在教学过程中重视学生学习的选择性和参与性，淡化教学的目的性，反对教学的强制性。

三是从学校与社会的联系上看，美国学校开放式教育强调教育的内容要与美国社会的政治制度和美国的文化价值观念相一致，重视利用各种场馆、各种设施和各种资料，全方位地对青少年进行美国的政治观、文化观、价值观和人生观等方面的教育；同时也鼓励家长参与学校的管理，监督学校的工作，其共同目的是使青少年的发展与美国政治、经济的发展相融合，为儿童的发展提供优异的条件。

美国学校的开放式教育是美国历史和社会多元发展的产物，它构成了美国个人主义文化的基础。美国学校的开放式教育又是适应美国个人主义文化发展的产物，它构成了美国学校教育管理和教育实践的基础。美国学校的开放式教育对儿童成长有利的方面是提供了学生独立发展的宽松条件；不利的方面是容易导致学生对自己发展的放任，反映在学校教育上就是学生学识存在不足，学生基础知识不扎实，容易产生学生大面积辍学的问题。[1]

三　务实型教育

在美国这样一个强调个人独立和自由发展的社会，如何使教育既能培养有知识有技能的人，又能适应美国现代社会的需要，这是美国社会和教育十分关心的问题。

长期以来，受美国实用主义文化的影响，美国学校教育在注重为经济发展服务的同时，把关注社会需要与学生发展紧密结合起来，形成了务实

---

[1]　1999 年统计，美国公立中学学生的辍学率高达 19.5%。魏嘉琪：《美国中学生报告》，作家出版社 2002 年版，第 147 页。

型教育的特征。主要特点是，学校教育在目标的制定、课程的设置，以及教育形式、教育方法的选择和实施等方面注重联系美国现代社会的实际，联系学生发展的实际，讲究学校教育教学的实用性和实效性，并根据社会和儿童发展需要及时做出调整，使其保持旺盛的发展活力。

美国学校的务实型教育与个性化教育和开放式教育是密切联系的。个性化教育是学校教育的核心，开放式教育是学校教育的途径，务实型教育是学校教育的基础，三者合力使儿童在一个开放的学习环境中得到更好的发展，为美国社会的不断发展提供活力和动力。

美国学校务实型教育的形成不仅与美国实用主义文化有关，也与美国社会发展寻求不同于欧洲的道路有关。美国是在吸收欧洲各国文化和经验，同时又摆脱了欧洲发展模式的基础上建立起来的。因此，在开发新大陆的过程中，作为一个新兴的国家，为了取得比别人更为有利的发展地位，采取实用、有效，快速发展的策略成为美国治国、治教的主要方针。这也影响了美国学校和学校教育的形成。美国学校务实型教育的主要表现为：

一是学校教育目标能够根据社会的实际情况积极进行调整，以适应社会需要。长期以来，美国的学校没有统一的目标和要求。在不同时期，学校主要是根据社会的不同发展需要提出具体的目标。例如，19 世纪以前，美国学校教育受基督教和贵族文化影响，主要追求传统的学术性目标，培养学生良好的阅读能力、理解宗教教义以及有关法律的能力等成为学校教育的主要任务。19 世纪后期，随着美国工业化和城市化的发展，学校教育为社会和经济的服务作用开始增强，学校不仅要培养学生的学习习惯，还要使学生认识所面临的新的劳动世界；学校不仅要使学生具有家庭和社会的价值观念，还要培养学生具有新生活的理想，使学生能够充分地适应社会和生活。这样，重视个人的发展，使学生成为良好的公民成为学校教育的重要目标。20 世纪初期，在进步主义教育，特别是杜威教育思想的影响下，学术性、公民性和职业性的目标开始成为学校教育目标的主要任务。以后，随着义务教育年限的延长，师资水平的提高，教育民主化的推进，以及美国经济高速增长对教育提出的更高的要求，到 20 世纪 80 年代，美国学校教育基本形成了学术性、职业性、社会性以及个人发展的四大目标，有力地促进了社会和学校教育的发展。这一目标变化的过程说明，美国学校教育的务实性和适应性是非常强的。

二是在学校设置和课程设置方面，美国学校教育注重从本国的实际出发创建自己的学校制度和课程体系，使学校设置和课程设置具有本土化和多样化的特征。

在学校设置方面，长期以来，美国传统的普通学校也主要是为上大学做准备的。但随着社会的迅速发展，教育规模的不断扩大，特别是 20 世纪 70 年代以来美国社会和家庭问题的不断出现，逐步形成了服务于本地、社区和家庭的各种类型的学校教育体系。这里以美国纽约市为例，70 年代，纽约市除有综合性高中之外，还有教育选修高中、专科高中、职业高中、独立变通性高中（亦称小型高中）、特种高中，（如夜间高中招收超龄生）、怀孕少女学校①，还有到家指导教育②、特别教育③，等等。而在 80 年代以来，受"自由择校"思想的影响，各种新的学校如磁石学校、特许学校、公校私营学校、在家学习学校等相继出现，对传统的公立学校独大，弊端突出的问题造成极大冲击。美国学校体制上的这些新变化反映了教育体制整体性改革的特点，对学校的结构和效益产生了重大影响。

在课程设置方面，美国学校也非常注重实用性，课程细化特征明显。美国中学课程主要有"四大科"——数学、英语、社会科学和科学，但是每一科还有更细致的划分。例如，高中数学包括，代数、几何、高等代数、三角函数与解析几何、微积分、统计学、高等数论、大学预科高等数学；英语课包括文学课，分专题研究世界文学、种族文学、美国文学和欧洲文学，也有大学英语和新闻学等选修课；社会科学课包括世界历史、美国历史、美国政府、经济学、心理学、艺术历史、建筑史等许多课供学生选择；科学课也是分科的，有综合科学、地球科学、气象学、生物学、化学、物理、海洋科学、生理学、生物工程、大学生物学、大学化学、大学物理、环境科学、大学环境科学等。另外，外语课程有中国的普通话、广

---

①　专门招收从普通中学退学后转入的未婚而怀孕的女青少年学校，除学习高中主要科目外，还选修怀孕、生产、育婴及心理辅导等课程。

②　专门对有身心、情绪障碍或患病长期不能就学的儿童所实施的教育。

③　专门为视听，或身体有缺陷、精神不健全或智力低下的儿童所设置的教育。

东话、日语、韩语、西班牙语、德语、拉丁语、俄语、荷兰语、意大利语、葡萄牙语等。① 之所以进行这样的设置和细分，一个基本的考虑是由于学生发展水平不一，需要不同，提供多样性的课程可以让学生有更多的选择，学生可以根据自己的发展需要和学习水平进行适当的选择，同时它通过不同的设置和课程渠道，有利于社会更好地选拔人才。当然，这样的课程制度和学科设置对于课程资源和师资资源是有较高要求的。

这里特别强调的是，美国高中还设置大量选修课程供学生进行选择，选修课的分量占总课时量的 50%。以美国圣路易州帕克卫市的中心高级中学的《学生课程指南》为例，该《指南》一共有 211 门选修课。如英文的选修课有创作、评论、新闻、演讲等方面；外语可选修法、德、日、拉丁文或西班牙文；社会科学的选修课有经济、法律、心理学、社会学、人类学等；科学方面可选修天文、气象、地质、冶金、环保、遗传学、解剖学、体育科学及计算机科学等；体育也有很多专项可供选修，如防卫、游泳、举重、网球等。除了上面这些选修课以外，实用技术类和艺术类也属于选修的范围。实用技术类包括商业、工业及家政三大类，共四十余种课程。例如打字、速记、公关、会计、计算机应用、时装设计、食品与营养等实用技术课程都是直接教授就业技能的。艺术类则设置了绘画、摄影、雕塑、戏剧表演、声乐及各种乐器演奏等。而且选修课也有选择余地。许多主要课程如英语、数学、物理、化学、生物、历史等都有不同程度的"荣誉课程"，这些课程可以让学习能力强的学生更好地深造。多样性的选修课为学生的多样化的发展提供了非常有利的条件。②

三是在教学组织形式方面，美国学校着眼于不同儿童的发展潜能和动因，注重发展儿童的个性品质，形成了灵活多样的教育组织形式，也反映出了其务实的特征。例如，在学前教育阶段，许多幼儿园依据自己的特点，为儿童的发展提供不同的教育组织形式。主要有以下几种："开放式"，几个班级在一间房子里，班级之间无隔墙，只用玩具柜围一块活动

---

① 方帆：《我在美国教中学》，华东师范大学出版社 2006 年版，第 199 页。

② 俞祥：《在美国读书——谈美国的中学教育》，转载自 1994—2007 China Academic Journal Electronic Publishing House. All Rights Reserved，http：//www.cnki.net。

范围；"自由式"，儿童可自由在活动区内玩耍、学习，教师只是帮助解决问题；"集中式"，儿童在一起讨论问题或组织参观，培养儿童在集体中表达的能力；"分组式"，在布置好的环境中分组轮流进行教学，教师只是给予适当的指导；"个别式"，主要是对能力差、有一定学习障碍的儿童，教师进行个别指导；"辅导式"，主要是到家里为那些不能上园的儿童进行辅导。在中小学阶段，由于美国学校教育比较强调个性化和开放式教育，因而，教育上注重研究不同学生学习类型的特点，形成了对学生学习类型的认识。如一些专家研究指出，学生学习的类型主要有 6 种，包括有"动手型"，这类儿童需要较多的身体活动参与，才能记住内容。这类儿童适宜动手项目的学习。"视觉型"，这类儿童适宜电影、电视以及一些展品的学习。"自由型"，这类儿童在不太严格的学习环境中成绩突出。"伴音型"，指学习中需声音作背景，才能集中思想，而不受干扰。"成对型"，这类儿童在与小伙伴一起学习时才有效，而在单独学习或分组学习时不理想。"走动型"，这类儿童在学习时常常走动，走动后，学习注意力会更集中。这种对儿童学习类型进行细致划分的做法，在一定程度上反映美国人对儿童特点的一种非常实际的看法，美国学校教育也正是这样做的。

　　四是在教学内容方面，美国学校教育也采取非常务实的做法，注重把与美国政治经济生活密切联系的内容作为教学内容，把学生的学习与美国社会的发展紧密相连，让他们关注国家的政治和经济的发展。例如，在美国学校教学中，"政府学"课程是高中阶段非常重要的必修课程，所有的学生都要学习。"政府学"课程是一门帮助学生了解美国政府职能、结构、功能运作，同时也了解美国社会历史，包括社会运作等内容的课程。在美国人看来，一个人无论是否关心政治，是否有政治抱负，都要出来关心社会的运作，成为社会的积极参与者。如美国柏克莱高中的政府学教学就有关于城市交通问题调查的内容。在上课时，教师要求学生写一份关于城市交通的调查报告。完成这样的报告，往往需要一个学期的时间。学生要先写提纲，每两个星期交一部分，每一部分都要设计得相当严密。写调查报告需要有认真的准备，如关于调查的问话艺术，资料查询的手段等等，都要进行严格的训练。学期结束前的两个星期出去进行调查，最后完成报告。学生所写的这份报告引起了市政府的注意，市议会最终采纳了其建议。

因此，学生以及指导教师、校长等都被邀请参加市议会。①

另外，美国学校教育还比较重视对学生进行与生存和生活有关的教育，包括理财教育、馈赠教育等。例如在理财教育上，美国人不赞成把钱存进银行。因此，美国没有关于孩子省钱、攒钱和存钱的教育，而是进行"用钱生钱"的教育。这样，如何借钱完成学业，就成了美国学校教育的内容之一。一般来说，上了中学以后，老师就要对学生进行如何借钱的教育。低收入家庭的孩子要认真学习怎样从州政府借钱解决自己的学费，怎样估算利息，怎么从联邦政府和各种基金会贷款。学校在这方面也举办相应的专题讲座。中学升大学时，学校会安排专门教师帮助学生填写相关的表格，指导他们如何完成贷款程序并最终顺利获得贷款。

五是在教学方法方面，美国学校教育强调"学以致用"的观点，重视"教、学、做"合一，以"学""做"为主，培养学生运用知识解决实际问题的能力。这里的"教"，主要是强调学校和教师的责任是指导学生学习；"学"，是激发学生的潜力，发挥学生的能动性，使其能积极地参与学习；"做"，就是应用所学知识去解决实际问题。由于教学强调"学以致用"，因此学校教育对"学"和"做"的强调要重于对教师"教"的强调。教师的教学只具有启发引导作用，旨在从小培养学生的自学能力和动手能力，特别鼓励学生保持独特性、发挥想象力和创新意识。在课堂上，美国教师比较注重概念的应用，不强调学生死记硬背。课堂上的作业也往往比较活，尽量让学生开动脑筋，而不是把时间花在反复练习、机械背诵上。例如，英语课学完一篇文学作品后，一般不布置默单词，背课文，或按照课文答题等作业，教师往往把注意力放在让学生改写故事结尾或扩展故事上，尽量发挥学生的想象力和创造力。

在教学上，美国教师多采用各种方法处理教学问题，利用多种手段调动学生学习的积极性。例如，在课堂提问上，美国教师的提问技巧是，不问"为什么"，而问"是什么"。在他们看来，"为什么"的问题容易导致学生消极地应付，而"是什么"的问题，则会鼓励学生细致地观察，并进行讨论。他们提问的另一技巧是，把课堂的注意力集中在学生回答问题的异同点上，如"还有人是（不是）这样认为的吗"之类的问题，这

---

① 魏嘉琪：《美国中学生报告》，作家出版社 2002 年版，第 138 页。

样可以让学生了解自己和他人的情感和想法，创造一种心理上的安全感，承认彼此的差异，增强自尊和自信心。在课堂上，进行"角色扮演"也是美国教师常用的方法。这个方法主要是通过学生的"学"和"做"，让学生从他人的角度去看问题。一般是先自己表演自己，然后再看其他同学如何表演自己，从而获得对自己和对他人的了解。

　　"小课题"研究也是美国学校教育通过学生的"学"和"做"解决问题的实例。例如，在美国小学六年级的社会课中，学生研究的问题是"了解世界各国"。教师首先让学生根据自己的兴趣确定需要研究的国家，然后为学生提供研究提纲，指导学生研究。具体研究提纲如下：第一，你研究的是哪一个国家？其首都是哪一座城市？它位于什么位置（哪个大洲）？第二，说明这个国家的典型地形特征，并用不同的颜色在地图上把不同海拔的地形描绘出来。第三，列举出这个国家的资源和矿产，并说明它们的最大价值。第四，描述这个国家的气候特点。第五，指出与这个国家接壤的国家。第六，说明这个国家是哪种政治体制。学生完成这一研究，往往需要较长的时间，有时需要一个月，有时需要一个学期。

　　在小课题研究过程中，教师要对学生进行具体的指导。首先，教师除了帮助学生确定研究主题、为学生提供研究提纲以外，还要为学生提供丰富的研究资料，教给学生科学研究的方法。例如，在上面的研究活动中，教师就为学生提供了各个国家的地图册和介绍各国文化的书籍，学生可以在图书馆（或电子阅览室）随时查阅所需要的书籍。其次，教师要全程参与学生的研究活动，及时指导和帮助遇到困难的学生。这种指导多数是在课堂教学中完成，有利于提高学生课题研究的质量。再次，重视对学生交流的指导。主要有二，一是教师注重引导学生借助实物进行交流，提高交流的实效性。如在某次研究"埃及文化"的社会课上，教师现场抽签决定学生交流的顺序，在交流过程中很多学生都拿出具体的实物来介绍自己的研究成果：有的穿着埃及人的服装；有的找来一些埃及人使用的工具（捕猎的铁夹、羊角号、照明灯、埃及人用的布料、埃及人使用的子弹等），一边介绍一边让全班学生轮流观看这些物品；还有的借助实验操作来阐述自己的想法。例如，在介绍古埃及农场使用的一种提水装置时，学生利用准备好的实验材料组装了一个提水装置，并现场演示提水的过程，收到了很好的效果。二是注重引导学生在交流中提出问题。每次学生交流后，教师都给学生留出自由提问的时间。学生根据获取的信息，提出自己感兴趣的问题，由负责介绍的同学给予简单的解答。不能现场解答的，可以记录下来，以后继续研究。[①]

总之，美国学校的务实型教育与个性化教育和开放式教育一起，为学生的发展提供了有利的条件，使得学生在这一过程中能够学习到与经验相关的内容。在中小学教育阶段，美国学校教育对学生的主要要求不是学多少基础知识，而是让他们充分发展自己的个性，培养他们对学习的兴趣。此外，学校还通过社区服务课，鼓励学生做义工，为社区服务。这种课程旨在培养学生的动手能力、实践能力和社会责任感与服务精神。正是在这种环境中，孩子们真正懂得了如何"学会生存""学会创造"。并且，美国不少大学，尤其是一流大学，在招生时除了看学生的 SAT 成绩外，还特别注重考察学生的全面素质。招生时，学生除了提供 SAT 成绩，还要提供高中成绩单、教师或社会组织负责人的推荐信、社区服务活动、学术经历等，全面衡量一个学生的综合素质。正是因为高校招生方式的这种导向作用，美国中小学才可以在教学中进行各种教育创新，学生才可以这么轻松地在学习中进行创造。美国务实型教育的实施是与整个教育环境强有力的支持分不开的。

四　规范式教育

从上面的分析，我们看到虽然美国学校强调个性化教育、开放式教育和务实型教育，鼓励学校的不断创新和个人的自由发展，但是美国学校也非常重视规范式教育。

所谓规范式教育就是学校教育和教学注重一定的规范和程序（Routine），注重规范内容的具体、详细和程序的可操作性，反对抽象和模糊。这也是美国学校教育的一个非常重要的特色。如果说，美国学校教育对人宽松的话，那么它对事就比较严谨和认真。人是人，事是事，对人与对事分得很清楚，做事时不讲人情，严格按照规范和程序做。这些观念也体现在美国学校教育的许多方面。

---

① 高令峰：《美国学校如何引导学生进行小课题研究》，转载自 1994—2007 China Academic Journal Electronic Publishing House. All rights Reserved，http：//www.cnki.net。

一般来说，在美国的新教师和经过在职培训的教师都比较注重在教师教育和培训过程中所接受的规范教育和指导，并且按照这种指导对学生进行教育和管理。美国新教师的英语阅读和理解训练是一项非常重要的内容。阅读训练内容包括解码和理解的阶段，要求不仅能够拼出单词，还能够理解其中的含义；理解训练内容包括句子结构的认识、知识掌握、语境的认识，以及阅读提示的掌握等。由于这些训练每一步骤都牵涉非常专业的阅读发展理论和相应的教学法。因此，在美国小学的英语教师尽管使用的课本不一样，但是在课堂里所进行的程序是一样的。主要原因是他们在接受教师执照训练时接受的阅读教学法训练是一样的。

不仅是在教学方面，在教师的道德行为方面，美国全国教育协会（NEA）也有明确的规范。这里主要以教师对学生的责任规定为例。

该规范在"序言"中指出："教育工作者相信每个人的价值和尊严，认识到追求真理、献身完美、建设民主原则的重要性。这些目标的根本目的在于确保教与学的自由，确保给予每个人公平的受教育机会。教育工作者都愿意遵守这一最高的伦理标准。"①

关于教师对学生的责任，该规范指出："教育工作者努力帮助每个学生认识到自己作为一个有价值的社会成员所具有的潜能。因此，教师要激发学生的探究精神，鼓励学生获取知识，鼓励学生树立有价值的理想。要完成对学生的义务，教师——

（1）不能无理限制学生追求知识的独立行为。

（2）不能无理禁止学生接受各种不同的观念。

（3）不能故意隐瞒或扭曲与学生发展相关的题材。

（4）应该努力保护学生，避免学生在学习、健康和安全方面受到伤害。

（5）不能蓄意为难学生或贬低学生。

（6）不存在各种偏见，包括种族、肤色、信仰、性别、民族、婚姻状况、政治或宗教信仰、家庭、社会或文化背景、出生等方面，

---

① ［美］阿伦·奥恩斯坦、莱文·丹尼尔：《教育基础》，杨树兵等译，江苏教育出版社2003年版，第48—49页。

从而不公平地——

①拒绝任何学生参与任何项目；

②不让学生受益；

③把任何优惠给任何学生。

（7）不为私利与学生发生职业方面的关系。

（8）不能泄露学生在专业服务过程中所获得的信息，除非有助于一项必要的目的或是法律所要求的。"①

从 NEA 的这一道德规范可以看出，美国教育协会对教师的要求非常明确，主要目的是"确保教与学的自由，确保给予每个人公平的受教育机会"。具体目标是相信每个人的价值和尊严，坚持追求真理、献身完美、建设民主社会。在这种思想指导下，"规范"对教师提出了多种"不能"的具体的义务。这些恰恰反映了现实教育中美国教师的基本做法，即激发学生的探索精神，鼓励学生独立获取知识，允许学生接受各种不同的观念。这一思想不仅反映了美国学校注重个性化教育的特征，也体现了其学校教育开放式的做法，规范教师的行为，确保学生的发展，教师的教育和教学是为学生发展服务的。

美国学校教育对学生的规范还可以从小学的"学生行为目标指引"和"小学生的行为规范"中窥见一斑，学生违反规范的要受一定处罚。美国学校一般都有小学生"学生行为目标指引"（Student Expectation Guide）。包括许多内容，如关于"班级守则"（Class Rules）的规定，要求任何时候都要尊重别人；准时到班上课；铃响后方可离开座位；上课带好课本、笔记本、纸和削尖的铅笔或钢笔；在座位上保持安静，除非让你做其他事；按布置要求完成课堂作业和家庭作业。关于"出席"（Attendance）的规定，如果学生缺课，必须在三天内讲明原因，否则作为旷课记入个人档案。由于这一天缺课，该学生的年度成绩单只能记零分；如果三天以内讲明原因，可以进行补课并有成绩。从这些可以看出，美国的小学

---

① ［美］阿伦·奥恩斯坦、莱文·丹尼尔：《教育基础》，杨树兵等译，江苏教育出版社2003 年版，第 48—49 页。

管理还是比较严的。关于"评分"（Grading Scale）①，美国学校布置的每份作业都得打分。学年打分也是按这个标准衡量。学年总分采用百分制和等级两种方法计算，如98—100分为A＋，93—97分为A，90—92分为A－，88—89分为B＋，83—87分为B，80—82分为B－，78—79分为C＋，73—77分为C，70—72分为C－，68—69分为D＋，63—67分为D，60—62分为D－。这种详细划分使学生对自己的学习情况一目了然。

美国学校的"小学生行为规范"对于学生的行为也有许多明确要求。如"教室规则"中，要求学生，认真听；遵循指导；安静地学习，不打扰正在学习的同学；尊敬他人，言行有礼貌；爱护学校及私人财物；安静地学习和娱乐。在"学生行为规范"中，要求学生做到以下几条。第1条，做事要保证安全，有秩序，包括从走廊中穿行；正常使用洗手间，不在里面闲混；遵守操场游戏规则；在指定的管理区域内活动。第2条，听从学校工作人员的指示。第3条，尊重别人的权利和财产，包括讲话有礼貌；不要碰别人的东西。第4条，心平气和地解决同学间的争端，包括任何时候都不许打架；做到始终有礼貌。第5条，使用恰当的语言。② 这些规定和要求都比较具体，符合小学生的发展，他们也比较容易理解。

美国中学注重学生的个性化发展，允许五花八门的观点存在，但是在学生行为的规范上也是要求严格，毫不含糊。学生在学校每天必须进行宣誓，而且人手一册校规，这些成为学生做也得做，不做也得做的"没商量"的"天条"。例如，美国中学有关于学生"权利和义务"的规定。关于"学生的义务"的规定，包括注重校规，尊重校规；接受和承认校长、老师和其他工作人员的领导和权威；尽自己最大的努力去学习；准时到课堂上课（因实行走课制，没有固定班级，需要自觉纪律）；在集会或各项活动中要举止适中；有良好的体育运动习惯；完成作业；尊重他人和他人的财产，赔偿损坏或偷盗他人财产导致的损失；保证家长能够看到学校让带回家的各种文件和报告。关于"学生的权利"，包括获得可能的最好的教育；作为一个个人而得到公平的对待；通过个人或学校的代表组织表达

---

① 许新海：《美国小学教育考察》，南京师范大学出版社1998年版，第37—38页。

② 同上书，第40—41页。

自己的意见和看法；如果有违反纪律的问题，应该被事先警告通知；参加课外活动。①

对于学生在校出现的违纪问题，美国学校在处理上不仅有处罚，也有理由。美国学校规定，任何学生不遵守学校的规章制度，或者不执行学校教职工在学校范围内或因学校有关的活动做出的合情合理要求，都视为违纪行为。如果学生触犯校规，学校的教职工、学生或家长应报告给校长，学校根据本州的刑事法或者当地的法令配合任何可能的起诉。老师是执行学校纪律的关键人物。老师要竭力去处理一般问题以维持正常课堂纪律。当一个违纪问题已严重到需要校长或校长助理过问时，老师应寻求他们的帮助。在这种情况下，老师和校长应依据学区教育董事会的规章处理学生。美国中学把学生违纪行为明确区分为"严重失当行为"，包括破坏学校、损坏学校财物、损坏私有财物、携带武器和危险的器械、吸烟、偷盗、赌博、吸毒等；"其他不适当的行为"，包括逃学、过量缺席、作弊、迟到、驾车，各种违纪，包括不做家庭作业、拒绝服从教职工的指导、在校乱扔杂物等。② 从学生"严重失当行为"来看，美国学校和学生的发展受社会影响是非常大的。

对于学生的违纪行为如何惩罚，美国教师有自己的认识和做法。在他们看来，只要学生违反校规就是错，就应该惩罚，没有任何争辩和讨论的余地。因为学校的规章制度写得非常清楚，该惩该罚非常明确。举例来看，美国学生使用的课本都是由学校提供且免费的，但是学生将要负担过度损坏书本的责任。丢失新书，罚款100%；丢失已用1年的课本，罚款75%；丢失用了3—5年的书罚款50%。③ 当然，这些是硬规定，也有依靠教师自己创新办法惩罚学生的。如黄全愈博士在《素质教育在美国》中介绍的美国女教师福兰莫小姐惩罚犯错误学生时就采用了自己新想出的方法，让孩子把自己名字写在黑板的一角；若再犯，就在名字后面加一个勾，一天中得3个勾，放学后不许回家，留校30分钟。④ 美国教师的这

① 黄全愈：《素质教育在美国》，广东教育出版社1999年版，第130—131页。
② 同上书，第144—148页。
③ 同上书，第133页。
④ 同上书，第228页。

种惩罚教育有其基本的理论。在美国教师看来，每个人的心中都存在"ego"。"ego"是一种膨胀的自我，"ego"与人本性共在。它表现为过分的自负和过多的自我中心。个性的过度发展，会衍生出"ego"的膨胀。孩子在成长过程中所表现出来的非社会行为，例如，不遵守课堂纪律，不听从老师的教导，打架等，其实都是"ego"的膨胀所致。要矫正这种非社会性行为，抑制"ego"膨胀是非常重要的措施。因此，惩罚的目的就在于扼制"ego"的膨胀。在美国人看来，说理、教育都是外在的东西，调动自我才是根本。学生犯错误，没有更多的道理讲，主要看是否违反了学校的有关条文，违反了就处理。其结果是，尽量避免教师在那里苦口婆心地讲，而是调动学生内在因素，让孩子真正从自己心里去认识什么是对，什么是错，从教训中学会社会法则。①

美国学校的规范式教育不仅对教师和学生的行为有具体要求，在教师教学上也有体现。众所周知，美国的学校五花八门，各有不同，教师选择教材也各有不同，但是在进行教学上往往遵循共同的规范。美国人相信把一切东西都应当规范化，都有固定的程式。在他们看来，程序化的教学可以方便教师传授知识和学生学习。例如，美国学校的课堂经常有"挑战性学习"的教学，学生上课一定要熟悉这一程序，否则难以适应。② 这种教学的程序一般是根据学生的学习需要把全班学生分成几个组，然后让每组学生分别选出一个小组长，一个口头报告员，一个书面记录员，一个时间记录员，一个材料员，要求每三天换一次角色。教师提出"挑战性学习"问题后，要给每个组的学生分配不同的任务。有了任务后，学生先在小组里讨论，明确自己的任务，然后把任务分成几个部分，写出每一部分所需要的资料、知识和技能是什么，看看得到以后能否解决问题；如果不能，就继续分析任务，重复上面的讨论，直到得到了足够的资料、知

---

① 黄全愈：《素质教育在美国》，广东教育出版社1999年版，第229—230页。

② "挑战性学习"是美国中学生重要的学习方式，它主要培养学生自己动手解决问题的能力。包括许多原则，如寻求问题解决的答案不一定来自学生本身，可以是学生去咨询专家得到的答案。在现实生活中，很多问题的解决，都不一定是提出问题的人本身的能力可以做到的，但是懂得主动寻求答案，也是一种能力。挑战性学习原则还强调，有需要，就有动力；需要来自学生；学生的需要离不开老师的指导。参见方帆《我在美国教中学》，华东师范大学出版社2006年版，第11—13页。

识、技能，完成任务为止。由于学生比较熟悉这样的程序，因此，他们能够很快投入和参与，获得较好的效果。①

在美国中学的作文教学也比较重视形式训练和规范要求。美国中学的作文课也有给出的题目，如"分寸""沟通"，但是在进行写作之前有"脑力激荡"环节，即给学生一定时间思考，对一看到题目所想的东西进行发言，比如看到上面这两个题目可以写什么，课堂按照记录员对涉及这两个题目的发言在黑板上进行归纳。学生发言以后，老师再给一定时间让学生对黑板上归纳的东西进行分析，看哪些是有"前途"的，即哪些是可以深入讨论，成为一篇论文的，把重要的内容圈起来，看看如何写。关于写"记叙文"，美国学校教学有一套检查表格，如"高级记叙文检查表"有两个部分内容，一是总体印象，包括，题目与内容有关吗？所有的对话都要另起一段吗？全文至少分成三大部分或三段吗？开头是怎样的，吸引人吗？理由？文章有主题吗？文章的主题是通过一个什么故事写出了一个什么道理？文章是不是只说了一个故事？文章是不是写成了流水账？文章是不是"概括性写作"？文章的结尾有没有回应主题？是如何回应的？文章是用第几人称写的？用其他人称可以写吗？为什么？二是具体内容。包括故事的矛盾是什么？正面人物是谁，身份是什么？反面人物或者反面势力是什么？矛盾是如何开始的？矛盾是如何组织的？矛盾使用了伏笔没有，是什么？矛盾高潮是什么？有没有与主题或者矛盾相衬的人物性格、行为描写？举例说明？有没有与主题或者矛盾相衬的人物外貌描写？举例说明？故事使用的语言是否生动吸引人？举例说明？矛盾的最后解决是否跟主题或者题目有关？为什么？②

关于"议论文"的写作，美国学校也有一套规矩。美国教师认为只有能够引起议论的主题才能成为议论文。议论文的类型可以分为，定义

---

① "挑战性学习"与传统授课方式不同的地方在于，一是课程学习不是割裂的。平时学习的每一科目内容在实际应用时都是有关联的。二是学生在学习的过程中发现依靠个人无法完成学习任务，团结合作是重要的。三是学生为中心的学习。这种学习是在老师指导下，学生选择自己想学的内容，并能决定如何评估自己的学习成果。四是学生的学习因为与社会相结合，更有目的性，更能提高分析问题和解决问题的能力，尤其是综合能力。参见方帆《我在美国教中学》，华东师范大学出版社2006年版，第184—185页。

② 方帆：《我在美国教中学》，华东师范大学出版社2006年版，第165—166页。

性、对比性、分析性、反驳性和评估性几种。上面提到的"分寸"和"沟通"这两个题目，比较适合写成定义性的议论文。写"定义性议论文"有一套评分表，一般包括三个段落。在开头引入段，包括有没有一个吸引人的开头？可以使用类比，或者设问等方法；有没有解释题目？（就是给予题目一个定义）有没有提出中心论点？有没有用一句话说明中心论点的每一个分论点？有没有关于这篇文章的背景资料？在中间分析段，包括有没有段落主题句？句子好不好？分论点是不是用段落主题句表示的？每一个分论点是不是在开头引入段提到过的？作者如何论证每一个分论点的？分论点之间有什么关系？分论点论证成立以后，是否就能得出中心论点正确？如何才能做到中心论点提倡的道理或观点？论据有没有代表性？是否多元化？有没有说服力？在结尾总结段，包括有没有再次强调各分论点？有没有用简洁的语言总结全文？有没有三句以上？利用这种方式组织的语文教学，比较注重学生的参与，学生根据评分标准，先是自己评，自己修改，然后再与同学评，与同学一起修改。通过这样的学习，可以使学生提高阅读、口头表达和写作能力，也可以客观地对待自己作文上存在的问题，明白好文章的标准。一些实践者指出，这样写尽管文章结构相似，但是内容丰富多样，没有出现"千人一面"的现象。① 从这里可以看出，美国中学的作文教学，比较注重形式上的、严格的规范训练，而对学生作文的思想和内容的创新则是鼓励的，形式是为内容和思想服务的。

不仅是平时的作文教学，在美国中学考试中，对作文写作格式也有严格的规范和要求。美国中学语文考试除了一些选择题以外，还有"作文题"（essay question），即要求学生写一篇作文来回答问题。美国学校对作文考试的要求一般有两种，一种是严格按照格式和规范写的 essay writing，这类作文格式非常重要，格式错了，内容再好都不及格；另外是一种创造性作文（creative writing），没有格式的限制，但考试时不准写这种作文。essay writing 的格式通常包括这样三个方面，开头提出背景，引入讨论的主题，然后用一两句话说出自己的三个论点；然后，针对每一个论点，写出理由，使用论据；最后，总结论点，提出做法。教师在进行阅卷时先是看每一"部件"是否具备，缺一个就不及格，内容就不用看了。假如所

---

① 方帆：《我在美国教中学》，华东师范大学出版社 2006 年版，第 169—175 页。

有部件都齐全，才看主题，最后再看论证是否有道理。只要学生论证有道理，主题鲜明而且结构完整，就可以得高分，不管内容健康与否。①

第三节 美国学校教育特征分析

任何民族的学校教育的形成都是一定的社会结构和文化类型的反映，美国学校教育也不例外。从美国学校教育的这四个方面的特征来看，在美国这样一个经济发展迅速，文化呈现多元特征，家庭结构变化较大，教育成为个人提升的重要工具的社会里，学校教育深深打上了美国社会各种思想的烙印。个人主义、实用主义、多元价值观、互利主义文化等成为支配美国学校教育形成和发展的重要思想渊源。同时，美国学校教育的形成和发展又与美国学校教育的指导思想和指导方针的制定，与其教育内容和教育形式的改革和发展分不开的。美国的学校教育在美国的社会文化中孕育、成长和发展，同时又创造和推动美国社会文化不断扬弃和发展，美国学校的个性化教育、开放式教育（研究型教育）、务实型教育和规范式教育成为美国社会和文化学校教育的重要组成部分。它在形成美国精神，促进科技进步，改善生活质量，提高教育水准等方面发挥了重要的作用。纵观美国学校教育的基础及其特征，以下几个方面的问题是值得我们注意的。

一 美国学校教育注重与政治、经济、文化的联系

美国学校教育从整体的发展来看是比较注重适应美国社会的发展的。可以说，美国学校教育发展的历史，在一定程度上是美国社会政治、经济和文化发展的历史写照。美国学校教育在形成和发展的过程中，为推动和繁荣美国的教育事业，培养适合美国社会需要的各方面的人才，发挥了重要的作用。

19世纪30年代，随着美国工业化和城市化的兴起，以及政治民主化运动的推进，美国公立学校运动的产生适应了这一社会发展趋势，创立了

① 方帆：《我在美国教中学》，华东师范大学出版社2006年版，第57—58页。

由地方政府管理教育，教育与宗教分离，男女同校，教育经费依靠政府税收支付的学校教育，对融合多元的价值观念，实现教育机会的平等，建立共同的文化，开辟了新的道路。

20 世纪初期，美国学校教育与美国进步主义教育思想结合在一起，把注意力放在儿童的发展上，注重教育活动以儿童为中心，从儿童观、教育观、到学校教育形式、教育教学内容和方法，都进行了大胆的改革，形成了与传统教育的鲜明对照。确立了现代美国学校教育注重儿童的动态发展、整体发展、自由发展和能力发展的新的教育观。

20 世纪 30 年代以后，美国学校教育又随着美国经济危机的出现，使教育目标由关注儿童中心转向关注社会中心。强调儿童的发展应与家庭和社会的变迁紧密相连，教育适应社会成为美国学校教育发展的重要内容。

第二次世界大战以后，随着新的科技革命的到来和政治上冷战局面的出现，美国学校教育的指导思想又由重视儿童生活、适应社会为中心转向重视儿童的理智训练和以科学技术为中心。与儿童有关的天才教育和能力分组教育受到重视；学校教育的课程、方法及组织成为教育改革的主要内容。

进入 20 世纪 60 年代以来，美国国内问题突出，各种民权运动风起云涌，美国人民争取民主权利的斗争不仅向美国社会发起了挑战，也向美国的传统教育发出了挑战。强调"教育平等""教育自由""家长参与"等主张，成为教育改革的重要内容之一。

从 70 年代到 90 年代，美国几乎每隔几年都要对教育进行一次较大的改革，以适应现代社会发展和竞争的需要。这些都充分表明，不断地使教育的发展适应社会和经济发展，全面地提高儿童的文化教育素质已成为一个民族走向 21 世纪的基本条件。正是从这个意义上说，美国学校教育从近代到现代的改革已经成为美国社会改革的重要组成部分。

美国学校教育的形成和发展是适应美国社会政治、经济、文化发展的产物。在美国社会这样一个特殊的条件下，美国学校教育能够及时地反映美国社会政治、经济、文化的需要，同时，也能够及时地反映受教育者、教师和家长的需要。这在很大的程度上，调整了美国社会发展和教育发展中的各种问题和冲突，使一定的冲突在一定的条件下得以缓解，使教育发展与教育实践联系紧密。当然，任何发展都是有一定的条件的，无论是一味地强调发展，还是一味地强调适应，都是片面的。美国学校教育所注重的所谓的适应性，在很大的程度上又使得美国学校教育的发展缺乏明确的指导思想，教育的发展缺乏相对的稳定性，教育的结构和质量受社会问题和市场经济的影响较大，这在美国近代教育和现代教育的发展过程中都有所反映。实际上，教育的发展一方面要受到社会政治、经济和文化等方面因素的制约，但同时，教育本身的发展又有着自己本质特征，有一定的发展规律在起作用，否认这一点是不科学的。而美国学校教育所出现的种种问题，肯定是与美国学校教育的过分注重发展的适应性的特点有关的。

二　美国学校教育注重为儿童发展提供开放的环境

一般说来，儿童的发展离不开家庭、学校和社会这三个方面的有机结合。而从美国学校教育的现实情况来看，家庭环境对儿童的影响已不如从前，学校教育在儿童发展中也未占有重要的地位，只有社会环境对儿童的影响力越来越大。社会各种思想、价值观通过各种媒介对家庭、对学校的渗透已远远超过家庭和学校本身对儿童的影响。因而，美国学校教育要想实现其既定目标，需要采用开放的原则，并落实到每个学生身上。美国学生不仅要单独地面对家庭的变化，面对学校环境的变化，而且还要面对来自社会的各种因素的影响，这是由美国的社会结构和环境决定的。美国社会结构从总体上看是开放的，美国学校教育的开放式教育正是适应这一结构的。

美国学校的开放式教育对儿童的影响是巨大的。

首先，它提供了儿童发展的多元、复杂的环境。儿童从家庭走向学校、走向社会，没有严格的限制，家庭、学校、社会对儿童的制约力不强，这一方面使得儿童从小能够在一个多元价值的环境中和多样性的选择中，接触社会的各种价值观念，形成自我中心的价值观念，有利于儿童独立人格和创造力的发展。同时，儿童从小就要面对一个复杂的社会，需要经受各种各样的经验和教训的考验。也有利于增强儿童的抗挫折的能力。但另一方面，这种复杂的环境也容易使儿童的发展遇到更多的危险和诱惑。美国社会是一个高度流动的社会，人们职业的不断变换，家庭住址的不断变更，新的生活方式的不断出现，再加上社会高离婚率的不断增长，使得儿童在面临判断和选择时常常感到困惑。伴随着社会高速发展所出现的吸毒、酗酒、暴力以及两性关系等问题的巨大诱惑和压力，对儿童产生了更大的危害。儿童的发展过程是一个可塑性的社会化过程，如果对儿童的发展过程缺乏一个明确的、有力的指导，采取放任自流的态度，那儿童的发展只是随环境和社会价值取向的变化而变化，在美国这样一个个人利益至上，人人追求自我利益和物质利益的社会里，对儿童的人格发展和精神发展是存在很多不利因素的。

其次，美国学校的开放式教育对儿童的发展产生了极大的压力，对儿童的身心发展产生了重要的影响。对一个儿童来说，家庭、学校、社会都不能构成儿童发展的中心，儿童只能依靠自己，以自己为中心来寻找自我发展的道路。因为，在美国，没有人告诉你，你应该怎样活着，你的人生之路应该怎样走。人们所遵循的信念是，你自己的一切都掌握在你自己手里。对一个正在发展中的儿童来说，依赖家庭、依赖学校或者依赖社会是要被他人耻笑的。在这样的压力下，它迫使儿童尽快、尽早走向自立，走向社会。同时，它也迫使儿童从小在各种压力下，学会保护自己的私人领域，学会在各种环境中生存。美国儿童的这种生存方式，一方面迫使儿童早熟，使他们从小学会为自己的利益而奋斗；另一方面，它又容易导致儿童的情感发展出现缺陷，为儿童的社会性发展带来障碍，一些心理不正常的儿童在强大的社会压力面前成为生活的失败者。为此，美国早在 70 年代就开始搞情商教育，反映了美国学校教育界对这一问题的重视。

第三，美国学校的开放式教育也使得美国学校教育形成了儿童的评价标准宽松的特征。一般说来，一个民族的儿童的成长离不开包括家庭、学校和社会等各个方面教育的培养。家庭教育、学校教育和社会教育在儿童的发展中发挥着重要的作用。当然，无论是家庭，还是学校或者社会对儿童的发展都有一定的要求或评价标准，特别是学校教育设置的各种评价标准对儿童成长的影响尤为突出。美国学校教育对儿童的评价标准有非常鲜明的特点。以美国的中学为例，美国中学的学年时数（一般为 180 学时）一直是在发达国家中最低的，而美国学生花在学校课业上的时间也比其他国家的学生要少。课程的设置也是这样，美国中学课程的设置缺乏中心的学科，各色各样的课程与学生的自我选择相结合，使得学校和学生都重视实用知识和技能的培养。同时，美国的教育没有全国统一的教育教学标准和统一的考试制度，每个学校都有自己的管理学校和评价学生的办法，学生也是按照自己的学习方式进行，因而，美国学生学习的压力远没有其他国家的学生的压力大。当然，儿童评价标准的宽松会产生两方面的作用，一方面它使得美国学生的学习生活比较自由、轻松，能有更多的时间从事自己喜爱的活动，发展自己的兴趣；但另一方面，它又影响了美国学校学业标准的水平。从第二次世界大战以来，一直到现在，关于儿童学业评定标准问题一直是美国学校教育改革的重要内容之一。由于学业标准的下降，美国中学生在国际学科竞赛中的成绩一直是美国社会公众批评的对象。

三　学校教育也注重管理的有序性

美国学校教育存在的问题实际上是美国社会、经济和文化性质的反映。美国作为一个市场主导型经济的发达国家，不仅经济的发展受市场的制约，而且社会和教育的运行在某种程度上也受市场的制约。因此，儿童的成长和发展也受其制约，儿童的成长面临着各种压力和挑战。

从美国的学校追求的目标来看，早在 20 世纪初期，受进步主义教育思想的影响，美国学校更多追求的是满足儿童发展的兴趣，适合儿童发展的需要。到 20 世纪中期，受要素主义教育的影响，美国学校更注重追求儿童的发展与美国国家利益的结合，强调对学生进行严格的学术教育和理智教育。而在 20 世纪后期，受多元文化和思想的影响，美国学校又形成了注重学生自由发展和与国家教育标准在一定程度上相结合的特征。其中的深层次的原因或冲突是，早期主要是美国国内的社会、政治、经济和教育等方面的进步改革与原有的落后的社会生产力和各种社会关系的冲突。中期主要是国际社会的科技革命和人才竞争与美国片面的人才培养目标的冲突。而后期是美国社会、政治、经济和科技的迅速发展与美国的传统的自由化的教育思想和教育方式的冲突。美国这种教育的发展和儿童的发展受市场调控的特点，使得美国的教育从表面上看处于一种混乱和无序的状态，儿童的发展也表现出很大的盲目性。那么，美国学校教育的这种结构特征又是如何保证美国学校教育的领先地位，如何保证美国参与国际人才竞争的优势，如何促进美国社会政治、经济和科技的发展呢？

从总体上看，尽管美国的学校教育呈现一种开放式的特点，但它又是处于一种有序的发展过程中的。这与美国社会和教育发展的特点有关。

第一，长期的市场经济的发展，使得美国形成了一套比较完善的市场经济运行和管理的机制和法规。同样，美国也把教育作为一种产业，在推向市场时，形成了一套比较完善的管理机制。美国的学校多由各方人士组成的董事会进行管理，学校董事会与学校的其他机构相互配合，并按市场经济运行的规律加以调控，使学校教育的发展与市场的需求紧密结合起来。从美国学校教育的发展来看，尽管在市场经济的大环境中，教育被当作一种产业来看待，教育成了一种商品，但由于人们对教育质量的追求，促使它不断地改进，努力符合市场的需求，最大限度地发挥效益，使教育市场与教育消费得以有机地结合与实现。

第二，美国长期的市场经济的发展，使得美国人在利益机制的驱动下，都把教育看成脱贫致富的工具和手段，渴望受到良好的教育。在美国人看来，一个人只有接受良好的教育，才能获取好的工作和好的报酬。个人的发展与接受教育的程度是密不可分的。因而，在美国，一个人不断地接受教育被看成是不断提高自己，进一步发展自己的重要手段，看成是获取个人利益的最优先考虑的投资。这种普遍的共识极大地推动了美国学校教育的发展。同时，由于教育发展的好坏，与个人的利益密切相关，也使得美国学校教育的发展在很大的程度上又时时处于人们的监督之下。在今日美国，人们对教育的关注程度之高，社会对教育的参与范围之广，都是前所未有的。

第三，美国人对教育的极大关注也推动了人们对教育研究的开展，这又在一定程度上促进了教育的有序发展。通过研究，人们认识到，教育的发展不仅与儿童发展有着密切的联系，也与经济发展有着密切的联系。教育在一个国家社会和经济的发展中发挥着重要的作用。正是基于这种认识，人力资本理论成为美国学校教育迅速发展的基石，美国学校教育的发展成为美国经济发展的强大动力。也正是基于这种认识下，制定国家发展战略，把教育的发展纳入美国社会政治、经济和国防发展的轨道内，大力进行教育改革，大力追加教育投资，成为第二次世界大战以后美国学校教育发展的重要特点之一。

第四，美国政府虽然不对教育进行直接的干预，但它的间接影响对美国学校教育的发展也起着重要作用。美国的各级政府主要采取与各级教育部门协商，达成共识，制定法律或法规，双方承担责任，相互制约的办法以监督和保证教育的有序发展。这种办法既有利于调动各级教育部门办学的积极性，也有利于教育的发展方向与美国国家的利益相一致。

第五，美国学校教育的有序发展还得益于美国各种社会团体对教育的影响。在美国，对教育发展产生影响的因素不仅有各级政府，还有各种社会团体和组织。这些团体和组织经常就美国学校教育发展中存在的各种问题进行调查和研究，为政府部门和教育部门提供教育改革的决策。从美国学校教育的发展来看，美国学校教育史上的许多重大的改革，都是在各种关心教育的团体和组织的参与下进行的。

总之，通过对美国学校教育的分析，我们可以看到，美国的学校教育的形成和发展是美国社会政治、经济和文化发展的产物。美国学校的个性化教育、开放式教育、务实型教育，以及规范式教育都是与美国政治、经济和文化的发展需要相一致的。只要美国社会的政治、经济和文化仍坚持原有的发展方针，美国学校教育的发展也仍然会具有自己现在的特点。通过对美国学校教育的分析，我们可以看到，尽管美国学校教育存在各种各样的问题，但它所表现出来的灵活性、开放性，以及对儿童发展的重视是值得我们借鉴的。美国学校教育在适应市场经济发展需要方面的经验也是值得我们学习的。

第五章

中国学校教育的特征

现代中国学校教育主要是指具有中国民族特色的，反映中国文化教育传统和现代教育内容及方式的一定的教育形式。在本章里，我们将对中国学校教育的设计，中国学校教育的思想基础和基本特征进行研究，并给予一定的分析。

第一节　中国学校教育的社会基础

中国学校教育是根据中国以汉民族为主体的多民族的生存、发展的需要，以中华民族和国家的整体利益的需要来设计的。因而，中国学校教育主要反映了中国各民族共同生存和发展所形成的民族整体利益的共同特征，反映了中国历史发展所形成的注重统一的文化传统的主要特征，具有与美国学校教育明显不同的特点。在这一节里，我们也主要从学校教育的社会基础、文化基础，学校结构以及类型等方面对中国的学校教育进行研究。

一　中国学校教育的社会基础

中国是一个发展中国家。主要特点是，国土幅员辽阔，民族众多，经济发展水平较低，2007 年底中国内地人口（不包括香港、澳门、台湾）

达到 13.21 亿，约占世界人口总数的 20%。①

中国城镇化水平还比较低。2007 年城镇化比例只有 44.9%，低于世界平均水平。庞大的人口基数，使中国面临巨大的劳动力就业压力，每年有 1000 万以上新增城镇劳动力需要就业，同时随着城镇化进程的推进，每年有上千万的农村劳动力向城镇转移。据国际货币基金组织统计，2007 年中国人均国内生产总值为 2461 美元，在 181 个国家和地区中位居第 106 位。②

中国区域经济发展不均衡，城乡居民之间的收入差距较大。中国仍然被贫困所困扰，目前全国农村没有解决温饱的贫困人口 1479 万人，刚刚越过温饱线但还不稳定的低收入人口有 3000 多万人。中国科技发展水平较低，自主创新能力弱。发展经济和改善人民生活水平是中国当前面临的紧迫任务。

为了更好地认识中国国情，这里不妨与美国进行一下比较。美籍华人费正清曾指出，与美国相比，中、美都进入地域大国的行列，美国的国土为 936 万平方公里，中国的国土为 960 万平方公里。但美国地大物博，人口稀少，美国能居住人的面积为中国的两倍。中国的人均自然资源水平较低。中国可耕地面积大约只有美国的一半，而人口却是美国的四倍。同时，中国还有一个突出的问题是众多人口的管理问题。全欧洲和南北美洲居住着十多亿人，这十多亿人生活在大约 50 个主权独立的国家，而十多亿的中国人则生活在单一的国家里。1988 年，世界人口超过一亿的国家有 10 个。从这个意义上看，中国相当于十几个一亿人口的大国。中国用

---

① 国家统计局 2008 年 2 月 28 日发布的 "2007 年国民经济和社会发展统计公报" 表明，2007 年年末全国总人口为 132129 万人，比上年年末增加 681 万人。全年出生人口 1594 万人，出生率为 12.10‰；死亡人口 913 万人，死亡率为 6.93‰；自然增长率为 5.17‰。出生人口性别比为 120.22。资料来源：中国人口信息网——2007 年中国主要人口数据（http：//www.cpirc.org.cn/tjsj/tjsj_cy_ detail.asp? id=9229）。

② 中国经济总体水平还很低。2005 年中国人均国内生产总值 1730 美元，为同年美国人均国内生产总值 42100 美元的 4%。引自林毅夫《服务民营中小企业 银行贡献社会和谐》，《新金融》2007 年第 2 期；按照刘延东 2009 年 1 月 4 日在教育部 2009 年度工作会议讲话的观点，中国人均 GDP 2007 年达到 2360 美元。另据国际货币基金组织统计，2007 年中国人均国内生产总值为 2461 美元，在 181 个国家和地区中位居第 106 位，仍为中下收入国家。资料来源：2008 年 10 月中华人民共和国 国务院新闻办公室发表的《中国应对气候变化的政策与行动》第一部分 "气候变化与中国国情"，来源：http：//www.china.com.cn/policy/qhbh/2008—10/28/content_ 16677462.htm.

占世界耕地面积7%的土地养活着世界22%的人口，并管理和解决十几亿人口的生存和发展问题，这在世界上是无先例的。当然，中国人口对资源压力的过重负担，人口与耕地的逆向发展，也会导致整个中华民族生存空间的不断缩小。因此，把实行计划生育，控制土地资源的人为流失，作为中国社会发展的一项基本国策是具有深远意义的。据报道，自20世纪70年代中国实行计划生育以来，中国已有效地减少了3亿人口。

尽管中国经济的发展与美国相比有较大的差距，但中国也有一定的比较优势。新中国成立以来，中国集中了全社会的资源，建立了比较完整的工业体系和国民经济体系；以有限的耕地解决了世界上人口最多国家的吃饭问题，为绝大多数人提供了就业机会；并以有限的经费办起了世界上最大规模的教育。自20世纪70年代以来，中国成功实行了改革开放的政策，国民经济开始高速增长，国家的综合实力不断加强，这些都成为中国推进现代化进程的有利因素。进入90年代以来，随着中国社会主义市场经济体制的初步确立，中国各方面的改革正在不断向纵深推进。2009年中国全国城乡义务教育阶段1.6亿多名学生的学杂费全部免除，这是中国教育发展史上的一个里程碑，是一个伟大的历史性成就。

与社会基础相适应，中国形成了主导多元型，即注重主导文化的优势地位，并在文化的统一中寻求多样性的文化发展的特点。

中国文化是与中国的国情相适应的，是在与外来文化的融合中形成和发展的。中国古代的主导文化是伦理道德文化。它是为适应以血缘为纽带的家族制度和以家庭为单位的农耕文明和生产经营方式而形成和发展起来的。这种文化倡导宗法等级、男尊女卑、读书做官等观念，其核心是忠孝为本，人伦为上。这种伦理道德型文化，对于维护中国几千年的封建统治和社会的稳定起到了重要的作用。当然，在这种文化中，整体主义和爱国主义、"仁爱"精神、对家庭的重视、积极的人生哲理，以及"天人合一"的环境道德观，对于中国社会和文化的发展产生了积极的影响。

到了近代，由于中国社会性质发生了变化，出现了传统的、西化的和马克思主义的三种文化的选择。而后者在中国由近代社会向现代社会转变的过程中逐步占有主导的地位。马克思主义文化是在吸收人类一切优秀文化的基础上，在资本主义社会条件下形成的无产阶级文化。其核心是倡导人类社会的真正平等和共同富裕。主张人的社会存在决定人的社会意识，社会意识对人类社会的发展具有重大的推动作用；主张人民是历史的创造者，社会的发展是由低级向高级发展。

在创建新中国的过程中，毛泽东在使马克思主义中国化方面做出了重要的贡献。他主张中国的发展必须以马克思主义为指导，吸收外国文化中优秀的东西。在中国教育和儿童人格培养的设计上，毛泽东针对中国的国情，强调教育要德育和智育并重，更重道德和德育；集体和个人并重，更重视集体和集体教育。新中国建立前后，在中国共产党人的集体努力下，中国化的马克思主义成为中国社会的主导文化。

改革开放以来，在邓小平思想的指引下，中国共产党形成了社会主义初级阶段的理论。社会主义初级阶段的主导文化是马克思主义、毛泽东思想和邓小平理论；社会主义初级阶段的文化在主导文化指引下重视多元文化的发展，倡导"百花齐放"，但必须坚持文化为人民服务，为社会主义服务的方向，不允许毒害人民、污染社会和反社会主义的文化泛滥；社会主义初级阶段的文化强调不搞民族虚无主义，也不搞全盘西化，要在促进核心价值体系发展的基础上，推动社会的全面进步。

从教育方面来看，中国教育是世界上最大规模的教育，是在人口众多，经济发展不平衡，教育长期投入不足的基础上举办的大教育。据统计，中国教育人口为3.35亿，占总人口的25.6%。全国现有63万多所各级各类学校，其中小学396567所；初中60885所；普通高中和职业技术学校23798所；高等院校2305所；有1600多万教师和教育管理人员。[1]关于中国教育的发展，2009年初，教育部长周济在总结改革开放30年来教育改革发展成就时用"两个跨越""一个突破""一个重大步伐"和"一个确立"进行了概括。[2]

"两个跨越"，一是实现了全面普及九年义务教育，2007年全国义务教育人口普及率达到99%；一是高等教育进入到大众化发展阶段，2007年毛入学率达到23%，在校学生超过2700万，居世界第一。

"一个突破"，就是职业教育改革发展取得历史性突破，形成了大规

---

① 钟秉林：《我国专业学位教育发展的新突破》，《中国高等教育研究》2009年第3期。

② 周济：《在教育部2009年度工作会议上的讲话》，中国教育新闻网—中国教育报，www.jyb.cn，2009年1月6日。

模培养技能型人才的能力。2008 年，全国中等职业教育和高等职业教育招生总规模达到 1100 万人，在校生超过 3000 万，分别占据了高中阶段教育和高等教育的半壁江山。

"一个重大步伐"，就是开始向实现教育公平的方面迈进，城乡儿童、青少年和人民群众享有了更加平等的教育机会、更加优质的教育资源，让"全体人民学有所教"和"人人享有接受良好教育机会"成为新时期教育工作的教育理想，"让所有的孩子都能上得起学、上好学"成为教育战线的奋斗目标。

"一个确立"，就是作为一个社会主义大国，通过与时俱进地推进教育改革创新，确立了中国特色社会主义教育体制的基本框架；就是作为一个发展中的大国，我们在经济基础薄弱，人口众多，穷国办大教育的情况下，实现了教育大国的崛起，走出了一条中国特色社会主义教育发展道路。

当然，中国教育还有许多问题，其中一个问题就是教育经费在国民生产总值中所占的比重还比较低。据 1992 年世界银行的报告，中国教育经费占国民生产总值的比重为 2.5%，远低于发达国家平均的 5.7% 和中等收入国家平均的 4.4%，以及世界平均水平的 3.6%，甚至低于低收入国家的平均水平的 2.6%，居世界第 98 位。近来也有学者研究指出，我国教育经费占国民生产总值的比重，2000 年为 2.61%、2005 年为 2.79%、2007 年达 3.32%，而之前提出的 4% 的目标未能实现。[1] 可见，中国教育在长期发展中需要解决的问题之一是教育的投入有限和教育大力发展的问题。

教育经费比重较低的问题在一定程度上与国情有关。由于人口众多，财力有限，在教育上只能把有限资金重点安排，导致了中国教育整体发展的资金投入的严重不足。从历史上看，新中国成立后虽然提出了教育为人民大众服务的宗旨，但只重视城市学校教育，各级各类教育的发展是不平衡的。特别是 20 世纪 50 年代以后，采用了苏联的计划性的、单一的教育体制，只重视重点学校和尖子人才的培养，再加上 20 世纪 80 年代以来

---

[1]　王善迈：《对财政性教育经费占 GDP4% 目标的思考》，《中国教育报》2009 年 1 月 13 日。

"应试教育"的冲击，大多数学生的全面发展被忽视了。世界各国教育发展的实践表明，教育发展的基础是经济，同时，教育又能促进经济的有力增长，二者是相互促进的。但由于我国经济长期以来实行的是缺乏活力的计划经济，不能为教育进行大量的投入，而教育在这种严重投入不足的情况下只能维持一般的发展，导致我国国民素质的整体低，而这又严重地制约了我国经济的有效发展。

改革开放以来，我国在加强经济发展的同时，也加强了对教育的改革。1983年，邓小平为北京景山学校题词："教育要面向现代化，面向世界，面向未来。"指明了中国教育改革的方向。1993年，中共中央、国务院发布了《中国教育改革和发展纲要》，提出"中小学要由'应试教育'转向全面提高国民素质的轨道"，素质教育成为党和国家的重大教育改革决策。1999年6月，中共中央、国务院召开改革开放以来的第三次全国教育工作会议，以素质教育为主题，把素质教育提高到事关国家发展大局的重要地位。会议形成的文件《中共中央国务院关于深化教育改革全面推进素质教育的决定》明确指出："实施素质教育，就是全面贯彻党的教育方针，以提高国民素质为根本宗旨，以培养学生创新精神和实践能力为重点，造就'有理想、有道德、有文化、有纪律'的、德智体美等全面发展的社会主义事业建设者和接班人。"20世纪90年代以来，中国有两项教育改革影响深远。

一个是基础教育课程改革。基础教育课程改革在课程目标上，重视掌握知识、发展能力的同时，强调培养学生对事物的情感、态度和价值观。目前基础教育课程改革继续深入推进，义务教育学科课程标准修订工作基本完成，普通高中课程改革实验扩大到21个省份。

另一个是招生考试制度的改革，包括中考和高考改革。目前，中考改革已经在全国31个省、自治区、直辖市普遍展开。中考改革改变了过去用百分制的方式单一呈现考试结果的做法，采取以等级制方式呈现学生考试成绩；增加了综合素质评价，将学生成长记录纳入评价范围，把日常评价与毕业考试评价结合起来。而影响最大的是普通高校招生考试的改革。高考改革以改革考试内容、科目为重点，在16个省份进行了自主命题的改革，在部分高校进行了扩大学校招生自主权的改革。这些重点领域的教育改革对推进中国总体教育改革和发展发挥了积极的促进和导向作用。

　　总之，虽然我国在发展学校教育事业、推动教育公平上迈出了重大步伐，但也存在亟待解决的问题。正像国家领导人所指出的那样，这一问题就是一个"不适应"和三个"亟待"，即教育还不适应全面建设小康社会的新要求，教育体制亟待改革，教育水平亟待提高，教育投入亟待增加。①

二　中国学校教育的文化基础

　　与中国国情相适应，影响中国学校教育的文化基础主要有以下几个方面。

1. 整体主义

　　中国学校教育是以"合"为中心的整体主义文化为基础的。中国传统文化十分重视"天人合一"的整体主义文化。其核心是把人和自然界看成是一个相互对应的有机整体。在这个有机整体中，人和自然界不是处于主客体的对立中，而是处在完全统一的整体结构中，即天与人、物与我、精神与物质、思维与存在是辩证统一、不可分离的。这种思想反映在对社会和人的关系的认识上，就形成了一种以人际关系为中介的国家、社会、家庭、学校的整体化结构；反映在对学校教育的认识上，就是强调学校的整体发展和人的全面发展。

　　在中国的历史上，整体主义文化的价值观历来受到中国主体文化的重视。在古代，孔子最早提出"孝悌"为仁之本的思想。其要义是孝敬父母，友爱兄弟，维护家庭的整体。推而广之，儒家德行的基本要求是"修身、齐家、治国、平天下"，维护国家、民族和社会的整体。整体主义文化在中国的历史上是有积极意义的。它培育出的为国家利益、为整体利益而牺牲个人利益、以他人利益和集体利益为重的崇高情操，"杀身成仁，舍生取义""国家兴亡，匹夫有责""先天下之忧而忧，后天下之乐而乐"的高尚品格，以及重国家统一，反对分裂的爱国主义精神，维系了中华民族数千年的民族团结和国家的持久不衰，使得中华文明绵延不断，成为世界文明发展史上的奇特现象。同时，也正是这种精神使得中国

---

　　① 刘延东：《在教育部 2009 年度工作会议上的讲话》，资料来源：中国教育新闻网—中国教育报，2009 年 1 月 4 日，www.jyb.cn。

人民懂得如何维护必要的社会稳定，而不是使个人利益无限膨胀，从而，保持国家的长治久安。这是中国走向现代化的积极因素。当然，在中国历史上也存在着使个人融于整体中，个人对于整体，义务重于权利，整体利益重于个体利益，个人价值只有通过整体价值才能实现的现象，个体利益在一定程度上被忽视，整体利益受到影响，这又成为中国现代化的不利因素。

整体主义在人类社会的任何发展阶段（只要是存在着群体的社会生活）中都是必要的。尽管整体主义的具体内容，因时代和社会条件的不同而有所不同，但就群体生活中需要顾及他人利益和群体利益这一点上是共同的。

整体主义反映在思维方式上十分重视"合"的思想，即整体性思维。注重从事物相互联系的整体中反映对象，对事物做直觉的整体的把握。这与西方重视分析，把一个个事物做分门别类的分析研究的思维方式形成了很大的不同。例如，中国典型的"知行合一"说中的"合"的思维方式对中华民族智慧的发展具有重要的作用。如政治上的"天时、地利、人和"，中医上的"阴阳互补、平衡"，学校教育中的"教、学、做合一"，等等。

当然，这种"合"的思维方式又存在一定的问题。主要表现为，一是在对具体问题的研究上缺乏一定的科学的严密性。因为这种思维方式的直觉整体性主要通过感悟而达到对客观事物的认识，不注重实证科学，容易产生轻视科学技术和方法的思想；二是不注重对具体事物的精细研究和深入分析。容易忽视对组成整体的各部分的精细研究和深入分析，缺乏对事物细节的足够了解，具有模糊性和笼统性特点，不利于思维向深度和广度延伸。但是，中国的整体主义的思维方式对人类社会的整体发展是有利的。众所周知，现代社会是以科学技术进步为基础的社会，但它在促进社会向前发展的同时，也带来了许多新的社会问题。西方社会出现的种种问题就是明证。中国的这种整体主义观对于宏观认识现代社会的发展具有一定的积极意义。它可以在建设现代化社会的同时，注意现代社会的一些弊端。如西方社会在发展过程中积极寻求东方特别是中国的整体主义精神，以解决社会出现的复杂问题，如环境、能源等；我国现在强调的发展社会主义市场经济和促进社会全面进步的思想，等等，都是这种整体主义观的反映。

2. 集体主义

集体主义是整体主义的现代继承和发展。集体主义的特征是在处理个人与集体的关系上，主张以集体为主，优先考虑集体的利益。认为只有在集体发展的前提下，个人才能得到发展，个人在与整个集体的同化过程中实现自己的利益。

中国的集体主义是社会主义的集体主义，所倡导的价值是一切以人民群众的利益为根本的出发点。个人利害关系和集体利害关系相吻合，个人利益和集体利益是一致的。

在中国，培养学生形成集体主义观念是学校教育的主要内容。例如，使学生认识个人、集体和国家之间的关系，形成集体主义的观点和情感；使学生关心集体、热爱集体、处处维护集体利益，树立集体的荣誉感和责任感；在学生之间建立健康向上的友谊，使学生习惯于集体生活，养成自觉遵守集体纪律，执行集体决议的习惯；同时还要培养学生在集体中自己管理自己和为集体服务的能力，使集体成为发展学生个性，增长学生才干的有效手段。

3. 人本精神

人本精神是中国古代的重要的人生哲学，它与同时代的西方的神本主义是截然不同的。中国古代的人本精神是在人们逐步摆脱对"神"的关注中形成的。中国古代的智者把"天""地""人"并列，强调人是"万物之灵"，人应当在现实中建立合乎"人道"的理想生活。有人认为，正是这样一种特质，使得中国古人拒绝了"天国"的诱惑，注重追求现世的生活，避免了宗教冲突所带来的困扰，有利于民族的统一与和谐。① 中国古代的人本精神也与西方近代的人本主义有所不同。近代西方的人本主义强调个性的解放和带有强烈的个人主义色彩。而中国的人本精神则主要强调在天、地、人中，以人为本，协调三者的关系，注重人的内在的修养和对社会的责任。

在中国历史上，这种人本精神产生了重要的作用。它要求人们在面向自然和社会的过程中，采取积极的人生态度，倡导做人要"刚健有为"

---

① 郑师渠：《中国传统文化漫谈》，北京师范大学出版社 1990 年版，第 33—34 页。

"自强不息"；做事要"废寝忘食""锲而不舍"；为了理想要"杀身成仁""舍生取义""富贵不能淫，威武不能屈，贫贱不能移"等。有的学者指出①，正是这种积极的人生哲学，不仅成为中国传统文化的核心内容，甚至战胜了在中国历史发展过程中颇具影响的佛教、道教、伊斯兰教和基督教的各种带有消极厌世色彩的宗教观的挑战。同时，这种人本精神重视对人自身的研究，探索人的地位、价值和作用，提倡"重人"和"修身"等价值观念，对于中国的传统文化向现代化转型，是一种重要的促进剂，成为中国现代化的内在根据和动力。现代化的过程是人类以现代科学技术为杠杆，推动工业、农业、国防、社会制度、伦理道德现代化的历史进程。这个进程是人与自然、人与社会、人与人关系不断演化和更新的过程。在这个过程中，人是关键的因素。只有人的现代化，才能促进社会、政治、经济、文化意识形态的现代化。中国人本精神的自强不息、刚健有为、厚德载物、舍生取义、见利思义、人定胜天等思想，不仅对于医治现代西方社会病和文化病有积极的作用，而且对于中国现代化建设仍具有积极的价值，是值得继承和发扬的、宝贵的精神财富。

当然，我们也应看到，中国的人本精神是在生产力发展有限、社会发展缓慢的自然经济的基础上的农耕文明的产物。因而，它在一定程度上又表现出了对人的自身发展的制约性。由于它只强调个体的"修己"和注重个体对社会的责任重要性，而不讲个体应具有的权利和需要，结果，它所讲的人的地位就变成了只是强调人在封建社会伦理关系中的应有地位，它所讲的自觉性也变成了儿童对封建礼教的遵从和恪守。另外，这种以自我本身为对象，注重自我内在的道德修养和道德实践的人本精神，又十分重视理想人格的追求，发展为道德至上主义，不仅陷入了脱离社会实际的空想，也在一定程度上束缚了古代社会科学和自然科学的发展。如在义利观上，表现为重义轻利，即当物质需要与精神需要发生冲突，二者不可兼得时，而往往是牺牲物质需要，去追求精神需要。这种义利观随着封建社会由盛到衰的过程，不断走向片面化和绝对化，最后达到"存天理，灭人欲""天理流行，人欲绝尽"的地步，在一定程度上束缚了中国社会和中国人的精神的发展，积淀为中国传统文化中消极因素的重要内容。其思

---

① 张志义：《中国传统文化中的人本精神》，《教育研究》1994年第6期。

想的片面性和绝对性对现代社会也有影响，"文化大革命"中的"穷则革命，富则修""宁要社会主义的草，不要资本主义的苗"等思想，就是这种思想在现代社会条件下的再现。

在现代中国，传统人本精神的积极因素在当代的学校教育，特别是道德教育中仍占有重要的地位。例如，我国的中小学道德教育内容不仅包括学生守则教育、学生日常行为规范及学校常规纪律训练，还有社会主义的人道主义、国民公德和社会公德教育，集体主义教育，性道德和职业道德教育，现代文明生活方式和交往礼仪的教育与培养，以及养成谦虚谨慎、积极向上、自尊自强、惜时、守信、诚实、正直、勇敢、勤劳、简朴等优秀品质。另外，从社会大环境和我国儿童的发展现状出发，针对我国儿童成长中所暴露出来的问题，全国少工委在少先队组织中提出开展少年儿童的"五自"（自学、自理、自护、自强、自律）活动。其主要目的就是利用和继承我国文化中优秀遗产，帮助少年儿童学会做生活的小主人，提高儿童的生活、学习、劳动、创造性方面的意识和能力，适应社会主义市场经济发展的需要。其他的如人格教育、困难教育、挫折教育、生存能力教育等，都是针对上述问题提出的，它反映出现代中国学校教育更加注重社会主义市场经济条件下的人本精神的继承和弘扬。

4. 和谐精神

中国学校教育还重视以"和"为中心的和谐精神。和谐精神是中国传统文化的核心思想，也是东方文化的精髓。近年来，以日本为代表的，属于儒学文化圈的东南亚地区，包括新加坡、韩国、中国香港、中国台湾等国家和地区靠重视和谐，强调合群精神和人际关系为主的企业管理带来的经济腾飞，引起了世界各国的关注。人们认识到，东方文化的这种重视和谐，强调个体和群体的平衡的文化精神，可能是调解现代社会各种矛盾，增加社会和企业凝聚力，促进社会现代化的重要动力。

"和谐"一般指在一定社会条件下，个体与个体，个体与群体所遵循的相互理解，相互协作，维护稳定，反对极端的社会准则。中国的儒家文化十分重视"和谐精神"。孔子的"仁"就是指二人之合方为"仁"。在他看来，"礼之用，和为贵"。也就是说，在施礼的过程中，"和"是最为重要的。人类为了自身的生存和发展，必须通过人与人之间的和谐相处，遵守一定的秩序，实现自己的目的。由此，儒家十分重视"中庸"的观念，提倡"中和之为用"思想，避免"过"和"不及"。

需要注意的是，中国社会的"和谐"也存在一个重血缘关系和亲族间协作的问题，即协作的基础是"血缘"，对象主要是在亲族之间；协作的目的是给亲族以较多的方便。这种重血缘关系的"和谐"，以及在此基础上产生的"合作"，是适应封闭的、自给自足状态下的小农经济社会的产物。从历史上看，中国奴隶社会解体以来，社会及家族在经济上和财产上实行的是诸子均分制和继承制，追求的是"不患寡而患不均，不患贫而患不安"，"财聚则民散，财散则民聚"的制度。这种制度是利用财富的"平均"保持了社会的稳定，却不利于社会财富的积累，也不利于社会生产的发展，在一定程度上削弱了国家经济的实力，限制了社会发展和个人对财富的追求。当社会的发展要求人们打破狭隘的生产关系和生产范围，要求充分发挥个人的潜能，建立新型的符合现代社会需要的和谐的人际关系和利益分配机制时，这种制度被破坏是自然的事情。

在现代社会，虽然传统落后的制度已经消除了，但是这种重血缘、重亲族协作关系的思想意识仍然存在，它在不断把家长制、血亲观念带到社会生活和学校教育中，对儿童人格的发展产生了极为不利的影响。在一些学生的心中，"学好数理化，不如有个好爸爸""学得再好，不如关系硬"；有理不如有"礼"，无理不可无"礼"；"走后门，托关系"甚至成了一些学生成长的重要条件。这些都严重地强化了儿童的依附心理，破坏了儿童独立成长、健康发展的社会环境。

社会主义市场经济的建立，对基于"血缘"的"和谐"关系造成了极大冲击，为确立新型的基于"地域"的新型人际关系创造了有利条件。竞争的优胜劣汰，企业的优化组合，中国经济与世界经济的接轨，加入世界贸易组织等社会现实表明，确立竞争意识、人才观念、质量意识、市场意识、法律意识、国际意识等已成为中国社会和经济发展的重要任务之一，也会对学校教育和学生的发展产生重大影响。随着社会主义市场经济的不断推向深入，在发扬中国传统文化积极因素的基础上，建立不同于以往的、符合社会发展的新型的生产关系和人际关系已经成为全社会和学校教育的共识。

总之，中国学校教育是在中国传统文化的土壤中发展起来的，它离不开受中国传统文化影响的中国的历史和现实，中国文化中的整体主义、集体主义、人本精神、和谐精神等都会对中国学校教育的发展产生重要的影响。同时，中国社会的各种改革又为中国学校教育的发展提供了广阔的空间。中国学校教育正是在改革开放中发生了巨大变化的。中国学校教育只有在继承优秀传统文化的基础上，在不断改革和同化外来文化教育的过程中，才能发展、壮大。这是我们认识中国学校教育的基本的出发点。

三　中国学校的基本结构

受文化传统和政治体制的影响，中国学校制度主要由国家进行设计和进行宏观管理。自 1951 年颁布了《关于改革学制的决定》后，中国初步奠定了公立学制的基础。以后经过多次的重大变化和改革，到 20 世纪 80 年代基本定型，中学学制为 6 年，小学 5 年和 6 年并存。1986 年《义务教育法》明确规定，国家实行 9 年义务教育制度，并把义务教育分为初等教育和初级中等教育两个阶段，在确立义务教育制度的基础上，积极发展中等职业技术教育，使中等教育结构呈现多样化和多层次特征。1999 年 6 月，《中共中央国务院关于深化教育改革全面推进素质教育的决定》提出："高等教育和中等教育要创造条件实行弹性的学习制度，要放宽招生和入学的年限限制，允许分阶段完成学业。"以后，学校制度逐步向合理、完善与科学的方向发展。

1. 中国学校的结构层次

中国学校虽然有私立或民办学校存在，但主要以公立学校为主。中国学校的结构层次包括小学、初中和高中。

小学为实施初等教育的机构。小学修业年限为 6 年或 5 年，招收满 6 岁的儿童入学。条件不具备的地区可以推迟到 7 岁。小学实施初等义务教育。根据 1996 年国家教委颁布的《小学管理规程》[①]，小学的培养目标是：

在德育方面，初步具有爱祖国、爱人民、爱劳动、爱科学、爱社会主义的思想感情；遵守社会公德的意识、集体意识和文明行为习惯；良好的意志、品格和活泼开朗的性格；自我管理、分辨是非的能力。

---

① 中华人民共和国国家教育委员会：《小学管理规程》，中国教育新闻网，www. jyb. cn，2006—03—05。

在智育方面，具有阅读、书写、表达、计算的基本知识和基本技能，了解一些生活、自然和社会常识，具有初步的观察、思维、动手操作和学习的能力，养成良好的学习习惯。

在体育方面，学习合理锻炼、养护身体的方法，养成讲究卫生的习惯，具有健康的身体和初步的环境适应能力。

在美育方面，具有较广泛的兴趣和健康的爱美情趣。

小学开设的课程主要有三类，第一类是国家课程。分两类，其中学科类课程包括思想品德、语文、数学、社会、自然、体育、音乐、美术、劳动等9门课程；活动类课程包括晨会、班队活动、科技文体活动等。第二类是地方课程。这主要由地方教育管理部门根据地方社会实际组织编写适合地方情况的课程。第三类是校本课程。这是学校根据本校的实际情况开设的适合学生需要的课程。目前，基础教育课程改革提出小学课程以综合课为主，又增加了学生综合实践活动的内容。

《小学管理规程》规定，小学采用班级授课制，班级的组织形式应为单式，不具备条件的可以采用复式。小学教学班级学额一般不超过45人。但由于中国学生人口基数较大，许多学校班级规模实际上已经超过这一学额规定，达到50人左右。[1]

中国实施普通中等教育的机构为普通中学。分为两个阶段：初级中学和高级中学。初级中学招收小学毕业生。小学6年制者修业3年，小学5年制者修业4年。因此，初中是3年或4年；小学入学年龄是6—7岁，初中入学年龄12—13岁。按照《义务教育法》规定，初级中学的教育属于义务教育阶段。高级中学招收初中毕业生，入学年龄是15—16岁，修业年限为3年。一些地方规定，高中学校要建立学生选课制度，为学生自主选课提供科学指导。高中指导学生选择发展方向不早于第二学年末，尊重、保障学生通过选择课程实现选择发展方向和发展水平的权利，不强迫学生选择文、理或艺、体发展方向。[2]

----

① 按照山东省《普通中小学管理基本规范》（试行，2007）第18条规定，小学班额每个班级不超过45人，初中不超过50人；高中日常班班额以50人为宜，最多不超过56人。http://hi.baidu.com/dongyulei/blog/item/2dae94fbfce389264e4aea34.html。

② 《山东省普通中小学管理基本规范（试行，2007）》第9条规定。

普通中学的基本任务是培养有理想、有道德、有文化、有纪律的社会主义公民。具体培养目标是：

在德育方面，使学生具有爱国主义精神，良好的道德品质，科学的世界观和正确的人生观，具有社会责任感。

在智育方面，学好文化科学基础知识和基本技能，培养能力，发展智力。

在体育方面，使身心正常发展，具有健康的体质。

在美育和劳动教育方面，具有一定的审美能力和初步掌握一定的劳动技能。

在课程开设方面，初中学校开设的课程主要包括：思想政治、语文、数学、外语、历史、地理、物理、化学、生物、体育、音乐、美术、劳动技术等学科，并且安排一定的课外活动和地方课程。高中学校开设的课程包括：思想政治、语文、数学、外语、物理、化学、历史、地理、生物、品德教育、体育、艺术欣赏、劳动技术、社会实践活动等学科。此外还有一定数量的选修课程和一定时间的课外活动。一些研究者指出，高中课程一般包括必修课程、选修课和活动课三大块，这三个方面，必修课为主，选修课和活动课为辅。必修课程主要是面对全体学生，重在学生整体素质的提高；选修课程和活动课程重在因材施教，发展学生兴趣爱好，培养特长，促进学生个性发展。新课程改革中强调了研究型课程和综合实践课程，强调课程内容与生活和现代科学技术的联系。①

2. 中国学校的管理和学校类型

中国现行的中央教育行政机构是教育部，主管全国教育工作，统筹规划、协调管理全国的教育事业。各省设有教育厅，在教育部的指导下对本省所辖的各类学校进行协调、管理。教育部的主要职责包括：一是研究拟定教育工作的方针、政策，负责起草有关教育的法律、法规、草案，制定教育的具体政策和重要规章制度。大的法律如《教育法》《义务教育法》；小的法规如《小学管理规程》。二是研究提出教育改革与发展战略和全国教育事业发展规划，拟定教育体制改革的政策以及教育发展的重点。如2009年准备制定的"国家中长期教育发展规划纲要"。

---

① 强海燕：《中、美、加、英四国基础教育研究》，人民教育出版社2005年版，第8页。

三是参与拟定筹措教育经费，教育拨款，教育基建投资的方针、政策等。四是研究提出各级各类学校的设置标准，教学基本要求、教学基本文件，指导各级各类教育教学改革，组织审定中等和初等学校的统编教材，组织对义务教育的督导和评估。五是规划和指导各级各类的思想政治工作、品德教育工作、体育卫生与艺术教育工作。七是主管全国的教师工作，指定各级各类教师资格标准并指导实施，统筹规划学校教师和管理人员的队伍建设工作。八是负责教育基础信息的统计、分析和发布。

在基础教育管理方面，教育部下设基础教育一司和二司。一司主要承担小学至初中阶段的义务教育的宏观管理工作，会同有关方面提出加强农村义务教育的政策措施，拟定推进义务教育均衡发展的政策，提出保障各类学生平等接受义务教育的政策措施；会同有关方面拟定义务教育办学标准，规范义务教育办学行为，推进教学改革；指导中小学校的德育、校外教育和安全管理。二司承担普通高中教育、幼儿教育和特殊教育的宏观管理工作；拟订普通高中教育、幼儿教育、特殊教育的发展政策和基础教育的基本教学文件；组织审定基础教育国家课程教科书，推进课程改革；指导中小学教学信息化、图书馆和实验室设备配备工作。

在基础教育管理方面，除了中央部门的责任外，地方政府分别下设省或自治区教育厅，市设教育局，县设教育局，乡设专职干部，分别负责管理本地区的基础教育工作。1985 年的《中共中央关于教育体制改革的决定》中规定，中国基础教育管理权属于地方。除了大政方针由中央决定外，具体政策、制度、计划的制定和实施以及对学校的管理和检查，责任和权力都交给地方。

中国学校除了大量的公办学校以外，还有一些民办的学校，形成了以政府办学为主体，公办学校和民办学校共同发展，办学体制多元化的格局。主要有以下几种类型。

第一，公办民助学校和民办公助学校。这类学校出现在 1996 年，是一种对部分公立学校转制的改革试验。1996 年国家教委颁布的《全国教育事业"九五"计划和 2010 年发展规划》中指出："'九五'期间，积极发展各类民办学校，现有公办学校在条件成熟时，也可酌情转为'公办民助'学校或'民办公助'学校。"① 这种转制学校主要针对那些公建配套学校、薄弱学校、撤销建制学校等"边缘性"的公办学校进行的，转制学校最主要的两种形式就是民办公助学校和公办民助学校。作为介于公办学校和民办学校的中间类型学校，转制学校的软硬件条件较好，在收费标准方面低于民办学校、高于公办学校。相对而言，转制学校的出现在一定程度上满足了一般工薪阶层子女入学的择校需求。一些研究指出，转制学校的出现，一方面满足了广大群众择校的需求；另一方面通过对原有公立学校中薄弱学校的改制，缩小了公立学校之间原有的差异。

　　第二，民办学校。民办学校也称私立学校，是指那些办学经费自筹，在招生、教师聘用、学校管理等方面拥有自主权的真正意义上的民办学校。新中国成立初，民办学校在我国基础教育系统中所占的比重较大。全国有私立中等学校 1412 所，学生 533，000 余人。私立中学学生数占全国中学生总数 26% 强；有私立小学 8925 所，学生 160 余万人，占总数 3% 强。② 1952—1954 年我国政府完成了对这类私立中小学的接办和改造工作，将之全部改为公立学校。从 1957 年开始，在基础教育阶段实行"两条腿走路"的发展方针，在城市实行"公办为主，民办为辅"的办学方针；在农村则实行"除了国家办学以外，大力提倡群众办学，允许私人办学，以便逐步普及小学教育"的办学方针。"文化大革命"中，民办学校停办，再次转为公办学校。"文化大革命"后，民办学校得以再生。但是在改革开放前的 30 多年中，由于经费的来源主要靠政府的资助和拨付，这类学校更多体现的是公办学校的特点。

　　改革开放后，民办学校开始得到较快发展。随着一些大中城市和沿海经济发达地区出现了相当数量的"中产阶级"和"富裕阶层"，产生了追求高质量高水平教育需求，在这种需求与利益的推动下，民办学校（私立学校）开始蓬勃发展。民办中小学具有设施条件好、标准高、要求高、收费高的特点，较好地满足了社会富裕阶层子弟上学的需要。但是发展有一个比较缓慢到比较快发展的过程。据统计，到 1991 年全国的民办中小

---

① 何东昌主编：《中华人民共和国重要教育文献》，海南出版社 1998 年版，第 397 页。
② 同上书，第 181 页。

学仅为 1199 所。[①] 邓小平南方谈话后，民办中小学得到了很大发展。到 2003 年底，我国共有民办普通高中 2679 所，在校生 141.37 万人；民办普通初中 3651 所，在校生 256.57 万人；民办普通小学 5657 所，在校生 274.93 万人；民办幼儿园 5.55 万所，在校生 480.23 万人。[②]

民办学校与公办学校相比，在教育对象消费水平、资金来源、运行机制和管理方式，以及办学特色等方面有显著不同。

在教育对象消费水平上，民办学校的消费水平因家庭的收入状况及其消费承受力的不同，主要划分为三个层次：较高收入家庭、中等收入家庭、较低收入家庭。不同地区和不同类型的学校在教育对象的消费定位上情况不尽相同，就绝对数看，中等收入家庭居多；也有一些只有较高收入家庭的子女可以问津的"贵族学校"。有些学校也举办以"扶贫助学"为宗旨，类似"宏志班"性质的低收费或免费学校或班级，或对家庭经济困难的优等生实行减费或免费制度。

民办学校的资金来源不是靠国家财政性投入，主要来自自筹经费（收取学费为主）；社会、企业或个人投资、捐资、集资、赞助；银行贷款、教育储备金；校产收益、社会培训及服务收费等；国家或政府一定数量的补贴、奖励（包括政策的优惠和隐形的资助）等。

民办学校在运行机制和管理方式较公立学校具有多样化的特点。在体制上大多采取董事会制，由董事会聘任校长，学校内部实行董事会领导下的校长负责制。在办学思想、财务、人事、招生、专业设置、课程计划、教学等多方面管理中，校长拥有较大的自主权。

在办学特色上，民办学校更是根据学校市场需要，"八仙过海，各显神通"。有的打"名人效应"的校长牌，有的念优良"教师队伍"的经；有的以学校"硬件好"取胜，有的以"软件强"服人；有的以招"尖子生"抬高身价，有的以招"落榜生"争取生源；有的实行"寄宿制"进行封闭式管理，有的采取"走读制"实行半开放式教育；有的突出强化外语特色教学，有的重视学生特长发展。民办学校根据客观实际选择自己的"个性化发展定位"，在很大程度上弥补了公办学校办学特色单一的

---

① 丁钢主编：《中国教育研究与评论》，教育科学出版社 2001 年版，第 48 页。
② 中国教育与科研计算机网，http://www.edu.cn。

不足。

第二节　中国学校教育的基本特征

　　中国学校教育是深受中国传统文化影响的，是在中国社会、历史条件下形成的，因而，具有与美国学校教育明显不同的特征。下面分别从四个方面就中国学校教育的基本特征加以研究，以便更全面地认识中国学校教育的基本情况。

一　自律型教育

　　从对儿童个性发展的基本要求来看，中国学校教育的一个基本特征是自律型教育。自律型教育主要指学校在对学生的期望上，注重学生学习习惯和行为习惯的自我养成，强调儿童在发展中的自我约束、自我控制和自我教育，形成符合社会要求和规范的严谨、认真、谦虚、努力等品质特征。

　　自律型教育有中国传统文化的根基。在中国传统文化中，人本主义本质上就是一种重视自律的文化。儒家强调最多的是"修身"，佛家也强调"独善其身"。因此，从古代开始，在儿童的发展中，"修身自律"占有重要的位置。《大学》中就有"古之欲明之德于天下者，先修其身，欲修其身者，先正其心，欲正其心者，先诚其意，欲正其意者，先致其和，致和在格物，物格而后知至，知至而后意诚，意诚而后心正，心正而后身修，身修而后家齐，家齐而后国治，国治而后天下平。""修身"成为家齐、国治、明德的基础。同时，修身与正心、诚意、致和、格物有着重要的联系。这种"修身自律"成为中国古代理想人格设计的主要目标。它所强调的个体对自我内心修养的重视，对社会道德秩序的关怀，对社会责任的承担，以及个体实现理想人格的途径等，集中体现了中国古代文化的道德人格力量，成为中国传统文化教育的重要组成部分，也融合成为今天中国学校教育的重要内容之一。

　　自律型教育也有中国家庭教育的基础。中国家长在对子女进行教育时，往往从各种小事着手，从最简单、最基本要求做起，非常重视儿童的卫生习惯、生活习惯和礼貌习惯的养成，其中伦理道德及文明行为的培养占有重要的地位。一般来看，在家庭中，自律型教育往往是与家长重视培养儿童的自控能力分不开的。在儿童发展的早期阶段，中国家长就表现出了对儿童自控行为和自控能力较高的期望值。在一项中日两国母亲对 3—5 岁幼儿行为的期望比较研究中，① 可以发现，中国母亲的期望值从高到低依次为自我控制（大人有事不能满足要求时，也能等待）、主动积极（大胆发表自己的看法）、合作协调（愿意拿自己的玩具与别的小朋友一起玩）、独立自主（如与小朋友吵架时，不向大人告状或让大人出面调解，而由自己解决）。而日本母亲的选择依次是合作协调、自我控制、主动积极和独立自主。双方母亲在各自期望值上第一位的选择是不同的，一个是"自我控制"，一个是"合作协调"，这种差异正是中国文化所提倡的自我控制和忍耐与日本文化所重视人与人之间合作和协调的主要特点的反映。无独有偶，1994 年底，一项全国性幼儿道德品质的调查也显示出，② 我国 3—6 岁儿童道德行为方面得分最高的是守纪律，得分最低的是关心他人。对于这一现象，南京师大的卢乐珍教授认为，遵守纪律，遵守秩序，这些在幼儿园里都是有要求的，主要是通过外力的影响达到的；而关心他人，主要是通过儿童自身体现的，除幼儿园外，家庭教育也有责任。这也就是说，对于守纪律和守秩序，我们的家庭与幼儿园的教育在价值取向上是一致的，但在关心他人方面，我们的家庭教育和幼儿园教育是有反差的。家庭对于儿童的过多关心，使儿童成为家庭的中心，儿童考虑自己多，因而关心他人就少了。从这里可以看出，儿童的早期教育离不开家庭和幼儿园教育。儿童早期成长过程中外力及外在环境的影响是非常大的。父母和教师对儿童价值观的早期形成具有重要的作用。过于控制自己，可能会使儿童形成过于谨慎、缺乏自信和独立性的性格。

自律型教育的形成也有为学校和教师的重视和强调。例如，各级各类学校都制订有学生守则和行为规范，其中重要的思想就是要求学生要自尊自爱，遵纪守法，严于自律。在小学阶段，一般比较注重对学生进行文明

---

① 《中日两国母亲对 3—5 岁幼儿行为的期望比较研究》，《父母必读》1994 年第 2 期。

② 《我国 3—6 岁儿童道德行为调查》，《北京青年报》1994 年 12 月 26 日。

礼貌教育和基本道德行为的训练，养成学生良好的行为习惯。在中学阶段，在对学生进行日常行为严格训练的基础上，比较注重知行统一的教育和训练。强调诚实守信、谦虚谨慎，自觉遵守宪法、法律，以及校规校纪，形成法制观念等。

在学校教育中，自律型教育主要是通过学校的日常教育、教学管理等方面工作实现的。例如，在许多学校，教学管理的重要指导思想就是要求学生按照教师有计划的安排，认真、安静、努力完成教学任务。学校教学主要采取学生面对教师而坐，班级集体教学为主的形式。在维持教学秩序上，教师在讲解教学内容之前，一般都要求学生保持安静，注意力要集中，不许说话，不许影响他人。教师上课的态度也是严肃认真的，教师按照事先计划好的教案进行教学，学生主要是听讲和记笔记，学生如有问题，先要举手，得到教师的允许后，方可站起来提出或回答问题，而其他同学要保持安静。以至于在许多学校可以看到"静、净、竞、敬"的目的性非常明确的标语。在这种教育教学管理制度和教师的潜移默化的影响下，学生基本上形成了自律型教育所要求的具有中国传统特色和现代特色相结合的特征。因而，经过学校教育培养出来的中国学生与外国学生相比，通常表现出来的特点是比较稳重、踏实、守纪律，严格要求自己，同时，又能服从集体，顾全大局。

自律型教育对儿童的发展和社会的发展具有重要的意义。正像前面卢乐珍教授在分析这一特点时所指出的那样，"我们的孩子做得很好，外国人也惊讶中国的孩子能够做到控制自己"。随着儿童年龄的增长，严谨认真、戒骄戒躁、谦虚努力则成为中国学生的典型性格，这种性格有利于知识的积累，有利于学生打下扎实的知识基础。"知之为知之，不知为不知，是知也。"同时，它也有利于个体形成与社会一致性的价值观念，适应社会的发展需要。在这种自律型教育的影响下，许多青年学生能够自觉地把自己的发展与社会的发展联系起来，服从国家和社会的需要，把自己的青春奉献给祖国的建设事业。自律型教育的这一特点从一定程度上说明了，当一个人在权衡自身利益与社会利益的关系时，个体是能够自觉地使自身利益服从于社会利益，并通过为社会利益服务，来实现自身价值的。当今的"从我做起"，关心他人，奉献社会之举，正是这种价值观的反映。它在一定程度上形成了中国改革开放重要的精神力量。总之，自律型教育已经成为中国家庭、学校和社会的一致的价值观念，它对于稳定社会的发展秩序，有步骤地推动社会的改革进程，团结一切可以团结的力量，共图中华民族的大业具有重要的意义。

当然，任何事物都既有其积极的一面也有其消极的一面，自律型教育在实施过程中由于认识和方法不当，对儿童的发展也有一定的负面作用。主要表现为，受传统的一味求稳、服从权威和安分守己思想的影响，这种自律型教育与外在的权威结合起来，使得儿童在发展中更加重视自律，往往表现为一种过分的自抑倾向。

这种情况与中国传统教育的影响有密切关系。由于中国古代社会是以比较稳定、少有变化的小农经济为主的，因而，中国古代理想人格的设计也是以追求和谐、安定和对权威的认同为思想基础的。在中国的理想人格中，求静、求稳、惧动、惧乱、服从权威，进而进行自我抑制，便成为其重要的特征。中国的理想人格不是西方的强烈表现自我的绅士，而是温和、谦顺的君子。因而，在事业上缺乏一种冒险的精神，尽量不去做"不正常""不熟悉"的事，在生活上知足常乐，安分守己，"慎言""少言"成为人们日常生活处事和交往的准则。中国古代的学校教育就是以这种价值观为导向的。主要表现为以下三个方面。

第一，在对待父母和他人的关系上，常把子女对父母的"孝悌"和父母的权威放在首位。《三字经》中有"首孝悌，次见闻"，[1] 清代的《弟子规》中也有"首孝悌，次谨信"，"父母呼，应勿缓，父母命，行勿懒，父母教，须敬听，父母责，须顺承。""亲所好，力为具，亲所恶，谨为去。""长者立，幼勿坐，长者坐，命乃坐，尊长前，声要低，低不闻，却非宜。进必趋，退必迟，问起对，视勿移。"[2] 因此，在与他人的关系上，也强调："事诸父，如事父，事诸兄，如事兄。"[3]

第二，在对待外物外事上，表现出了一种以静制动，与世无争，克己忍耐，听天由命的消极人生观。6 世纪的《千字文》里就有，"性情静逸，心动神疲，守真志满，逐物意移"。南宋的《名贤集》中也有，"休

---

① 夏初等校释：《蒙学十篇》，北京师范大学出版社 1990 年版，第 18 页。

② 同上。

③ 同上书，第 71—73 页。

争闲气，日有平西"；"人欲可断，天理可循"；"休争三寸气，白了少年头"；"常怀克己心，法度要谨守"；"是非只为多开口，烦恼皆因强出头"。明代的《小儿语》中强调"沉静立身"。"事不干己，分毫休理，一争两丑，一让两有。"明清的《增广贤文》也强调在处理与人与物的关系上，应"宁可负我，切莫负人"；"命里有时终须有，命里无时莫强求"；"知足常乐，终身不辱"；"知止常止，终身不耻"；"万事不由人计较，一身都是命安排"。①

第三，从儿童的发展结果看，古代儿童价值观，对内强调服从父母，克制自我，对外强调与世无争，那么要把儿童的发展导向什么方向呢？这就是中国古代教育所重视的"世上万般皆下品，思量唯有读书高"；"少小须勤学，文章可立身"，读书和立身的目的就是"金榜题名时"，就是为了做官作相。"为官须作相，及第必争先"，为了及第争先，儿童成了"两耳不闻窗外事，一心只读圣贤书"的畸形发展的人。

总之，由于传统价值观的存在和影响，在学校教育中，培养儿童对权威的服从和对自我的不断抑制，仍然成为许多学校教育的主要内容。在这种教育影响下，儿童唯上、唯师、唯教、唯书，成为发展主要特点。依赖权威、依赖家族、依赖人际关系成为儿童发展的主要条件，而与人抗争，与世抗争的价值观是被否定的。对此，许多中外学者都认为，这种价值观对儿童社会性发展的负面影响是极大的。中国学者梁漱溟指出："中国人原来个个都是顺民，同时亦个个都是皇帝。当他在家关起门来，对于老婆、孩子，他便是皇帝，出得门来，以其柔顺和平之第二天性，乃其独擅之吃亏哲学，遇事随和，他便是个顺民。"② 丹麦学者伊丽莎白也指出："过分的严厉，缺乏爱和个人的反抗情绪会产生一种在困难面前或强者面前退却的恐惧，并逐步演变为一种对别人和社会的依赖的强烈需求。"结果是表现出了顺从，依赖性强，对自己的判断力缺乏信心。③

由于受传统文化教育的影响，在现代学校教育中，儿童对权威主义的绝对服从和对自我的不断压抑的现象还是存在的，现实教育中培养"从

---

① 夏初等校释：《蒙学十篇》，北京师范大学出版社 1990 年版，第 38、52—62、133 页。
② 梁漱溟：《中国文化要义》，学林出版社 1987 年版，第 66 页。
③ 《现代社会科学文摘》，1994 年第 5 期。

上型"和"听话型"儿童仍是许多家庭和学校热衷追求的目标。如前面所提到的中日母亲对幼儿行为的期望研究中，有 2/3 以上的中国母亲认为应对幼儿提出自我控制方面的要求，而对幼儿在独立自主方面的要求则排在最后。在许多家长和教师看来，老实听话的孩子才是好孩子，儿童只有严格管理和教育才有出息，以致体罚从不间断，心灵施暴更是常见。甚至在一些人看来，儿童之间的争吵也是不允许的。年龄大的儿童与年龄小的儿童争吵，不管双方对错，人们评价的标准往往是，年龄大的应当让着年龄小的，年龄小的应当遵从年龄大的。这种只注重关系而不注重是非的评价标准往往会使儿童的是非观和个人的权利观念变得模糊起来。同时，人们又把"乖、听话、成绩好"作为"三好学生"[①] 的评价标准，对儿童进行严格的管理，使得儿童心理负担重，性格变得十分内向；一些儿童上课不爱发言，平时不愿说话，对于教师了解学生，带来了许多不利。于是，课外经常做学生的思想工作或进行家访成为教师的重要工作和负担。

由于从家庭，到学校，乃至社会，对儿童的冲突都持否定的态度和对"乖、听话"的价值观的一致追求；由于一些学校在教育和管理要求上，对教师是"不患严而患不管"，对学生是"不患静而患不安"。因而，儿童的性格发展出现一种相互矛盾的现象，一些儿童往往看成人的眼色行事，而做出一些与自己内心诉求以及平时不同的表现。如有的儿童在家中老实听话，在外面却是另一个样；有的学生在学校里遵守纪律，但在校外却自由放任，缺少自制；有的儿童在有熟人的环境里，彬彬有礼，行为检点，但在陌生的环境里却不讲公德。这种只追求表面和谐、听话，压制矛盾，否定冲突的片面教育，很可能导致儿童表里不一，言行不一的心理障碍。在教育现实中，经常可以看到这样的现象，一个学生被劳教了，引起人们的震惊，"这个学生表现一贯很好啊，他不可能这样啊"？这从反面也说明教育的失误对儿童发展的不良影响。

另外，还应注意，在一些家长和教师看来，自律型教育的重点应放在

---

① 关于"三好学生"的评比，2004 年 5 月，顾明远先生提出了反对意见。他认为"三好学生"的评比把学生分成"三六九等"，对学生发展是一种伤害；另外，现在"三好生"的评选主要是以评选"听话和成绩好"为主，是片面的，不利于广大学生的发展。教育应当面对每一个学生，而不是少数学生。参考《顾明远教育口述史》，北京师范大学出版社 2007 年版，第134—139 页。

纠正儿童或学生的错误上。在他们看来，"优点不说跑不了，错误不说不得了"，因此，严格管理，加强纪律就有了依据。但这种教育的结果如何呢？我们较多看到的是，许多学生时刻关注自己的问题和缺点，对自己缺乏自信，不敢直言自己的优点，生怕被人说骄傲或翘尾巴，结果在发展上表现平均和一般，缺乏自己的个性和特点。而自律型教育最严重的后果就是导致儿童个性的泯灭。正像有人指出的：我们教育下一代的标准是老实听话，无论是家庭，还是学校填鸭式地灌输孩子那些传统加教条的知识和学习方法，而忽视对他们探索精神、创造风格的启蒙和塑造，中国教育最大的悲剧在于受教育者缺乏独立的人格意识，从而导致了一个民族的惰性的蔓延。

总之，自律型教育作为中国学校教育的主要特征，既有有利于中国社会发展的一面，也有由于处理不当而带来的负面作用。随着中国社会主义市场经济体制的逐步建立和完善，自律型教育中的负面因素将受到强烈的冲击，作为一种法制经济，社会主义市场经济由于需要人的素质不断提高，也将会进一步加强自律型教育的积极效应。因此，适应市场经济的需要，知法懂法，自觉服从法律的规范和制约，自觉地严格地要求自己，固然是高素质人才的表现；而同时在法制的规范下，发挥每个儿童的聪明才智，培养有创造性、有个性的人才，也是我们社会、我们教育向前发展的有力保证。

二　书本型教育

从中国学校教育与社会的联系程度来看，中国学校教育的第二个特征是书本型教育。其主要表现为，教育内容注重书本知识的学习，注重以书本知识为中心的学科教学，重视知识的系统传授和理论思维能力的培养，而与社会和实践联系、结合不够。书本型教育形成的原因主要有以下几个方面。

首先，与中国传统文化的特点有关。中国传统文化是一种强调把儿童的教育与实现社会理想和政治抱负紧密联系起来的文化。在这种文化中，群体的价值观念、政治和伦理的价值观念成为社会价值观念的取向。与这种价值取向相适应，儿童的教育带有强烈的政治、伦理色彩。在教育中，

"万般皆下品，唯有读书高""读书做官"等成为历代学校教育的主要目的，而读书的内容主要是儒家经典，这正是统治阶级所需要的。古代社会的"书山有路勤为径，学海无涯苦作舟""头悬梁，锥刺股"，成为读书人刻苦读书的典型特征。走这条路成为社会和个人的最佳选择，它奠定了书本型教育在中国学校教育中的社会基础和思想基础。作为一种价值观念，它对学校教育的影响是，在儿童发展的早期阶段就引起了儿童的分等：即学习好的和学习不好的，能当干部的和不能当干部的。在我们的教育中，从幼儿园起，小朋友就知道当"班长"可以管人；在大学，评奖学金主要有两项，奖励成绩好的，奖励当干部的。"书本位"和"官本位"相结合的价值取向，成为儿童发展中潜在的影响因素。

其次，它与中国传统的科学研究特点有关。中国传统的科学研究具有经验型和思辨型的特点。在研究中重视口诀式和成语式的规则或原则，很少借助实验的方法对事物进行定性的分析和定量的研究，只能对实践提供原则上的指导，缺少对不同事物，或对同一事物不同层次的具体的研究。因而在解决社会现实问题时，或借助于一般的抽象思辨，或以古论今、引经据典、崇书信书。这一特点影响到学校教育，使其十分重视书本知识的学习和依靠书本知识获得解决问题的办法。

再次，它也与中国古代社会对长期占主导地位知识的重视有关。在中国社会的发展过程中，"半部'论语'打天下"，儒学知识成为社会占统治地位的知识。因此，关于儒学的知识被奉为正统的知识，"四书""五经"是至高无上的。重视书本，轻视实践，重视古人，轻视创新，成为历代沿袭下来的传统。于是书本知识的价值被绝对化了，书本知识的功能也被泛化了。它对教育的影响是，教育者更多的是从知识占有和传授的角度思考和解决教育问题，教师与学生的关系往往成为"一桶水"和"一碗水"的关系，教师要承担传道、授业、解惑的职责，就必须具有大量的知识。

最后，从教育的本身来看，书本型教育之所以得到重视，也与中国古代长期实行科举制教育有关。科举制教育是最早的系统的应试教育。尽管它在最初实施时，是有利于人才的选拔的，但它毕竟是维护封建中央集权统治所采取的一项措施。特别是它把儒学经典作为考试的基本内容后，考试以书本为依据，选拔人才以儿童掌握书本知识的多少为依据，更强化了书本知识地位。

　　新中国成立以后，尽管封建社会教育的物质基础已不复存在，但书本型教育一直占有重要的地位。这也有其原因：

　　首先，中国商品经济的发展一直缓慢，城乡发展差异较大，教育发展与社会发展结合不紧密，读书可以改变一个人的地位，读书可以使一个人脱离农村成为一个城里人，上大学读书可以使一个人成为国家干部，可以吃商品粮，这些现实与传统的价值观念结合在一起，在计划经济时代，成为城乡学校教育发展的一种实际的价值导向。

　　其次，在计划经济条件下，平均主义成为教育发展的指导思想。强调同一性，忽视差异性，成为学校教育的基本特点。而书本型教育又在一定程度上适应了这一需要，所有的学生都在教师的指导下学习统一的统编教材，统编教材成为每一所学校的法定教材。

　　再次，受上面两个因素的影响，应试教育成为中国学校教育的基本特点。为了择优录取，为了适应考试的需要，书本型教育便成了应试教育的基本形式。教师和学生都重视对教科书的理解和掌握，甚至一些教学参考书都成为学生和家长关注的对象，应试教育更强化了书本型教育的地位。

　　最后，需要指出的是，书本型教育的形成和强化还与这一时期苏联的教学论思想的影响有关。苏联的教学论强调，教学是主要传授和学习间接书本知识的过程，是学习系统的理论知识的过程。它区别于人类的认知活动和发现活动。因而，教学过程主要是在教师指导下学习前人知识的过程。学生学习的主要任务是掌握、领会和巩固知识，而不是发现知识。这种理论与我国教育的现实相结合，又进一步强化了对书本型教育的重视。书本型教育至今在中国教育中占有着重要的地位。

　　在现实教育中，书本型教育主要有以下几方面的表现。

　　书本型教育把读书求知或获取间接知识当作主要目的，读书求知成为教师和学生的基本生活。由于在教育中教师的独特地位，人们形成的认识是学生学习主要是向教师求知。教师教得多，学生就学得多，教师教得少，学生就学得少，教师成为学生求知的主要来源。由于把书看作知识的主要载体，因而与读书有关的词汇一直流行在中国的社会中。如把"上学"称为"念书"；"学习"称为"啃书本"；"上不起学"称为"念不起书"；把教师称为"教书先生"或"教书匠"；而受教育时间长的，则称为"念完了初中"或"读完了大学"；说一个人有文化往往称其来自"书香门第"等等。这种以读书为导向的学校教育培养出来的学生，往往"读书型"的人居多，而同时具有能力，能够联系实际的"动手型""务实型"的人才较少。实际上，书本型教育在当前农村也有所表现。一些研究者指出，在西部地区，许多农村教师备课也主要是抄写参考书，教学仍是一本教科书、一支粉笔、一块黑板。教学方式是老师讲学生听，教师板书、学生笔记，教师说、学生练，师生已经习惯于这样的按部就班。①

书本型教育重视教师讲授和系统知识的传授在教学中的重要地位，使教师和学生形成了一套按部就班的知识教学和学习的方法体系。由于书本型教育一般以教材学习或学科学习为主，因而它十分强调教学中教师的作用和系统知识学习的重要，使得学校教育无论是小学，还是中学，甚至大学都非常重视按部就班的教育方式，进行以学科为中心的教学。在我们的教育教学实验中，许多教学方法的创立都是以如何有利于教师传授知识或学生学习知识为基础的。在教学中，教师以讲授教材为主，重系统、重记忆；学生亦步亦趋，在教师的指导下来理解教材。这种教学虽然有助于学生积累大量的系统知识，有利于他们打下坚实的基础，但由于教师对学生的指导和要求过多，许多学习内容，甚至包括活动课教学，都按学科教学方式组织进行，学生很少有时间进行充分思考或向教师质疑，容易造成学生的被动、封闭的性格。同时，这种教学也容易使学生缺少科学必备的怀疑和求异的精神。当学生进行科学创造时，由于缺少创新意识，很难较快地达到科学发展的前沿。

书本型教育在教学方法上注重演绎法，强调从理论到理论的系统教学，使教学过程本身成为一个比较严肃的过程。这不仅反映在文科教学中，理科教学也很有影响。例如，在理科教学中，在阐述概念或原理时，正确和详细往往放在第一位，而生动和有趣则是次要的。一些试图改进教

---

① 曹化清：《农村课改平静背后藏隐忧》，中国教育新闻网—中国教育报，www.jyb.cn，2008 年 10 月 24 日。

学的"愉快教育"或"情境教育"之所以受到阻碍，一个重要原因是"玩和乐都不算真正的教育"，甚至"玩"和"乐"在为教学和学习服务时才有价值。应该承认，教师注重演绎法教学是有利于学生训练抽象思维能力和发展学生的理论思维能力，但过分强调演绎法，又容易忽视学习与实际的联系，忽视学生动手实验能力的培养。其结果是一方面养成了学生刻苦努力、训练有素、基础扎实的习惯，但另一方面也容易养成学生读死书、死读书的习惯，容易把科学当成一种理论框架，为这一框架而建构体系，而缺少有血有肉、活生生的东西。而这种教学又极易为应试教育所利用，为了巩固学习内容，为了应付考试，教师往往把更多的时间用在对题目的反复猜测上，用在对各种大量的习题的讲解和训练上，这又在很大程度上影响了学生对学习目的的认识。使得一些理科学生为了追求高分数，宁可读实验，背实验，也不愿意做实验；文科学生则背下大量的作文，背下大量的答案，都希望通过这种学习能在考试中与考题"遭遇"，获取好分数。知识学习的实质被扭曲了。

书本型教育往往重视对学生进行寻求同一答案的教育。在教学中对学生进行一定的教育，使学生都能达到比较一致的水平，这对学生的发展是有益的。但在教学中为了达到这种同一性而要求同一性，则往往使教学过程变得过于机械。一些教师为了证明或得到与书本内容一致的答案，常要求学生用同一种方法，做同一个实验，获取同一个结果，而轻视与书本知识不同的各种观点、方法或实验。还有的教师虽然也强调书本知识的传授，但忽视学生动手能力的培养。只要教师能用口头表达的，就不愿动手操作。结果形成了教学中教师讲授为主，学生学习次之，教学重视书本知识的正确性和详尽性，而缺乏对书本知识学习的尝试性和求异性能力的培养。学生上课回答问题，思路窄，答案雷同，缺乏想象力，与这种教学的特点有关。

书本型教育重视课堂上教科书的学习，而忽视学生课外的大量阅读，以致学生书包中装有大量的与教材有关的辅导读物；为了孩子的学习，家长也排队帮助孩子购买教师用的教学参考书；甚至一些供电脑用的教学软件也是教科书或教学辅导材料的翻板。

过分重视书本型教育对儿童的发展有哪些不利影响呢？

一是它形成了单一的以"书本知识"为中心的考核体系，知识教学成为学校的主要任务，窄化了学生发展的评价标准，忽视了学生动手能力和创造性的发展。有人发现，现在学校一年级的小学生有"两多一高"，即"书本多"，新学期每人发书11本；"课时多"，学生在学校大部分时间学习书本知识；"要求高"，许多学校规定成绩不上98分不算达标。而在中学，长期的过分重视书本型教育，并把它与应试教育联系起来，更使得学生长期囿于书本和考试之中，"白天书本读不尽，夜间梦中还做题"。早上6点起，晚上12点睡成为许多初中和高中生的习惯。在一些教室中，几乎每个高中生的书桌上都有用绳捆好的一大排各门学科的书籍，俨然一座书墙。这种只局限于书本知识并为考试服务的教育，主要是知识的死记硬背，使培养出的学生普遍缺乏知识创新的意识和自我创造精神；更可怕的是它造就了一批适应考试的学生，学生各种能力倾向在这种残酷的考试中被扼杀了，影响了学生的全面发展。对此，美籍华人杨振宁曾指出，这种重视书本型的教育"歧视那些特别擅长动手的人，而那些懂得怎样动手的人恰恰是中国最需要的人才"。[1]杨振宁还说："不该说读书努力就是好学生，应该有很强的动手能力和创造精神才是好学生。"[2]

二是它以书本为中心，使学生把主要时间用在学习书本知识上，割裂了知识学习与现实生活的联系，影响了儿童兴趣发展和各种生活能力的形成。武汉小学生的不愿意"玩"的例子就很说明问题。[3] 在教学中获取一定的知识，这对于提高学生的文化素养和知识水平是有益处的，但是为了知识而传授知识，则使学习成了远离生活的过程。天津《今晚报》曾经在1995年2月5日报道过这样的例子，天津北辰区某小学寒假作业《新

---

[1] 杨振宁：《谈中美教育的比较》，《未来发展与教育》1991年第4期。
[2] 杨振宁：《杨振宁谈中美教育比较》，《教育文摘周报》1995年1月11日。
[3] 据2008年12月17日《楚天金报》报道：玩是孩子的天性，可在武汉的小学校园里，不爱玩，甚至是"厌恶"玩耍的孩子多了起来，令人匪夷所思。10岁的晓乐（化名）是武汉的一名小学生，他现在的性格越来越内向，显出不该有的"沉稳"。特别是家长高叫"打球去喽"时，孩子居然充耳不闻——他宁肯在家看书，也不想出去玩。此外，晓乐对于同学、亲戚发出的外出游玩邀请，一概拒之门外。在老师的开导下，晓乐说了实情：不知从什么时候起，父母的附加条件开始时刻伴随晓乐的玩耍。只要是出去玩，回来就免不了一篇作文。更为可笑的是，一次他单独去爷爷奶奶家，回来后也被妈妈要求写篇作文……在如此附加任务下，晓乐有点喘不过气来，玩对他来说成了一种负担。这种情况发生在今天，实在是令人痛心！

编小学数学 AB 卷》有一道应用题说，"一只鸡每天需要饲料 500 千克，一只鸭每天需鸡的两倍，一头猪是每天需鸭的 8 倍，问一头猪每天需饲料多少千克？计算结果是 8000 千克。"一位 3 年级名叫周通的学生做题后推想，若一只鸡每天需料 500 千克，饲料价每千克为 1.56 元，500 千克是 780 元，一般一只鸡每天下一个蛋，那么一个鸡蛋应该为 780 元，真是荒唐可笑。可见，这种书本知识单纯地用来培养学生的计算能力，而不与现实生活结合起来，虽然儿童学会了一定的计算，但只能给儿童以错误的知识。而更为严重的是过分地强调书本知识而缺乏对生活的关注，可能会导致儿童生活能力和生存能力的低下。据 1993 年《扬子晚报》报道，联合国儿童基金会、联合国教科文组织和中国国家教委在上半年联合进行《中国小学生学习情况调查》，对中国 10 多万小学生进行了语文、数学、生活技能三大学习情况的检测，发现许多学生生活上依赖性强，独立意识差，生活常识缺乏，更重要的是缺乏对生活的关心。其中有一道测试题是：

做饭时，饭锅被蒸汽顶起来，米汤外溢怎么办？

a. 快告诉大人。

b. 用手压住，不让米汤溢出。

c. 将锅盖提起再盖上，稍留一点空。

d. 不知道。

对于这四项选择，有 1/3 以上的学生选择 a 和 b，还有不少不知道。一些专家指出，儿童的生活技能含义很广，包括学习生活技能（整理书包、削铅笔等），家庭生活技能（做饭、洗衣等）社会生活技能（怎样过马路、怎样应付险情等）。童年对于周围世界不关心的孩子，得不到及时的指导，长大后会出现许多社会适应性障碍。

三是它加重了学生的课业负担，使学生的身心压力增大，影响了儿童身心的健康发展。由于书本知识的学习是与一套不尽科学的但又相关的因素联系起来的，如学生学业的评定，教师的提职晋升，学校的评优排名等，因而，它使得学生的负担越来越重，严重地影响了学生的身体和心理健康。这主要表现为：

小学生书包重。有一则笑话说，一位小学生放学时摔了一个跟头，但他不是向前倒，而是向后倒，原因是他的书包太重了。那么小学生的书包到底多重呢？据调查，小学一年级的学生书包已重达 3 千克。① 初中一年级学生的书包则增至 9 千克。家长感到学生身上背的不是一个书包，而是一座山、一盘磨，以致许多家长不得不当孩子的"学童"，亲自替孩子背书包，接送孩子上学的家长不在少数。孩子的书包装什么，有人调查指出，书包里除各种教材外，还有教科书之外的"系列"（教科书外的第二套教材，各科联系与辅导）、讲义，甚至教师的教学参考书等也成为学生的必备之物。以致北京街头曾出现过众多家长和学生排长队抢购教学参考用书的景象，可见书本型教育对中国教育的影响之大。尽管现在许多学生使用双肩背书包，但这种减负的结果则只是书包越换越大，谁能真正考虑小小的学童背上过重的书包对他身体会产生什么样的影响呢。

学生学习时间长。学生不仅在学校里学，回到家里仍要学，为了学习，在学校里学生可以不参加体育活动，在家里可以不干家务劳动。这种做法的结果是学生的身体素质普遍不高。

学习内容深。学校教学要求高，必修课多，选修课少，使得学生的作业量大，教学热衷于做难题、扣偏题。有人统计，中国教育管理部门为减轻学生学习负担，从 20 世纪 50 年代到 90 年代已下发 10 多个文件，但收效甚微。1993 年，国家教委曾规定小学一年级不留书面家庭作业。二、三年级每日作业量不超过 30 分钟等，但到 1995 年，仍把减轻学生过重负担问题当作主要问题来抓。过重的学习负担，对学生的不良影响是明显的。有人调查发现，100 名中学生中 1/2 以上的人右手中指有红肿现象，并预言再过 7—8 年中国将出现一批左右手不对称的青年。更严重的是因学习压力大、负担重导致精神崩溃或离家出走的学生已成为新的社会问题。体质下降的学生更是不可胜数，许多学生大学考上了，但身体却垮了。

当然面对这种情况，家长们也很无奈。如果不让自己的孩子努力学习，孩子的学习成绩就会落在其他孩子的后面。上了小学，就需要考一个

---

① 据 2008 年的一项调查显示，我国大部分小学生的书包重量在 3—4 千克。3—4 千克重量的书包里，究竟装了些什么？答案就是各种各样的书本。一位家长曾将自己孩子的书本做了一下统计，结果发现，大大小小的课本及学习资料竟不下二十多种！一个成年人要在几个月时间内将二十多本书看完，尚且需要一些力气，更何况还处在幼小年龄的孩子们。

好中学；上了中学，就需要考一个好大学。不努力读书，这些目标能实现吗？在应试教育培养的模式下，课本越厚越好，作业完成的越多越好。上课需要看书学习，下课需要做家庭作业。孩子们的时间就这样被书本所占有了。

四是书本型教育强调书本第一，考试第一，不仅僵化了学生的智能，也弱化了教师的创造性和批判精神。使得教师的教学工作主要围绕书本转，围绕考试转，能押题、会辅导的教师是好教师；研究书本透、会分析书本的教师是好教师。从而使教师的心理趋向一种保守的定势，教师的工作缺乏一种激情，缺少创新意识，形成了一种机械、僵化、紧张、毫无生气的弊端。

总之，中国学校的书本型教育反映了中国传统文化教育的深刻影响。在走向市场经济的今天，我们需要发扬传统文化的人文价值，发扬传统文化对人类知识的尊重，同时也应克服只重知识，不问实际，只重统一，不问差异的弊端，加强书本学习与社会实践的联系，使这一传统在新的时代面前保持新的生机。

三　应试型教育

任何国家的教育质量都是需要有考试制度来做保障的。通过考试不仅可以检验学生对知识、技能的掌握情况，也可以反映学校的一定教育水平和教育质量。因此，考试不仅是每一个学生成长中必须经历的过程，是学生发展中需要具备的一种素质，也是学校考查学生的重要手段。但是，考试仅仅是检验学生学习情况和学校教育质量的手段之一。当把考试这样一种手段变成学校教育所追求的目标时，考试的功能就已经变了。

应试型教育是指学校教育以追求升学率为目的，以应对考试为目标，突出知识的记忆与背诵，注重考试分数，强调知识化、技能化的教育。应试型教育追求以"升学"为中心的目标，使得学生在为考大学而学，教师在为升学率而教；应试型教育追求以"分数"为标准来落实"升学"的目标，使得学校重视智育，而轻德育和体育；重视书本知识，轻视社会生活；强调可见的硬技能，忽略摸不着的人文素质。

应试型教育的基础是应试教育。当应试教育成为学校教育的唯一选择，成为一种渗透于学校教育各个方面的思想，成为一种师生共同追求的目标时，应试教育就成为一种应试型的教育。关于应试教育的产生、影响等问题，本书在第四章第二节"中国学校教育的发展"中曾从历史和现实的角度对应试教育进行了比较深入的分析。这里，再就应试型教育的表现进行几个层面的分析。

一是从学校管理的层面上看，应试型教育主要表现为一些地方教育管理者用像在生产上抓 GDP 的办法抓教育，追求教育上的 GDP 指标，缺乏科学的学校和教师的评价机制。例如，一些地方教育管理者追求不科学的政绩观，给所管学校施加高考升学压力，层层下达升学指标，同时以考试成绩、名次来评价学校和教师，定奖惩，强化了学校的应试型教育。为了提高升学率，学校间的恶性竞争愈演愈烈。据反映，为了争夺生源，一些学校每年用于招收高分复读生的费用就达二三百万元；有时为了一个"好学生"，就有五六个学校争。[1]

二是从大众心理的层面上看，应试型教育表现为受传统文化"望子成龙"观念的影响，家长和教师普遍重视学生的考试"分数"。2009 年 1 月，云南省昆明市一所小学曾经发生这样的事情，一名小学语文老师因有 58 个学生（60 个学生，2 个写对）写错成语为由，罚学生抄写成语 50 遍，被学生家长向媒体投诉。当地媒体曝光后，有 60 位学生家长来到学校与校长对话，称该语文老师多年来工作非常认真，罚抄也是对学生负责，不能因此指责老师，更不能因此处分老师。再加上 1 月中旬就要期末考试，明年孩子们就面临升学，如果老师受到处分或被替换，对学生会产生很大影响。虽然当事人老师已经道歉，上级主管部门也表示会按照相关规章制度对此事进行处理，但是由于社会压力，最后那位向媒体投诉的学生家长，也不希望老师因此受到处分，更不想换班主任。[2] 这一情况表明，由于家长过于看重分数，认为孩子只要能考高分，老师怎么都行，分数是孩子的最大利益。这种思想在一定程度上助长了学校应试型教育的

---

① 刘成友：《大家谈：走出"教育 GDP"误区，解读素质教育的"山东样本"》（下），资料来源：人民网—人民日报，2009 年 2 月 3 日。

② 胡洪江：《大家谈：60 名家长为"罚抄老师"求情》，资料来源：人民网—人民日报，2009 年 1 月 13 日。

盛行。

三是从资源分配的层面上看，应试型教育表现为引发许多地方对优质教育资源，包括城市重点学校和大学教育资源的激烈争夺。由于城乡教育条件差距巨大，为了能够享受到这一部分好的资源，不仅是城市学校，就连农村学校也与城市学校一样在不同水平和不平等的基础上展开了激烈的竞争。以农村为例，许多农村学校把学生能够到城里接受学校教育为主要目标，农村学校教育评价机制跟着城市学校教育跑。一些研究者指出，在农村，上级主管部门考核学校、学校（学区）考核教师的工具往往是一张成绩排名表，考核内容很不全面。比如，小学考查语文、数学的"双合率"，初中考查升高中的几门课程，高中考查高考的几门课程。这些课程叫作"主科"，是学校的重中之重，其余课程只是安排在课表上，叫作"副科"，可以不上，也可以被主课随时占用。① 可见，农村学校教育追求与城市学校教育评估体系的一致性，在一定程度上共同维系了应试型教育的存在，但这样做却忽视了农村学校教育管理和教学的实际问题，拉大了农村学校与城市学校教育的差距。

四是从不同利益的层面上看，应试型教育表现为利益的各方采取种种手段，极力维护一定的利益格局。应试型教育之所以在今天仍然得以盛行，关键是一些主管部门的利益、学校的利益，包括家长的利益，能够默契一致，并极力维护这种教育。让人奇怪的是，应试型教育并没有人大力提倡，但是却大行其道，其重要原因在于它在一定程度上满足了各方面的利益。这其中维系利益格局的纽带就是"分数"。只要"分数"上去了，"升学率"就上去了，上级教育主管部门就有政绩，学校领导就会得到奖励，教师的辛苦就会换来福利，家长的操劳就会得到报偿。但是，这种对共同利益的追求和维护却极大地损害了学生的利益，学生成为这些利益共同体的牺牲品。以学校为例，许多学校为了保护这种利益，主要依靠"考试分数"作为评价教师教学和学生学习的主要标准，并且以"升学为中心"来制定教育目标、选择教学方法、安排教育内容和设置课程，结果导致教学上多采用"填鸭式"的教学方法，学生死记硬背，泯灭了教

---

① 曹化清：《农村课改平静背后藏隐忧》，中国教育新闻网——中国教育报，www.jyb.cn，2008 年 10 月 24 日。

师和学生的创造力。另外，由于激烈竞争的需要，为了能够保持学校之间的竞争优势，许多学校不惜损害学生的健康给学生加压，使他们承受着繁重的学习负担和精神压力，严重地损害了学生的身心健康和人格发展。

五是从波及范围的层面上看，应试型教育渗透到了教育领域的多个方面。一是形成了"家庭教育学校化""学前教育学校化"① 和"乡村学校城市化"② 的局面，应试型教育成为中国基础教育各个方面追求的目标和核心，家庭教育、学前教育和乡村教育已经成为学校应试型教育的延伸和扩展。二是造成高中教育性质的变化。高中教育背离了原有的基础教育的目标，成为大学的预备教育。其突出表现为许多高中学校人为地对学生进行文理分科，以适应高考的要求。③ 高中的文理分科由原来的高二，现在已经发展到高一，一些学生更是进入高中后就开始为高考做准备，严重冲击了高中的会考制度，影响了学生的全面发展。三是在普通教育层面形成了以升学为目标的对学生进行补习和培训的教育市场。一些补习和培训学校与一些著名高中进行联合，对复读考生进行培训教育，同时，也带动了各种应试教育辅导资料和辅导用书等辅助读物的市场，扩大了应试型教育的影响。四是在一些非重点高校出现了应试教育的考试大军。在这些学校里，许多大学生一入校，目的就非常明确，为考某某大学的研究生做准

---

① 据新华网济南 2008 年 12 月 14 日，记者张晓晶报道，山东省济南市日前要求全面推进素质教育，幼儿园不得开设违背幼儿身心发展规律和认知特点的课程，纠正"小学化"倾向，防止应试教育向幼儿园渗透。目前，很多幼儿园开设英语、识字、数学等课程。一位家长说，孩子上大班以后，每天都有家庭作业，学习负担很重，比小学生还要忙。

② 据一些记者对乡村教师的调查反映，乡镇每学期都要对各所小学进行几次排名，学校再对教师排名。名次靠前，学校有地位，老师有荣誉；否则，老师不仅会丢掉票子，甚至还会丢掉饭碗。这种做法并非个例。在排名考核的情况下，老师自然会把压力下移给学生，加剧应试教育之风，很多违背教育规律甚至弄虚作假的事情也由此发生。有的小学老师为提高学生成绩，把一班学生划分为几个小组搞株连，有一名学生成绩不好就要全组受罚。有的老师挖空心思研究专家出题思路，再把应试技巧教给学生，成为教学生应付考试的教书匠。有的教师为了提高班级名次，动员成绩不好的学生自动辍学，以减少考核的分母。有的老师对成绩不好的学生歧视、讽刺挖苦甚至放弃，对学生的语言暴力增多。

③ 高中的文理分科是许多学校适应高考需要的一项改革措施，并没有法律的依据，但现在已经成为许多高中不成文的规定。虽然这一措施自产生起就引起许多争议和被诟病，但由于已经实行多年，在学校、老师和学生中产生重要影响。2009 年 2 月关于"是否取消文理分科"的讨论中，有许多专家、学者和 50% 多的网民支持取消文理分科，但是许多高中生却持反对意见。这在一定程度上反映了取消这一做法的难度。

备。这样的学生通过考试成为研究生以后，研究基础和能力往往比较差，在一定程度降低了研究生教育的质量。

从考核功能的层面上看，应试型教育表现为一种单一的依靠分数进行选拔的教育。由于其具有的选拔性功能，就使得通过高考成为进入大学的高门槛，并且通过高"分数"门槛来淘汰学生。为了能够跨越这一门槛，学校、家长和学生都被捆绑在一起，各级各类的学校教育成了准备高考的教育，学校教育的功利化目的越来越强，老师、家长，特别是学生的负担越来越重。据一些老师反映，目前一个高中生每天在校时间16个小时，从周一到周六，而这16个小时的时间多是坐在教室里由老师"满堂灌"。①

综上所述，我们从几个方面分析了应试型教育的表现，可以看出应试型教育的出现是与高考作为"指挥棒"的考试制度密切联系的。对于高考制度，许多人认为就目前的中国情况看是比较科学的唯一选择，但殊不知这种单一的考试制度是以放弃考察学生的平时课外活动、学生参加社会活动的记录，以及学生的其他发展为代价的；是以牺牲学生的兴趣、爱好，学生的创造力和实践能力为代价的；更是以牺牲学生的道德品质为代价的。据一些老师反映，现在的孩子学习太苦、太累，很可怜，但也让人生气。过去学生在校车上遇到老师会主动给老师让座，现在的学生在车上见到教师不让座的现象时有发生。学生课业负担重，一个个变成了考试机器；学校、家长都把眼睛盯在学生的成绩上，忽略了对学生的思想品德教育，学生在学校里动手能力差，骄气、娇气兼而有之，老师成了保姆。

同样，受高考"指挥棒"的影响，教师和学生之间也出现了异化。教师在教学过程中不是启发学生思考，而是进行满堂灌；教师常常追求确定性结论或已有答案，并让学生死记硬背书本知识和标准答案，以应对高考。这种教学不鼓励学生的求异思维，压抑了学生的探索精神和创新能力。在这种教学影响下，学生形成了"应试型人格"。其主要表现为认为一切学习都是为了考试；在学习上只关心标准答案，拒绝独立思考，习惯

① 2009年2月6日南方网发表了一篇安徽籍一高三学生章锐写的《我被中国教育逼疯了》的文章，就反映了学校教育追求分数给学生带来的极大压力，令人震惊！该文通过他父亲逼他学习的经历，反映目前高中生的学习压力和焦虑苦恼。章锐在文章中写道："我恨父亲，但没有真正恨过，我更恨中国教育，是中国的教育让所有亲人只用分数衡量人。"

于教师的教导和要求，学生发展成为一种被动的过程。

应试型教育之所以能够长期存在和盛行，其基本逻辑是：

第一，考试公平说。主张在考试面前，人人平等。认为只有考试分数才是最具可测量和最具说服力的东西。其他方式，如实践评定、思想评定，或什么精神鼓励等都可能因为存在不可测量的人为因素，而产生不平等。这种情况在中国教育中可能比较突出。

第二，资源有限说。由于中国受教育的人口众多，高等教育作为优质教育资源十分有限。因此，只能通过高考选拔的方式使一部分人接受高一级的教育。这是中国国情的需要。另外，这一做法符合国际的惯例，是各国普遍的做法。

第三，硬性指标说。在学校教育里，分数的高低是衡量学生学习、教师教学成功与否的"硬性"指标，是实实在在的，其他都是"虚"的。由于分数是硬性的，只要能提高分数，什么方法都行。常用的方法是"加""减"法。在"加"的方面，主要有增加主课课时，增加学生学习时间，增加机械训练等；在"减"的方面，主要有减少非主课课时，减少学生的休息时间等。

从应试型教育基本逻辑体系看，都有一个"国情特殊"说。"国情特殊"说实际上就是"国情决定"论。在实施应试教育的人看来，只要国情存在，应试型教育的存在就是合理的，应试型教育也是不可能改变的。况且，在这些人看来，应试型教育也是为了学生好，虽然过程痛苦些，但结果是好的。只要学校升学率提高了，学生能上大学，家长能够实现心愿，这种教育就是有效的教育。

应试型教育暴露出的突出问题就是使学校教育成为一种背离"人性化"的教育。它把学生当作"物"来对待，没有看到学生是一个有生命、有思想、有需要、有兴趣，正在发展和成长的未成年人。学生缺失主体性，成为分数和考试的奴隶，成为应试型教育的牺牲品。

目前，应试型教育已经成为一种制度化的教育。受素质教育思想影响，一些教师想要试验素质教育，可是结果还是应试教育那一套。这表明他们并不是不想给学生减负，不是不想实行素质教育，但是受考试指挥棒影响，他们只能听从主管部门的布置，听从考试这根指挥棒的指引。

不仅如此，应试型教育也影响到了学生的生活。有媒体报道，过去曾让孩子们朝思暮想的春游、野炊、运动会等活动，现在的学生已不感冒，甚至还有些恐惧。原因是老师在活动前布置了成堆的作业。如春游一次，就要写几篇作文，学生在出游中得处处留意素材，心思全放在完成任务上了，哪里能品味玩的滋味和乐趣，简直比上课还累。在学生看来，这样的玩不要也罢，待在教室里还会省去不少麻烦。

总之，在应试型教育体制没有变化的条件下，实施素质教育，"给孩子减负""让孩子学会生活"，"让学生个性得到发展"等话语，只能停留在口头上。"玩"可以，但必须有利于学业提高。应试型教育将原本轻松的"玩"赋予了过于沉重的使命，带给学生的只有不堪的重负了。看来，只有素质教育成为一种"硬性"的体制，成为一种制度化的教育时，学校教育才有可能有真正的变化，学生才能有真正的发展。

四　规范式教育

从社会对儿童发展要求和学校的管理来看，中国学校教育不仅有自律型教育，书本型教育，应试型教育特征，也带有明显的规范型教育特征。其主要表现为，从幼儿园到学校十分重视儿童的正规教育，强调儿童的发展应按照学校所制定的规范行事，在学校教育的发展上采取较为系统和严格的管理，儿童活动有明确的目的和要求，活动的空间和范围相对较狭小。这种规范型教育的表现是多方面的。

从幼儿教育来看，规范型教育主要反映在幼儿教师对儿童的日常行为的教育上。在托儿所里，教师比较信奉"无规矩难以成方圆"的规训，习惯于根据自己的经验和社会规范的一般标准，告诉孩子这是什么，那是什么，那是为什么。习惯于告诉孩子怎样做是对的，怎样做是错的。并规定孩子学习和活动的范围，哪些不许碰，哪些不许摸。男孩应该玩什么，做什么；女孩应该玩什么，做什么。在所里注意什么，在外要注意什么。应该说，这种规范型教育对于幼儿的早期成长是十分必要的。在儿童的成长过程中，有一个需要成人帮助和指导的时期，作为有经验的幼儿教师，对儿童的成长进行多方面的指导，这对儿童的成长是有利的。

进入幼儿园以后，儿童便开始接受较为正规的教育，重点是幼儿的保育和教育的进一步规范。如《幼儿园工作规程》（1990 年试行）明确规定：如幼儿园教育工作的原则是体、智、德、美诸方面的教育应相互渗透，有机结合。幼儿园教育要面向全体儿童，坚持积极鼓励、启发诱导的正面教育。幼儿园一日活动的组织应动静交替，注重幼儿的实践活动，保证幼儿有愉快的、有益的自由活动。幼儿园日常生活组织，要从实际出发，建立必要的合理的常规，坚持一贯性、一致性和灵活性的原则，培养幼儿的良好习惯和初步的生活自理能力。幼儿园的教育活动是有目的、有计划引导幼儿主动活动的，多种形式的教育过程。教育活动的内容应根据教育目的，幼儿的实际水平和兴趣，以循序渐进为原则，有计划地选择和组织。

在中小学阶段，由于儿童一般都要接受学校的统一的和集体的以学习为主的教育，因而，在学校教育上，规范型教育主要表现在对教育、教学和学习的规范，以及对学生的行为规范教育上。学校的规范型教育对于学生的发展具有重要的作用，成为学生认识自我、认识集体、认识社会，进行社会化教育的重要场所。这主要表现为三个方面。

其一是重视各级学校教育和教学的统一标准，加强对学生的教育。例如，许多学校都按照国家统一制定的教育目的、教学大纲进行教育和管理，按照统一编制的教材进行教学，这些对于贯彻党的教育方针和政策，继承和发扬有中国特色的文化传统，形成中华民族的优秀美德，传授最新的现代科学知识是有利的。同时，它也有利于学生在一个平等的基础上，获取一个较为公平的和最基本的发展机会，使学生能够在德育、智育、体育、美育等方面得到全面的发展，更好地参与社会主义的建设。

其二是通过制订中小学生日常行为规范，加强对学生的行为管理。1991年和1994年，国家教育行政部门分别颁布了《小学生日常行为规范》和《中学生日常行为规范》，提出了对小学生和中学生日常行为的最基本的要求。如尊师敬长，孝敬父母，听从父母和长辈的正确教导，在学习上，要上课不迟到、不早退、不逃学，有病有事不能到校要请假，放学后按时回家。上课时，要专心听讲，大胆发言，发言要先举手，回答问题声音要响亮，课间做有益的游戏。课后要认真复习，按时完成作业，书写工整，卷面洁静，独立完成。为了配合对小学生进行日常行为规范的教育，国家教委还同时编辑了《小学生日常行为规范三字歌图册》《小学生日常行为规范挂图》和连环画、录像带，以及幻灯片等辅助材料，供学校选用。

　　教育部门制订《中学生日常行为规范》的目的是养成学生良好的行为习惯，促进其身心健康发展，加强对中学生的道德教育。以利于用社会主义道德规范青少年的日常行为，指导中学生在改革开放的复杂多样的环境中健康成长。《规范》大部分条文是从正面提出来的，同时也有限制性要求。目的是教育学生增强国家观念、道德观念、法制观念，懂得什么是正确的行为，什么是错误的行为，应该怎样做，不应该怎样做，以通过日常行为的训练逐步提高分辨是非，区别善恶的能力和道德选择与行为评价能力。

　　例如，在自尊自爱，注重仪表方面，要求学生维护国家的荣誉。坐、立、行、读书、写字姿势正确。穿戴整洁、朴素大方。

　　在真诚友爱，礼貌待人方面，要求学生要使用礼貌用语，讲话注意场合，态度和蔼。对待师长，见面要行礼或主动问候。回答师长问话要起立，给老师提意见态度诚恳。对待同学，要团结互助，正常交往，不欺侮同学，发生矛盾要多做自我批评。

　　在遵规守纪、勤奋学习方面，要求学生要按时到校，上下课时，要起立向老师致敬，下课时，请老师先行。上课要专心听讲，勇于提出问题，敢于发表自己的见解，积极回答老师的提问。认真预习、复习，按时独立完成作业。考试不作弊。合理安排课余生活。要保持图书馆、阅览室的安静。不在教室和楼道内追逐喧哗。不在黑板、墙壁、课桌、布告栏等处随便涂抹刻画。

　　在勤劳俭朴，孝敬父母方面，要求学生生活有规律，按时作息。学会料理个人生活，自己的衣物用品收放整齐。要主动承担力所能及的家务劳动和公益劳动。要尊重父母的意见和教导，经常把生活、学习、思想情况告诉父母。对长辈有意见，有礼貌提出，不要脾气，不顶撞长辈。

　　在严于自律，遵守公德方面，要求学生要遵守公共道德和公共秩序。爱护公用设施、文物古迹。见义勇为，对违反社会公德的行为要进行劝阻，发现违法犯罪行为要及时报告。

　　其三是重视中学生品德评定的具体标准和对大学生的行为准则的制订。在学校教育阶段，中等教育和高等教育是重要的阶段，因此，也是规范型教育的重点。

关于中学生的品德评定，在 1988 年，国家教育部门颁布的《关于中学生品德评定的几点意见》中做出了明确的规定。指出品德评定的基本方法是写操行评语和评定操行等级。主要内容有：根据初中、高中学生的行为表现，中学生的操行等级分为优秀、良好、及格、不及格四个等级。评定的结果应通知家长，并记入学生学籍档案。初一、初二、高一、高二各年级学生操行等级评为不及格者以试读生论处。初三、高三学生操行等级评定为不及格者不予毕业，按肄业处理。初中学习成绩优良，操行连续三年评为优秀等级的学生可取得免试保送高中的资格。

应当指出，规范型教育对儿童的发展是有利的。这种规范型教育不仅是一种思想继承、文化传播，以及儿童认识社会，融于社会的有效途径，而且也是一个民族、一个社会得以发展和延续的有效保证。一定的规范型教育在任何民族，任何国家都是被重视的。一种缺乏规范，没有秩序的民族，一个缺乏规范，没有秩序的教育，都是没有希望的。

例如，在学校教育阶段，许多学校都把学生的规范教育与学生的日常行为联系起来，注重用统一的价值观念来教育学生。这些观念主要有爱国主义、社会主义、集体主义、乐学敬业、团结友爱、助人为乐、遵纪守法、尊师爱校等。例如，在许多学校，学校环境的设计和建设，班级教室的安排和布置，以及学校和班级的活动进行等，一般都规定统一的要求和内容，这些措施对于学生形成与社会所要求的统一的价值观念，使学生更好地认识社会主义国家的性质和特点，认识社会主义社会的人际关系，遵守社会主义学校的各项规章制度，鼓励学生团结互助、奋发向上、积极进取具有重要的意义。

当然，规范型教育在不同的时代，在儿童发展的不同时期，对不同的儿童是应该有所区别的。在现代社会，应当有符合现代化社会的各种规范教育，并且使这种规范教育符合儿童发展的特点。对于那种已经进入现代社会，但还用落后的思想和要求去规范儿童发展和行为的做法是应认真研究加以改进的。

应当指出，在进行规范型教育过程中，有些做法是值得商榷的。如在幼儿教育阶段，一些幼儿园过分强调统一性，缺乏灵活性；过分重视自己的特殊性，而不能按国家的要求办事。如在保育和教育上，许多幼儿园比较注重本园的"规范"。认为一个幼儿园必须有统一的要求和方式，不允许教师"各自为政"。甚至在出操，上下课，什么时间做什么事等，全园都有统一的规定和安排。在教师对班级的管理方面，许多教师比较强调制订全班统一的教育计划，很少有制订个别教育的计划。教师在儿童的评价上，也比较重视对集体的评价，并且在集体的评价中重视总的分析，而个别指导和分析较少。另外，教师在日常的管理中，也对幼儿提出较多的规范要求。如幼儿入园后，一些教师就先发给每个小朋友一人一本书，不管幼儿是否感兴趣；也有的教师干脆让幼儿安静地坐着，不许打闹。幼儿吃完饭后，教师则要求幼儿不许乱跑，安静地等待其他幼儿。

另外，在学校教育阶段，一些教育者也过分地注重统一的标准和规范，不能正确处理统一性和个别性的关系，往往把人的全面发展理解为平均发展，用统一的和均质的标准规范所有学生，用平均发展代替学生的全面发展和个性发展，忽视学生发展的创造性和主动性，使得规范型的教育成为一种规范化的教育，使学生的发展成为一种被动的发展。对于这种弊端，一些研究者指出，不科学的规范化教育容易导致学生产生一种集体的"失语症"。1996年7月5日的《人民日报》曾发表了《别让孩子患上集体"失语症"》的文章，指出在一次小学一年级的课堂上，黑板上写着一个"云"字。一个小学生被老师叫起来："这是什么字？"学生答道："是'云'字。"老师说，"他说错了，谁来纠正？"一个女学生站起来，背书般大声说："云、云、云，这个字我认识，横、横、撇、折、点，这个字念'云'。"老师笑了："对了，老师不是教过吗？每个小朋友都要这样说，才算对。"为了应付考试，作文教学上也是这样。一些小学的老师让学生自己或请家长分别代写出关于写人、写事、议论的作文，从中各选出教师认为优秀的一篇，然后让学生死死记住这些"范文"备考。作者指出，这些做法的后果是使孩子"不会用流畅的语言表达自己的思想、不会写信、不会写文章，严重缺乏想象力，头脑中只剩下几篇虚张声势又绝对规范的'范文'。长此下去，学生便不会用自己的头脑思想，更不可能应付各种挑战和人生选择。"这种规范性教育忽视对儿童学习方法的训练，与美国学校的规范式教育形成鲜明对照。

从儿童的实际情况来看，每个儿童的遗传素质是各不相同的，他所处的家庭的环境、社区环境以及所获得的经验和教育也是不同的。因而，儿童的个性和发展也是千差万别的。从理论上讲，每个儿童都有自己的潜在能力，每一种潜在能力又都有其一定的价值。儿童的发展应是他的所有潜在能力的全面发展。但在现实中，这种发展是不存在的。常见的是受各种因素的影响或条件的限制，一个儿童可能只表现出一种或几种特殊的能力，而在其他方面可能表现不突出，甚至是平平的。强行按一种均质的标准或按一种同一的模式规范儿童的发展，只能扼杀儿童发展的潜在能力，是用一种简单化的方法来对待活泼而有个性的儿童，只能使儿童的发展走向反面。因而，强调儿童的全面发展并不是让他们在各个方面得到平均的发展，而是根据儿童的特点让他们有所侧重的发展，或在全面发展的基础上在某一方面有更好的发展。强调规范型教育，应从儿童发展的长远来考虑，既保证儿童有一个良好的发展环境，又能使儿童根据自己的特长或需要得到较好的成长。

因此，进行规范型教育应当注意的是：在儿童早期发展阶段，不能只注重一般标准和要求的教育，而应当在进行一般规范教育的同时，要引导儿童对他们所感兴趣的，有求知欲望的问题，自己去观察、思考、推理和判断，培养儿童根据不同情况应付和处理不同问题的能力。使儿童在解决具体问题时或与别人相处时，增长自身判断和独处的能力。例如，在家庭教育和幼儿园教育中，孩子们经常听到的是，"听话的孩子是好孩子"，"哭、闹、不听话的孩子不是好孩子"。一个小朋友不听话，又闹又哭，不是一个好孩子。结果就在儿童心中形成了这样的观念，只有听父母和老师的话，他们才会喜欢我；只要听大人的话，才能实现自己的目的，培养了儿童一种求听话，求得别人认同的价值取向。同时，这种做法也限制了儿童发展和活动的空间，孩子一味地依靠父母的意志行事，围着父母转，围着家庭转，容易形成一种保守和消极的心理。对此，有的专家发出了"听话的儿童是有问题的儿童"的警告。

目前，在家庭和学校教育中，一个比较突出的问题是，一些家长和教师在对儿童进行规范型教育时，采取一种"定向式"的教育。这种教育往往是不顾儿童的意愿和兴趣，强行按照自己的意志把孩子发展导入自己感兴趣的方面，或者是自己所认定的人生应走的轨迹的框框内，力图把孩子培养成为自己所设计、所认可的人才。许多家长和教师都十分信奉"特长成才论"，他们不管儿童的兴趣和需要，按照自己对社会发展的理解来规范儿童，致使儿童学习兴趣及活动范围单一，缺少应有的童年的欢乐。即使有些家长和教师让孩子参加各种音乐、美术、舞蹈等辅导班，有为儿童发展的考虑，但其中也有出于"现在多一分能力，将来多一分机会"的心理，而且提出了很多高于孩子目前发展能力的要求，使得孩子兴趣大减，疲于应付。而且即使在一些儿童参加的创意活动中，仍然可以看到父母辛苦操劳的身影。①

通过以上的分析，我们可以看到虽然中国和美国学校教育都比较重视"规范式教育"，但是比较而言，中国的学校比较侧重于理想状态的教育，即"现实应该是怎样的"；而美国学校则比较现实主义，更多告诉学生"现实是怎样的"。结果是，中国学校培养的孩子比较"乖"；而美国学校培养的孩子比较"闯"。

在学校阶段进行规范型教育应当注意以下几点。

其一，要把培养学生的创造力和积极性放在首位。学校教育的任何规章制度都是为学生服务的，学校教育和教学的任何措施都应为促进学生更好的发展服务。通过学校的规范型教育，我们的学生应更充满朝气和活力，而不是死气沉沉，学会用自己的头脑去思考问题，学会应付人生的挑战和进行人生的选择。因此，学校教育应树立"以学生为本"的思想，一切从学生的利益出发，为学生的发展提供有利的条件。

其二，要注重对学生接受能力的认识和研究，使得教育能够更好地针对学生的实际，使学生的人生观、价值观和道德行为得到健康的发展。由于规范型教育与价值观的教育、品德评定有密切联系，而品德评定教育与其他教育相比又有较大的难度，因而，在学校教育中，学生的思想教育和

---

① 据报道，在一次某地为孩子举办的"奥妙变废为宝"创意秀上，孩子所展现出来的动手能力和创意的匮乏，让现场不少参观者摇头、叹息。创意秀活动现场工作人员告诉记者，从活动举办以来的200多个来参加比赛的孩子的作品，基本都是家长帮着完成的，有些甚至从创意到最后制作全是家长一手包办的。记者在现场也发现，每当孩子有疑问时，家长基本都是选择自己动手帮孩子解决，很少有只给孩子提供建议或是指导。教育专家们对此感慨万千。他们指出，这种孩子"不会玩"的情况在国外鲜有发生。在国外，同样的活动有更多的孩子主动参与进来，家长一般都会把孩子留在这里，自己去商场购物，放手让孩子尽情创造，更多的惊喜和发现都是孩子带给家长的。但是，在我们国家，孩子却完全是在父母的大包大揽中成长，一些父母还很愿意为孩子做好成长的一切准备，孩子不需要任何创意，只需要按照父母制定的路线按部就班地"留个影"就成。邓兴军：《家长的包办代替，扼杀了孩子的创造性》，《北京青年报》2007年11月8日。

品德教育最重要，但又最容易受到其他因素的影响，使其流于形式，不能发挥其应有的作用。特别是受"应试教育"的冲击，这个问题更加突出。应试教育是以升学率高低评价学校和教师好坏，以分数高低评价学生优劣为标准的一种偏差教育。虽然，它表面上也强调学生的全面发展，强调学校思想教育的重要性，但在实际操作上，却把分数作为学校、教师和学生追求的唯一目标。学校向教师要分数，教师向学生要分数，使得"分数第一"冲击了学校的教育目标的落实和学校的正常工作的开展。这种与"应试教育"相联系的价值观教育是与我们所强调的规范型教育不相符合的。因为，判断一个学校是否真正贯彻党的教育方针，是否真正促进学生的全面发展，那就要看它所采取的各种措施和制定的各种规范是否为学校发展的正确方向服务，是否为学生的真正发展服务。如果当学校的一切工作都成为应试教育的工具时，这种规范型教育对学生的影响是不利的，是值得我们警惕和预防的。

其三，要以鼓励和表扬为主。学生是祖国的未来，对于他们成长，学校各级部门和教育工作者要以发展的眼光，信任的态度来关心和教育学生，既要坚持原则，又要持有爱心，使学生相信学校实施的一切规范教育都是为学生发展服务的，都是对学生有利的，真正建立起师生双方的互相信任的基础。即使对犯有严重错误的学生，也应采取帮助和教育的态度，让他们感到学生集体的温暖，感到学校对他们的责任，不要简单地把他们与集体和学校隔离开来推向社会。

其四，学校教育工作者在进行规范教育时，要以身作则，为学生树立良好的榜样。教育工作者是学校管理的主体，他们的一言一行时刻都在影响着学生的发展。因此，"学为人师，行为世范"，是对教师提出的最基本的要求。要想对学生进行规范教育，教师首先要严格要求自己，做学生行为的表率。其次，要认真执行国家和学校制订的各种规章制度，不仅要求学生做到，自己也要首先做到。

其五，要根据社会和时代的发展变化，及时对各种规章制度进行必要的补充和修改，把反映时代特点的内容，把有利于学生身心发展的内容及时地增加到规章制度中来，使制度既有一定的稳定性，又保持一定的变革性，使规范型教育在稳定教育秩序、促进学生发展方面发挥有效的作用。

以上，我们论述了中国学校教育的自律型教育、书本型教育、应试型教育、规范式教育的基本特征，它基本反映了中国学校教育发展的一般情况。在下一节里，我们将综合对中国学校教育进行总体地分析，以加深对中国学校教育的认识。

第三节　中国学校教育分析

从上面两节的研究，我们可以看出，中国学校教育是在特有的政治、经济和文化背景下形成和发展的。中国学校教育的基本特征深深地带有传统文化和现代社会的烙印。下面我们再进一步对中国学校教育的总体情况做一基本分析。

一　学校教育已经开放，但还存在一定的封闭性

任何学校教育都是深受一定的政治、经济和文化影响的。中国的学校教育经过多年的发展可以看到现代观念的影响，具有一些合理的内容。如强调教育"三个面向"，强调"素质教育"，强调"上得起学"的免费教育和学校的"均衡发展"等。但同时，学校教育又是一个民族现实文化与传统文化结合的产物。受传统文化的影响，又存在一定程度上的封闭性。这一封闭性主要指在学校教育中，重运行的稳定，重对学生的保护，儿童发展空间受到制约。

这种教育封闭性主要的特点是，对学生的管理和要求多，强调书本学习和知识记忆，追求应试教育及统一的答案，儿童和学校的自主发展不够。这可以从以下几个方面进行分析。

从幼儿园教育方面来看，保护型和听话型并存。在幼儿园教育中，一些教师往往凭经验办事，教育中存在权威主义、保守主义，儿童的独立性和自主性发展不够，形成了儿童发展过程中的过分依赖型的性格。受这些因素的影响，教育中比较注重对儿童的保护和要求儿童听话，教育中常见有溺爱型和干涉型的成分。这种封闭性教育对儿童的好处是能够使儿童适宜在熟悉的环境中生存，但是到了陌生或不熟悉的环境则感到困难和不适。

从学校教育来看，这种封闭性的教育主要表现为说教型和灌输型并

存，学校教育对学生行为的指导、干涉过多。如在学生发展的问题上，学生受学校和教师支配的时间多于自己支配的时间，学生通过自身对生活的体验不够，对生活的关心不够，甚至一些学生上大学后还要进行适应生活的教育，要重新培养生活的能力，形成了儿童在发展过程中的一大空白。还有的大学毕业生在求职就业时需要父母陪同，等等。同时，由于教育教学过分重视书本学习、重视课堂学习、重视考试，教师、课本和考试成了新的"三中心"。在这种教育下，儿童发展的评价标准单一，"高分""听话""不出问题"成为管理学生的重要指导思想和手段。它使学生的视野和活动局限在狭小的单一提高"分数"的考试范围内，不能也不敢关心与考试无关的其他事情，全面发展的教育目标变成了学生应付考试的内容。

从教师方面来看，这种教育的封闭性主要表现为一些教师习惯于沿袭传统的思维方式，按照自己的喜好看待学生和评价学生，习惯使用过去是曾经有效的教育方式或办法管理教学和教育已具有以往不同特点的学生。教育的观念和方法还停留在过去经验的基础上，缺少知识更新的动力。例如，在提倡"素质教育"的今天，仍有许多教师存在思想上的障碍。反映到教学上，虽然口头上也强调素质教育，但在实践中却坚持应试教育，使素质教育在推行中遇到很大阻力。

这种封闭性教育的形成原因是多方面的，主要有以下几个方面。

一是学校教育的发展不仅落后于经济的发展，也落后于教育改革的步伐。改革开放以来，中国的经济和教育已经发生了巨大的变化，但学校教育质量总体上还不令人满意，特别是学校教育内部的体制改革没有大的进展，学校教育的独立性和自主性还不够，适应社会主义市场经济需要的"素质教育"体制还没有真正建立起来，面对"应试教育"仍缺乏比较有效的办法。

二是学校教育观念还比较保守，一些受传统观念影响的思想禁区还没有突破。教育上习惯于按照传统的标准评价儿童，认为凡是听话的、遵守规矩的学生就是好学生。其实，学生还是处于发展的阶段，教育上应当持一定的包容之心，允许学生适度的"不讲规矩"，完全循规蹈矩的孩子缺乏创造力。一些教师看见学生有问题就严惩不贷，要求立即"规范"调皮的行为，直到学生听话为止，这在实际上已经侵犯了儿童发展的权益。

不仅如此，由于这种"听话型"教育影响比较大，目前在一些学校已经出现了"男孩女性化"的现象，值得我们注意。①

三是学校改革的务实精神还不足，对教育本身的问题研究不够，认识不深。我国学校教育长期存在的问题是对过去传统教育所形成的弊端认识和克服不够，导致过去形成的一套价值观念体系、教育教学方法仍有很大的市场。其中一个颇有代表性的思想就是认为教育的发展和改革总是与社会的发展和改革有差距的，既然传统的培养人才的目标没有变，既然过去的观念和方法现在还能用得上，既然传统教育培养人才的结果仍能适应社会的需求，教育就没有改革的必要，即使改革也只是局部的改革，没有必要进行大范围的改革。因而，有人提出素质教育是否有必要全面进行的问题。这种观念和方法使我们不去注重研究现实新的形势下新事物的特点和具体表现，理论工作和实践操作各有自己的领域，相互结合较差。对一些人人都看到的问题，如应试教育的弊端和道德教育的实效较差等，往往缺乏有力的措施，只求得表面的稳定和形式上的和谐，不注重实际效果的研究。

四是对儿童的发展和研究重视不够。一些学校注重硬件的建设，注重教师的提高和培养，但对儿童在教育中地位，儿童个性的培养，如何使教育、教学有利于学生的发展，如何改变单纯地追求书本知识和分数的倾向，如何形成儿童思想品德和个性发展的良好环境等问题研究不够，即使有一定的研究，也是把注意力放在对现有的学校体制、教育方法和内容等方面的论证上，缺少科学的和批评的精神，以致有的教师对自己搞的研究是为素质教育服务，还是为应试教育服务都不清楚。

总之，这种封闭性的教育在现代社会中对儿童的发展是不利的。它使得儿童在发展中过分注重规范自己的行为，容易形成一种内向、保守的人格。它过分注重儿童与教师的联系，容易使儿童形成一种较强的依赖性人格。同时，它过分强调学校、书本、教师的作用，也容易使儿童形成只关

---

① 有调查发现，在学校大部分班级，都存在这样一个现象，凡有个性的男孩旁边，老师往往都安排了一个文静的女生，以乖女孩的行为标准来要求男孩，而且一旦男生调皮捣蛋，就将成为老师责罚的对象。问题的原因在于现有的学校评价标准太保守、太偏颇及社会大环境变得越来越柔弱化。这种现象不改变，将会给学生个人和社会甚至国家的发展带来严重危害。《中国的男孩正慢慢女性化?》中国知心老师教育网：www.zgxxnl.com，2009 年 2 月 25 日。

注书本知识，却疏离社会，缺乏对生活的直接体验的问题。现代社会是一个多元的社会，我们的儿童将面临的就是这样一个多样化的社会，而不是一个封闭的社会。因此，我们应当认真研究学校教育的结构和发展问题，使我们的儿童在这样一个新的社会面前，能够主动的发展，全面的发展。

二　学校教育有一定自主性，但还需要加强

中国的学校教育在运行中是有一定的自主性的，但也存在政府主导色彩较强，学校自主性较弱的问题。

中国学校教育自主性较弱的问题，主要从两个方面来看，一是从教育与外部关系的层面看，学校教育行为或教育活动受外在社会因素（地方学校的主管部门等）的干扰过大，一些政府主管部门可以直接或间接地影响学校工作的运转，学校教育自主独立运转的机能较差。据 1994 年报道，① 在某学校的教师会上，校长让班主任组织学生参加知识竞赛，但发给学生的却不是试卷，而是 60 多个现成的答案。要求学生要一字不漏地把答案抄在白纸上，"不能写校名，一定要写学生父母的工作单位或家庭住址"。原因是乡政府某部门要组织基层群众参加国防知识竞赛，因居民分散，难于保质保量完成上级交给的任务，就想到让学生来义务完成任务。可班主任为难了，"天天教育学生要诚实，此事向学生讲明，岂不是公开教学生作弊吗"？但又不得不"努力照办"。于是，有的只是发下去让学生依样画葫芦抄写不误，有的假托让学生练钢笔字，要学生认真抄写。这样学校完成了任务，乡政府也收到了事半功倍之效，只等获奖，而唯一蒙在鼓里的是学生。类似的现象还有很多，如一些地方部门或个人利用手中的权力硬性向学校推销饮品或药品引起学生中毒的事件，为了迎接上级到某地的检查，学校派学生组成欢迎队伍，由于天气热使学生晕倒等。由此看来，如果不采取有力的措施，学校很难保证教育教学工作的正常进行，学生和教师的正当权益也很难得到有效的保障。

二是从教育系统本身看，教育行政部门本身对学校工作过多的干预和影响也会影响学校自主性的发挥，使学校工作处于无所适从的境地。对

---

① 《新民晚报》，1994 年 7 月 12 日。

此，教育专家王晋堂曾经指出，① 现行教育体制与素质教育主要相悖之处是对校长、教师、学生束缚过紧。他说，教育行政部门对学校管理十分具体，事无巨细都要求整齐划一，学校缺乏应有的自主权。校长的工作不是创造性的工作，而是按照统一规定的要求照章办事甚至依葫芦画瓢。教师工作也与校长相似。他认为，现在教学工作很像工厂在制造"标准件"。教师同按规定动作制造"标准件"的"教学机器"差不多。再加上统一教研、统一备课、统一命题、统一考试、统一阅卷、统一评分，将教师的个性与特点全部"统"光，即使很有教学艺术才华的教师也很难充分发挥自己的才干。而被束缚得最紧的是学生。他们的时间被功课填满。在家长的驱赶下，学生如同"考试机器"。学生的想象力和创造力被滞后的教材、呆板的教法、充满偏题怪题的卷子和难题的"标准答案"长时间层层包围。教育家王晋堂认为要制定解放校长、教师、学生的措施。教育行政部门应抓好依法办校和选好校长这两件大事即可，别的事情都应放手让校长去做。而对解放教师可放得更开。教育行政部门和校长的精力主要放在基本要求达标上。在保证教育的科学性和按教育规律办事的前提下，在处理教材和运用教学方法上，给教师充分的主动权。解放学生包括减轻学生的负担；彻底改变呆板的教学、僵化的考试，把发挥主动性的天地还给学生；承认学生的特长，改变目前评价学生面面俱到的做法，不要将学生的短处作为决定其命运的关键。可见，在这种外在不利因素的影响下，最终的受害者是学生和学校自身。

与自主性较弱的问题相关，学校教育还存在运行"失范"的问题。从上面两个例子可以看出，地方教育的主管部门，教育的行政部门，以及学校自身，各自的职责是什么还是不清楚的，上级教育主管部门应当抓什么也是不明确的。这实际上也是缺乏自主性的表现。由于缺少必要的规范，因而，我们经常看到，学校的改革和学生的发展往往处于一种两难的境地，对学校的管理处于一种表面有序，但实际无序的状态。这首先表现为学校管理上，目前，在一些地区已经出现的"名校"办"民校"的问题即是一例。据报道，② 某城市几所重点中学砍掉初中，办起高收费的民

---

① 《光明日报》，1998 年 2 月 22 日。

② 《中国青年报》，1998 年 2 月 4 日。

办学校，招收初中新生。原因是近年来为了推动素质教育，教育行政部门规定初中招生必须坚持就近入学的原则，不准搞升学考试，不准收高收费的学生，也不准办"校中校"。这使得一些重点中学办初中既不能通过考试择优，也不能通过收择校生赚钱。作为应对之策，一些重点中学在校外办起"民校"。既然办在校外，就不是"校中校"，而是"校外校"了。一些有识之士指出，重点中学凭着得天独厚的优势，办起高收费的学校，势必导致重点和非重点中学之间办学差距继续扩大，"富了少数人，丢了一大片"的反常现象会更加严重，广大非重点中学办学积极性会进一步受到挫伤。这违背了教育必须面向大多数的原则，违背了加强薄弱校建设的方针。这种教育的无序发展也会导致学生的正常发展受到影响。

其次是一些学校和教师在教学上的"失范"现象。这主要表现为一些学校和教师不按教学大纲的要求办事，随意根据自己的需要，增加或减少课程。一些所谓的"副科"受到不公正的待遇，随意被取消或换成别的课。一些教师也不是从学生的实际发展需要出发，随意布置作业，增加了学生的学习负担。虽然国家教委对此曾有明确的规定，但在一些学校或教师身上仍是我行我素，严重地影响了正常的教学秩序。总之，任何一个学校在其发展过程中，过分地强调自身的利益，可能出现失范和违规的现象。同时它本身又缺乏一定的规范性，使得本来较为封闭的教育环境又由于外在因素和内在因素的影响显得无序和混乱。

当然，也有学校和班级重视"规范"的情况，但是这些"规范"往往是学校或班级对自身利益的考虑，而忽视对学生主体利益的尊重和保护，最终还是损害了学校和学生的根本利益。

影响中国学校教育自主性问题存在的主要原因有：

一是长期以来形成的教育的工具主义和教育从属社会的意识，而缺乏对教育自主性的尊重和研究。一些地方政府部门往往把学校看成是自己的下属机构，认为既然学校与我是一种行政上的隶属关系，我就可以对学校随时进行干预。使学校缺乏对教育自身地位和价值的认识。当这种干扰因素影响较大时，学校教育往往不能把握教育本身的规律和发展方向，使学校的工作不能正常进行。

二是缺乏学校的立法保护意识和必要的制度约束。学校的行为不是一般的社会行为，有其自身的规律和特点，应有一定的法律来保护学校工作的正常进行。应明确地方行政部门、教育行政部门和学校教育工作的职责和权限，保护学校的自主权，减少外部非教育因素的干扰。

三是学校本身缺少自律的机制，约束机制不健全。学校教育本身是一个充满爱心的工作，同时也是一个富有理智的工作。学校教育是以培养儿童成为社会的合格成员为目的的，学校工作的每一项措施都要从是否有利于学生的全面发展考虑，从大多数学生的利益出发。如果学校发展只是为了改善学校的条件，提高学校的地位，而不顾学生的权益；如果学校过分重视应试型教育，而不问学生的课业负担，使学生失去了许多他本来应该得到的东西，这是玷污学生的精神和人格，违反教育的根本宗旨的，由这样的人所办的学校也是不合格的。

三 学校教育有较强的整合性，但也有脱节现象

任何学校教育都具有一定的整合功能。由于受不同文化传统、不同国家政体和教育体制的影响，这种整合作用不尽相同。与美国学校教育相比，中国学校教育的整合功能要强一些。在中国学校教育中，重视家庭、学校和社会一体化的整合作用，但还存在一些问题，表现为学校教育和社会教育的环节上还存在相互脱节现象。这主要表现在以下几个方面。

首先是教育管理部门的教育政策和方针与学校的教育行为脱节的问题。长期以来，我国教育的目标一直存在双重性的问题，即政府、教育行政部门和教育理论所强调的教育目标与学校的实际目标的矛盾。多年来，在教育政策和教育理论上，我们一直强调人的全面发展，强调培养儿童成为德、智、体、美全面发展的新人，但在现实教育中却很难落实。"考试第一""分数第一"成为长期制约学校教育发展的瓶颈因素，成为衡量学生发展的实际标准。使得评价学生分数不断上涨，在小学，如今 80 分已等同于 60 分的价值。受这个实际标准的影响，学校、教师和学生为"升学率"而拼搏，学生的全面发展成了一句空洞口号。社会上存在的取消"三好学生"称号的呼声就是对这一现象的反映。对此，政府、教育部门曾多次发文件，试图扭转这一偏向，提出使"应试教育"向"素质教育"转轨的主张，但阻力仍然很大。这种负面作用不仅在中学，在大学甚至在小学也很有影响，与学生发展和成长密切联系的生活教育和生存教育受到

冷落，学生的发展实际上成为一种不完全、不充分的发展。

其次是学校教育的现状和教育的实施与社会大众教育需求和行为脱节的问题。这又表现为两个方面：一是学校教育发展的不平衡的格局与社会大众教育需求脱节的问题。"平等、公正"是中国教育所坚持的基本原则，力争办出水平，办出特色，是中国学校发展的方向。但由于各个学校原有的基础，以及一些人为或历史因素的影响，各级学校教育的发展还不平衡，学校师资、设施、条件和质量存在较大的差异。一些重点学校师资力量强，条件优越，成为许多学生向往的目标。而非重点学校则条件差、地位低，受到人们的冷落。学校发展不平衡的矛盾，由于大众对好的教育的需求的提高，以及人们物质生活的日益改善，变得更加突出。如何改革这种不合理的学校教育制度，加强对非重点学校的投入和管理，已成为学校教育改革的重点。二是学校教育任务的统一性与社会、家庭教育期望和行为脱节的问题。在我国，学校教育课程的设置及要求比较多的强调统一性，但由于每个儿童的就学情况各异，以及家庭教育中价值观念的不同，使得学校教育与大众的教育期望和行为经常发生脱节：即儿童发展需求的，学校教育不能提供；学校要求的，家庭教育又缺乏。前者主要表现为学校的课程设置单一，缺乏灵活性，不能依据学生的特点因人施教。后者指家庭教育中普遍存在的过分保护子女，使学生上学后缺乏一定的适应能力和生活能力，学习中非智力因素较差，影响儿童的进一步发展。这两种教育行为的脱节，都给学生的发展带来了不利，增加了学校和家庭教育工作的难度，使学校和家庭经常处于紧张的状态，影响了学校教育质量的提高。

从目前的情况看，强化学校教育的整合作用，关键要深入研究这种各环节教育脱节的原因，使各个方面都能在取得共识的基础上，采取切实有效的行动，为儿童的发展创造良好的环境。

从政府教育行为和学校教育行为的关系来看，应把教育理想目标与教育的实际目标很好地统一起来，既要避免生硬化和教条化的空洞说教，又要考虑切实解决教育中的实际问题，从现实社会发展的需要出发，从教育发展的现有水平出发，上下结合，采取有力的措施，推动教育改革的进一步深入。

从学校教育的现状与大众教育的教育需求来看，要改变学校教育发展的长期不平衡的状况，加大对非重点校和薄弱校的投资力度，彻底改善薄弱校的办学条件，使每个学生都能在平等和公正的条件下得到符合其特点的最好发展。同时，要改变对学校的评比只注重物质条件，而忽视其教育质量的观念，真正地把学校教育的竞争引到注重教育质量上来，从而推动学校教育整体水平的提高。

从学校教育的行为与家庭教育的行为来看，要改变学校教育内容和课程设置一贯制的做法，改变教育过程和教学方法过于生硬和严肃的做法，使学校不仅成为传授知识的场所，更成为儿童喜爱、愉快成长的地方，使每个儿童都能通过学习，发现自己，发展自己，根据自己的特点选择自己今后发展的方向。同时，要大力普及科学的家庭教育知识，提高家长的教育素质和教育能力，发扬独生子女的长处，克服其短处，使其得到更好的发展。

总之，学校、家庭和社会这三方面要形成有利于儿童发展的有利环境，形成一致的合力，使儿童从家庭到学校、社会都有较为一致的要求和约束力，促进儿童健康的成长。

第六章

中国学校教育建设的思考

通过上面各章的研究，我们已经对中美学校教育的基础、渊源、发展，以及内容有了一个较为具体的认识。最后，我们再从几个方面认识和分析中国学校教育的特点和存在问题，并提出中国学校改革的建议。

第一节　多维视野中的中国教育

任何文化的交流和影响都是双向的。当我们在反思和构建自己的学校教育时，不同国家的学者，不同学科的学者也在研究中国的学校教育。因此，在思考中国学校教育之前，先来关注一下来自不同角度的思考和声音是非常必要的。

一　多维视野中的中国家庭教育

关于中国的家庭教育，许多学者和关心中国家庭教育的人士，即肯定了中国家庭教育的优点，也指出了不足，认为主要的问题是中国家庭教育普遍存在的"过度保护"的问题，并对其原因及后果进行了分析。

在谈到中国家庭教育的现状及问题时，日本的学者中岛恒雄指出，中国家庭的独生子女现象是中国家庭教育中的突出的问题。他指出，中国的独生子女由于父母（二人）和父母两方的双亲（四人）的照顾，形成了"四、二合一子"的结构。这种结构使孩子的营养状况大为改善，孩子的学习进步也快，但孩子成了"小皇帝"，与朋友的交往、团体的活动以及互助团结等意识大为淡薄，许多孩子嫌弃劳动，即使是上学前的准备工作也要由父母帮助。他指出，中国独生子女的智力是优秀的，但过分的保护使其生活能力低下。[①]

也有人通过比较中、德两个家庭的教育后指出中国和德国在家庭教育上有很大不同：首先，在家庭教育的模式上，中国父母和德国父母都继承了本民族的教育方式，但有很大不同。例如，德国父母比较重视孩子的独立性、自尊心和身体的强健。在孩子出生3个月后就单独睡一个房间，1岁半就学会独自用餐。放手让孩子玩，即使孩子玩得身上，脸上都是泥也从不责备。经常让孩子冲冷水浴，对孩子的小病从不大惊小怪。孩子挑食，不想吃饭，也不强迫，但不给吃别的东西。相对之下，中国父母对孩子管得比较多，从不让孩子饿着，因而经常要喂孩子吃饭，更不敢给孩子洗冷水浴。

其次，在处理孩子间的冲突问题上，中国母亲比较注重情感，而德国母亲比较注重理性。例如，当两个孩子间争夺同一个玩具时，中国的母亲要求自己的孩子把玩具让给对方，理由是无论什么时候，什么事情都要对别人谦让。而德国的母亲则要求自己的孩子把抢到手的玩具还给对方，理由是大人应充当弱者的保护神，不管他是谁的孩子。如果自己的孩子总是输，便要求对方要谦让自己的孩子。

再次，在对孩子发展的培养上，中国父母比较注重孩子社会化的适应的能力，而德国父母比较注重对孩子的个性的培养。如中国家庭的这个孩子善于与同伴交往，遇事忍让。对父母的朋友也懂礼貌，在乎大人对他的评价，爱显示自己的小才华。而德国家庭的这个孩子不在乎别人怎样看他，也不喜欢与人打交道，对大人夸奖往往无动于衷。但他关心自己感兴趣的事，喜欢与他喜欢的人交往。

最后，在孩子的培养目标上，中国父母对孩子的教育强调理想化，而德国的父母更注重现实。中国父母"望子成龙"心切，最低要求是希望孩子接受高等教育。为了使孩子打下较好的发展基础，中国的父母从小就让孩子学画画、学弹琴；而德国的父母不对孩子提出任何要求，主张让孩子自己选择任何生活方式。为了让孩子学会生活，德国的父母经常让孩子参加家务劳动作为游戏，让孩子在游戏中认识生活。

---

① 《中日专家谈家教》，同心出版社1993年版，第131页。

在评价这两个家庭的教育时，作者指出，这两个家庭教育方式是科学、成功的。中国家庭的孩子诚实、友善、宽容、自尊、有教养，但也有独生子女的先天不足：不能离开母亲睡眠、偏食、喜欢听夸奖、不会干家务活等，其重要原因是中国的父母无论资质深浅、文化程度高低，都不能摆脱一种传统的误区，就是"承包"的教育方式。①

在谈到中国家庭教育的"承包"问题及原因时，曾经接受过中国教育，后在美国定居的克劳蒂娅女士也认为，与美国人的教育思想相比，中国的家庭教育有更深的家长式教育传统。家长对孩子的基本教育方针是保护、灌输和训导。具体表现为在身体上是过度的保护，在知识教育上是对孩子灌输太多，训导太多。而这种"过度保护"和"知识灌输"的最大负面作用，是容易使儿童丧失发展的自信心。

克劳蒂娅指出，过度的冷暖饥饱，人身安全的保护，会带来孩子性格上胆怯的缺陷，它比不严重的外伤更具损伤性。外伤会很快痊愈，但性格软弱不是一朝一夕能改变的。在对中国这种传统的家庭教育思考后，作者指出，这种过度的保护教育对华人子女的影响是非常大的。例如，它使得在美的华人家庭的孩子很少从事冒险性的游戏；而那些来自内地、香港或台湾的中国留学生也很少参与挑战性比较强的体育项目，只是把选择器乐或棋类作为自己多维发展的手段。

在知识灌输与儿童发展的关系问题上，克劳蒂娅也指出，知识的灌输作为一种教育方式，是有很大局限性的，不仅在对知识传输的有效性上，更重要的是对孩子的自信心有很大的束缚作用。这种教育方式的根源在于，中国的家长常常低估孩子的自我观察与学习的能力，习惯于把成人的思维方式硬加在孩子的思想上，迫使孩子接受自己的观点，让孩子按照自己说的去做，结果是打击了孩子主动学习的积极性和自信心。②

笔者也曾对我国家庭教育中存在的"过度保护"的原因进行了一定的分析，认为主要是维护家庭关系的机制不正常。这些家庭维系和运转的权利和责任完全在家长身上，它使得家庭关系基本上是一种上对下的权威

---

① 郭法奇：《家庭教育中的"过度保护"问题》，《父母必读》1995 年第 2 期。
② ［美］克劳蒂娅：《美国人的家庭教育》，胡慧译，专利文献出版社 1997 年版，第 4—7 页。

和服从的关系。它使得家长和儿童之间的权利和责任的关系形成一种反向发展的趋势，即家长的权利越大，责任越多，孩子的权利越少，责任越小。孩子的权利越小和责任越少，家长就越过多地管教和保护孩子。结果使孩子形成了一种迟发展的特征：不会玩、不会表达自己的要求、不会安排自己的活动、不会与其他的孩子交往等。"过度保护"的教育对家长和孩子双方的发展都是不利的。因为它会使孩子把自己一切行为的后果都交给家长，而家长为孩子所做的一切又往往得不到孩子的理解，产生无尽的烦恼。[①]

二　多维视野中的中国幼儿园教育

关于中国的幼儿园教育，许多研究者也从多方面进行了研究，既肯定中国幼儿教育取得的成绩，也指出了不足。认为主要存在的问题是幼儿的独立性发展较弱，幼儿的教育方式上还缺乏多样性。

20 世纪 80 年代，美籍华人汤小伶女士在比较中美幼儿园的教育后指出，在幼儿园的设置上，中国幼儿园建立的全托制度虽然有利于儿童独立性的培养，但容易减少父母与孩子的接触，影响与孩子的情感交流。在幼儿教育的观念上，虽然中国的幼儿教育对培养儿童的独立性有所重视，但在教育的实施过程中仍有强调全班一致的做法。汤女士从两个方面对中国的幼儿教育的改革提出了自己的建议。主要是要培养儿童的独立性和自信心。她指出，幼儿的独立性包括思想和能力两层含义。在思想上，大人不要把自己的思想强加给孩子，要让孩子自由自在地表现自己表示满意。在能力上，也不要把大人标准强加在孩子的身上，通常要对自己的孩子。孩子的自信心要从小培养，从幼儿时期开始，从日常生活的小事开始，就应给孩子提供选择的机会，应有意识地让孩子有权在一定的范围内做出自己的选择。只有这样，才能锻炼孩子的选择能力，长大以后，孩子就会有选择自己人生道路的能力。[②]

---

① 　郭法奇：《忽略儿童权益的负面影响》，《父母必读》1998 年第 6 期。据报道，在 2009 年的高考志愿填写中，有的家长不允许孩子填报自己喜欢的计算机专业，结果孩子绝食三天，甚至说如果不改过来，就罢考。

② 　参见《父母必读》1988 年第 10 期。

20 世纪 90 年代后，中国的幼儿教育已有了较大的变化。美国幼儿教育专家在参观中国的幼儿园后，给予较高的评价，认为中国的幼儿园教师普遍重视儿童的主体性、自觉性，教师对儿童的态度是自由而不放任，是在自由的前提下对儿童提出明确的要求。中国的幼儿教师组织儿童活动的能力较强，音乐、美术方面的技巧较高。中国幼儿园能有组织、有计划地对家长进行教育。但也存在一些问题，主要有幼儿活动室内外的布置、儿童游戏条件的创设不足，不仅要为儿童提供一些成型的玩具，还应为儿童提供一些不成型的玩具。中国幼儿教师虽然美术和音乐技巧较高，但教育技能则不够。如教师如何与幼儿交往，怎样观察儿童，怎样根据每个儿童的不同情况进行培养，怎样创设有利于儿童发展的环境，怎样教不同语言水平的儿童说话，怎样辅导家长等。此外，中国对幼儿教师本身研究不够。美国 60 年代对"什么是好教师，什么是不太好的教师"进行了大量的研究。80 年代则着重于教师的思维过程（教师的教育思想）的研究，即研究教师是怎样想的，怎样做计划的，如何布置活动室的等。同时，希望中国幼儿园能注意保护儿童的天真，在活动中重视儿童的创造性、表现力的发展。建议儿童表演不一定化妆，教师应着重环境的设计，让儿童凭想象进行创造性的表演。表演过程中使用的东西，具有象征性即可。[①]

在这一时期，美国内布拉斯加—林肯大学研究人类发展与家庭关系的曼西女士在比较中美幼儿教育后，再一次指出了中国幼儿教育的特点和问题。她认为，在幼儿教育的侧重点上，美国重视关心幼儿的自尊心，中国侧重知识教育与智力开发。美重视幼儿的创造性活动，支持和强化幼儿的新想法，中国则强调幼儿按照教师的示范和讲解去做，鼓励模仿教师。在幼儿的活动上，美国强调给孩子更多的选择自由，中国则多告诉孩子是什么，怎么做，没有足够的选择。在幼儿的教学上，美国鼓励幼儿提问，强化学习的主动性，中国重视按照教学大纲传授知识。美国很少给幼儿出示样板，让儿童照着做，而鼓励儿童运用材料按照自己的意愿做，中国经常可以看到让幼儿照着画，照着折等。中国幼儿在小肌肉的活动上强于美国。在幼儿教育的观念上，美国重视幼儿个性的培养，中国强调幼儿的集

---

① 《美国同行眼中的中国幼儿教育》，《学前教育研究》1994 年第 3 期。

体观念。①

　　关于中国幼儿教育问题存在的原因，笔者曾出过这样一个题目让幼儿园的老师思考，"在教育中，有时明知一项活动不利于儿童的发展，为什么还要进行呢"？许多教师给出了这样一些原因：教师的教育素质还有待提高；幼儿园的经常性检查和评比多、要求严，教师的自主性不能很好地得到发挥，很少能按照自己的设想进行教学；幼儿园的一些常规和制度过于死板，既不能照顾一些个别儿童的差异，也使得儿童行为的培养过于僵化等等，这些原因应当引起我们的重视。

三　多维视野中的中国学校教育

　　关于中国的学校教育，许多研究者和人士指出，中国的学校在为社会培养人才方面发挥了重要作用；中国的学生基础扎实，遵守纪律，诚实稳重，勤奋热情……杨振宁博士就从世界文化和教育的角度对中国学生的勤奋、守纪律的特点给予了高度的评价。他认为这是中国儒家文化教育传统的最重要特征，它将继续培养一代又一代勤奋而有纪律的中国青年。但与此同时，包括杨振宁博士在内的一些学者也指出了中国学校教育由于偏重"应试教育"，而导致教育缺乏活力、学生负担过重，缺乏创造力和动手能力等问题。

　　许多学者指出，中国"应试教育"的形成有一定的历史，但80年代以来愈演愈烈。"应试教育"对中国的学校教育的发展产生了重要的负面影响，90年代以来，遭到了猛烈的批判。

　　90年代初期，对"应试教育"批判主要集中在学生的"课业负担过重"的问题。有的研究者指出，中小学生课业负担过重问题的主要原因是不合理的高考制度、社会的传统观念，以及教师教学不得法造成的，呼吁改革高考制度，削弱高考指挥棒的作用，建立大学"宽进严出"的制度。②

　　90年代中期，对"应试教育"的批判开始转入对学校教学计划的思考。一些研究者指出，"应试教育"下的教学计划是与国家的教学计划背

---

① 《中美两国幼儿教育的主要差异》，《幼儿教育》1993年第6期。
② 顾卫临：《对中小学生课业负担的深层思考》，《瞭望》1994年第15期。

道而驰的。在许多学校，对于教学计划中的考试科目，一是超时；二是超课节；三是作业超量。对于非考试的科目，一是不开，让课时于应试科目；二是即便开了的也马虎应付，让素质低的教师担任；三是不管，教案不检查，教学不研究，作业不布置。结果导致教学计划中的非主科课程名存实亡。[①]

当然，在这一时期，从宏观的角度思考中国在 21 世纪的发展，由"应试教育"转向"素质教育"，开始成为中国政府在制订人才培养计划的重要内容。1996 年公布的《中华人民共和国和社会发展"九五"计划和 2010 年远景目标纲要》明确要求"改革人才培养模式，由'应试教育'，向全面素质教育转变"。从此，从全方位，多角度地批判"应试教育"和倡导"素质教育"成为中国学校教育发展的主旋律。

1997 年后期开始，在 1998 年全面展开的"忧思中国语文教育"的大讨论，尽管是从语文学科入手，但逐步引起了包括英语、数学等多学科教育内容和教学方式的大讨论，更引起了对"应试教育"的"非人文化"教学模式的思考。著名学者杨东平指出，"应试教育"是封建传统教育在新的形势下的复活和强化。"应试教育"最严重的后果之一是将以树人、育人为宗旨的基础教育沦为一种高度工具化、技术化的训练。在这个过程中，人的价值、情感、地位可怕地消失了。他认为中国当代"应试教育"，除了课程难度、深度已成为各国之最，中小学教育失衡，造成大量"差校""弱校"外，还从数理化教学中形成了一种"唯理性"的课堂教学模式，这种模式偏重智力教育，重视培养训练记忆、理解、概括、抽象等智力因素，而较忽视情感、态度、意志、兴趣等非智力因素；重视学科知识的系统性、理论性，而较忽视沟通不同学科的知识，以及建立科学、技术与社会、文化、伦理的联系；重视知识的传授，而较忽视个性的充分发展。[②]

实际上，这种唯理性的教学模式在 90 年代初期就已经引起了人们的关注。在一项《中美两国中学理科教与学的比较研究》中，一些学者就指出，中国的理科教学呆板的方法是学生发展的主要障碍。在课堂上，教

---

① 余成喜：《应试教育下的教学计划》，《中国教育报》1996 年 5 月 2 日。

② 杨东平：《我们失去了什么》，《中国青年报》1998 年 3 月 10 日。

学主要以教师的讲解为主；教师的讲解以演绎法为主；教学的内容以书本和理论为主。教师的教学方法影响着学生的学习。学生在课堂上主要是听课，按照教师的教学进行思考，没有充分的思考时间独立思考或向教师提出质疑。学生在记忆公式、概念和书面解题方面是优秀的，但缺乏动手实践的经验，缺少发展独立性和创造性的机会。因而，在这种教学模式下，中国学生发展缺乏主动性和创造性，甚至到了大学毕业，学生也不知如何确定选题，进行毕业设计。①

对于中国学校教育的这种教学模式，美籍华人物理学家杨振宁博士曾有深刻的认识，他认为，这种教育教学特别"歧视那些擅长动手的人，而那些懂得怎样动手的人恰恰是中国最需要的人才"。他还说："不该说读书努力就是好学生，应该说有很强动手能力和创造精神才是好学生。"

到了 90 年代后期，中国的一些学者对培养学生动手能力和创造力的问题进行了更深入的思考，其中社会学者刘吉的观点引人注意。他指出，中国教育最主要的问题是缺乏创造力。中国学生念书不错，但动手能力差，想象力更差。他认为，按人才学的标准，人才有三种，一是再现型人才，可以准确重复既有知识或技能；二是发现型人才，虽不能准确重复，但可以发现既有知识或技能的缺陷；三是创造型人才，可以进行重大理论创造和技术革新。目前学校培养的人才缺少后两种，特别是最后一种。②

如果说"应试教育"一直是中国教育界批判对象的话，那么 80 年代中期开始，对"素质教育"的呼声，一浪高过一浪。"素质教育"范围也不断扩展，逐步由基础教育走向学前教育，走向家庭教育，走向高等教育；"素质教育"的实施也逐步由单一的学校行为，成为一种社会行为和政府行为；"素质教育"的内涵也逐步从对儿童的全面发展的强调，到对儿童的实践能力和创造精神的培养。

1999 年召开的"全教会"明确提出，"素质教育"的重点是要提高全体国民的素质，形成学生实践能力和创造精神。这可以说是中国教育在长期发展的过程中，在批判"应试教育"的过程中，在"素质教育"的长期实践中，在国内外各界人士对中国教育改革的关注下，中国政府对中

---

① 《中美两国中学理科教与学的比较研究》，《课程·教材·教法》1994 年第 5 期。

② 《"门外"看教育——访刘吉》，《光明日报》1998 年 11 月 17 日。

国教育改革做出的最集中和最明确的表述。它必将对中国教育各方面的发展产生深远的积极的影响，也必将为儿童的发展创造有利的条件，促进儿童实践、动手能力和创新精神的加强，为中国在新世纪的腾飞打下坚实的基础。

总之，从以上不同的角度对中国学校教育的几个方面进行思考和分析以后，我们可以看到，在长期的文化发展和不断的积淀中，中国学校教育已经有了比较好的基础和规模，但也存在一定的问题。许多学者从关心中国教育未来发展的角度提出自己的观点和忠告是值得我们反思的。中国学校教育应当继承和发扬优秀的传统，改进自身的不足，在不断与世界经济、文化和教育接轨的进程中，增强自身的适应能力和创新能力。

第二节 文化环境与学校教育的建设

文化环境属于社会环境的范畴，它更强调环境中人的因素对人发展的影响。这是我们在研究学校教育时需要注意的。近年来，思考中国和美国不同文化环境的人越来越多，其中，凌志军先生和黄全愈先生的观点值得我们注意。[①] 他们都曾经思考过这样一个问题，即中国人与美国人相比，为什么美国人干得比较出色，美国出现了许多著名的诺贝尔奖的获得者，而中国内地则非常少；是不是中国人不如美国人呢，如果是这样，那么如何解释在美国的中国人为什么干得也比较出色，如杨振宁、李政道等；同样，回到国内的一些中国留学生也干得挺漂亮，如微软中国研究院（北京）的一些中国人。那么是什么因素在起作用呢？除了物质方面的环境和条件以外，更重要的是什么因素呢？在这里，文化环境因素可能是影响儿童发展的较重要的因素之一。

一 美国文化环境对学校教育的影响

我们知道，从美国的文化发展来看，虽然美国文化没有自己久远的传统，但它的实用主义文化却成为美国文化中最具特色的文化。实用主义文

---

① 凌志军：《谈解放智慧的人文环境建设》，《北京晚报》2000 年 9 月 28 日。黄全愈的相关著作可参见本书的参考书目。

化的特点是，反对只强调知识或理论的独尊地位，而是将知识与行动统一起来，并在二者的结合中把知识或理论能否产生实际效果放在第一位，并用实际效果来检验知识或理论的正确与否。因此，任何过去被奉为权威的理论或观点都要经过人们的重新思考和研究，看它在与实践的结合中是否具有价值，而不仅仅是简单地继承或不假思考地接受。从这个意义上说，美国的文化环境因素鼓励人的不断创新和进取，奠定了现代美国文化和教育的基础。它对美国现代科学和教育的影响是，在科学研究上，它不仅注重直接为社会经济发展服务的实用和技术，也强调基础学科研究的方向性，即注重把基础科学的研究与将来的现实需要结合起来，以基础研究的成果推动潜在的现实需要的发展；在学校教育上，它反对武断和强迫学生记忆的方法，鼓励学生在学习上使用直接观察和动手实验的方法，鼓励学生主要依靠自己的力量去获取和发现真理。

在这方面，美国教育家和科学家对科学发展和科学本质的认识也为这一认识提供了佐证。在 20 世纪早期，美国的教育家杜威就十分重视科学发展对知识和教育的影响。他指出，科学的发展最大的变化不在于科学自身分量的增加，不在于科学以正确的事实代替不正确的事实，这些都是结果的变化，而最重要的是科学方法的变化。杜威认为，科学方法的变化不仅引起知识界和思想界的变化，也引起人们世界观的变化。即用一种变化的法则代替过去不变的法则，用一种发展的观点代替静止的观点。受这种变化的影响，在教育上，不仅注重语言和古典学科，也注重了实用和技术等学科；在道德教育上，它使得人有了向传统的权威、学说挑战的勇气和希望；它使人有了实事求是，说老实话、说真话的方法和可能，因为科学是赞成公开和讨论的，说假话和独断是科学的敌人。①

而科学方法对教育影响最大的变化就是教育方法上的变化。杜威指出，科学的方法并不是学校教育中每一科目具体的方法，而是无论哪一科目都可以使用的方法。这种方法就是试验的方法。在杜威看来，试验的方法就是用人的动作（Action）将人的思考和自然界的事物联系起来，形成一种有创造性的关系。他举例说，有一种金属，人们不知道是什么东西，传统的方法不过是看它的颜色或重量有多少，而新的方法则通过人的动作

---

① ［美］杜威：《杜威五大讲演》，张恒编，安徽教育出版社 1999 年版，第 125—136 页。

先加点酸下去，看它有什么反应；再加点别的酸下去，又看起什么反应；如果加酸不够，则加热，看其会变成什么样子。杜威认为，这种通过人的动作引起事物变化的方法，可以使事物的性质和作用变得比较清楚。杜威指出，试验方法的特点是只有行动以后才可以知道，没有动作便没有真正的知识。①

在试验方法中，杜威十分重视"假设"的作用，他认为科学的试验不是武断的、一成不变的。科学试验只是暂时认为它有试验的价值。一切试验都具有假设的性质，都有待于证明，还有待于别人来改变它。杜威指出，科学试验和假设思想的提出，对于形成科学的态度具有重要的意义。以往人们对于一种观点的提出，只有两种态度，对的就承认它，不对的就否认它，而试验的思想形成以后，开始形成第三种态度，就是对于一种主张，或认为是真的，或认为是假的，只是把它看成一种假设，认为它有试验的价值，至于它是真还是假，都要通过试验的结果来决定。在教育上，杜威指出，试验方法的作用就是无论对于新的思想，还是旧的思想都不要一概推翻，也不认为是最后的真理，只是以试验的态度做其存在的理由。总之，在杜威看来，强调试验方法的意义可以使学校充满试验的气氛，可以打破传统武断的态度和教条的东西，形成科学精神的统一。② 可以说，这种鼓励试验和假设的态度，在美国社会和教育发展的早期就已经形成了强调尝试和鼓励创新的思想基础。

在当代，美国物理学家费曼的观点也反映了美国人对科学问题的新的认识。费曼指出，科学家总是在与疑难和不确定性打交道的。当一个科学家不知道一个问题答案时，他就是不知道；当他有了大概的猜测时，他的答案也是不确定的；即使他对自己的答案胸有成竹时，他也会给质疑留有余地。对科学家来说，承认自己的无知，使自己的结论留有被质疑的余地，是科学发展所必需的。在科学知识体系中，只有具有不同信度的知识，但是没有哪个理论具有绝对的确定性。这种不确定性对于科学的发展是非常必要的，因为有了不确定性才有疑问，才会从新的角度寻找新的解决问题的方法。科学的发展速度不仅仅是指一个人进行多少实验，获得了

---

① ［美］杜威：《杜威五大讲演》，张恒编，安徽教育出版社 1999 年版，第 137—138 页。

② 同上书，第 139—142 页。

多少实验数据，而更重要的是提出了多少供人们检验的新思想、新观念。①

美国杜威和费曼强调科学的不断变化和不确定性的观点对美国学校教育的发展产生了重要的影响。美国的教育家认为，在教育和教学上，教师的职责不仅仅是向学生传授知识，而更重要的是教师要以探索和创新的态度，鼓励和帮助学生成为知识的积极追求者，使学生成为一个在学习上不依靠别人，具有独立性的人。这种思想反映在美国学校教育和教学上就形成了具有美国特色的、注重"引导"的教学模式。其基本特点是："学生不知道，教师不是直接告诉，而是来引导，让学生自己去发现和知道。"这种教学模式的重点不在教师对知识的传授上，而在对学生自我学习和发展的引导上，因此，它强调教学应当尽量发挥学生学习的积极性，使学生成为学习的主人。这种教学模式与传统的"灌输"的模式有根本的区别。"灌输"模式的基本特点是："学生不知道，教师来告诉，学生的学习和发展由教师来负责。"因此，按照这种教学模式，教师在上课前，就要把教学的各个方面，包括知识的和学生的问题都要考虑到。教师成为控制教学的主导者，学生的主动性和独立性的发展都是比较差的。

应当指出，美国的这种鼓励培养儿童独立性和创造性的教育观念和教学模式在一定程度上反映了现代教育发展的基本特征。在科学技术发展的今天，虽然许多已知的知识已经代替了未知的知识，知识教学成为现代教学的主要任务，但在现代社会中，仍有许多未知的东西在向人类的已知挑战。教育上仅仅给学生已知的东西是不够的，必须培养学生以积极的心态对待已知和未知。教育应当让学生通过自己的实践与思考来充实自己的头脑，而不是依赖别人的头脑。教师进行教学的主要目的是培养学生独立解决问题的能力，培养学生学会对自己的学习负责，使学生善于用自己的头脑去思考、判断，并且得出自己的结论。同样，教师也不应当对学生的一切学习行为负责。因为，在教学中，教师对学生提供细心周到的服务，并不意味着就是一个好教师，相反，完全依赖教师的帮助可能会毁掉学生的判断力和独立性。因此，现代教育应当在继承历史传统的同时，也要在一定程度上打破传统教育所规定的"教师"和"学生"概念及框架的束缚，

① 李亚宁：《费曼谈科学的价值》，《大众科技报》2001年9月16日。

从培养创造性人才的高度来认识和改进现代教育和教学，对现代社会和教育的条件下"教师"和"学生"的概念进行新的诠释。

通过上面的分析，可以说为我们进一步思考中国的学校教育提供了一个很好的平台。应当承认，中国的学校教育从总体上尽管已经与现代教育紧密地结合起来，并成为现代教育的重要组成部分，但实际上它还存在许多亟待解决的问题，其中突出的就是还存在轻视儿童的自主性和能动性，一味强调儿童的服从和外在纪律的问题，而在培养儿童创造性方面，中国学校教育与一些发达国家的教育相比更有较大的差距。这些是需要我们认真考虑和对待的。

二 中国文化环境对学校教育的影响

关于中国学校教育长期存在的问题，美籍华人学者黄全愈先生经过长期的研究提出了下面的思考：

> 鉴于中国教育的具体状况，我们应当清醒地认识到一点：要判断一个真正的胜利者，只能是在终点，而不是在起点！也就是说，在肯定中国的中学生每年都能击败众多对手而获得国际奥林匹克竞赛的各种个人奖和集体奖的同时，也应该看到这些奖杯或金牌下的阴影。为什么中学的时候行，成年了就不行？为什么起点超前，而终点落后？这是不是表明我们的素质教育有缺陷？我们的教育在完善个性、培养创造力、增强独立性等方面有没有值得反思之处？[①]

为此，黄全愈运用社会学和行为学的理论分析了中国学校教育问题存在的原因。首先他根据人的行为的两元性的特点，把人的行为分为"独立行为"和"角色行为"，认为作为一个生活在社会中的人，每一个人的行为都是受一定的角色所约束和规范的，因此，每一个人的行为都可以说是带有一定角色的行为；但人又是有思想的，人与这些角色有和谐的方面，也有不和谐的方面，这样，人的行为又具有独立行为的特征。他认

---

① 黄全愈：《素质教育在美国》，广东教育出版社1999年版，第38页。

为，在中国文化中，一般比较鼓励"角色行为"，而抑制"独立行为"，而这种做法的结果直接压抑了人的个性的发展。接着，他又根据人的行为两重性的特点，把人的行为分为"有意识行为"和"无意识行为"。"有意识行为"是指人主动的、经过深思熟虑的行为；"无意识行为"是指人下意识的、没有预谋的、本能的行为。把这四种行为进行组合，就可以形成下面四个区的四种行为的交叉图：①

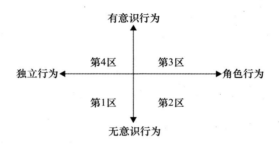

黄全愈认为，一个人的成熟过程应当是从第1区—第2区—第3区—第4区的发展过程。在第1区里，一个人的行为主要是独立—无意识的行为，其行为往往是直觉的，如一些学生无意间出现的行为；在第2区里，一个人的行为主要是角色—无意识的行为，其行为往往是习惯性的，如在学校阶段，许多学生都非常崇拜教师，认为"教师总是对的"。在第3区，一个人的行为是角色—有意识的行为，而且这种行为是被确认的，有明确目的的角色行为。如在这一区里，学生有明确的目标，会努力学习；但也会为讨好老师和家长而学习。在第4区，一个人的行为是独立—有意识的行为，是一个人自主的、不受角色约束的行为。

黄全愈先生指出，如果用这样的理论来分析中国学生的现状，就会发现太多的中国学生的行为过早地进入第3区的"确认行为"，并在这一区里裹足不前了。黄全愈先生指出，中国人要想拿到诺贝尔奖，必须培养学生的"自主行为"，必须培养学生的创造性，"自主行为"的第4区才是诺贝尔奖的角逐场、竞技场。

黄全愈先生的观点对我们认识中国的学校教育是有启发的。在中国学

① 黄全愈：《素质教育在美国》，广东教育出版社1999年版，第45页。

校教育的发展中，由于中国传统文化的影响，注重对儿童自身的约束和对规范性行为的肯定和追求，注重教育上的共性、义务、服从和纪律，使得儿童的独立性和自主性得不到很好的重视，结果儿童的个性和独立性没有得到很好的发展。在本章第一节中，一些学者对中国家庭教育普遍存在的"过度保护"问题，幼儿园教育中幼儿的独立性发展较弱的问题，学校教育上教育缺乏活力、学生负担过重，缺乏创造力和动手能力等问题的分析，都反映了中国文化环境对教育包括学校教育的影响。

三 中国学校教育应重视文化环境的建设

应当看到，在一个国家或民族的文化和教育发展中，不同的文化环境可能会对其学校教育的构成和发展会产生重要的影响。如鼓励个性和创新的文化与鼓励听话和模仿的文化就有很大的不同。从前者来看，尽管鼓励个性和创新的文化可能会对业已形成的教育传统和内容带来一定的冲击，但是在这种文化影响下，学校教育可能会充满一定的活力，学校教育可能会出现许多新的形式和变化，儿童的发展可能会更有一定的适应性。从现代社会发展和市场经济的需要来看，鼓励个性和创新的文化正是长期适应市场经济发展的需要和结果。因此，在我们国家走向市场经济的今天，在我们的学校建设中应当重视学校文化的建设，强化鼓励个性和创造性的学校文化；在学校教育中，应当重视儿童个性和独立性的培养。

美国密西根州立大学教育学院教授赵勇也认为，创造力的差异主要是由于后天的文化和环境的影响所致。美国和亚洲国家目前在创造力方面有差距的原因可能归咎于：亚洲国家传统文化和现有的教育体制更多地扼杀了孩子的创造潜能，而美国的文化和现有的教育体制对孩子创造力的扼杀没有那么多。一项"社会和环境对创造力的影响"的研究显示，在一定范围内偏离传统和正常行为的人往往会产生更多创新的想法。那些具有创新能力的孩子的家庭，通常在家中对孩子没有什么规定和约束；相反，在一般的家庭中，通常对孩子的规定和约束达6项之多。具有创造力潜能的孩子生活在不同寻常的家庭和环境中，这些家庭的父母在孩子幼年期就鼓励他们与众不同的思维和生活方式。在美国这样鼓励个人发展的文化环境中，创造力被认为是个人独特的表现，受到社会的尊重；而集体主义文化环境强调传统和继承，不提倡或不允许违背传统的行为和想法产生。[①]

从社会现实来看，一个人没有个性和独立性就没有独特性，没有独特性，就只会把眼光盯在别人的身上，别人干什么，自己也干什么；就只会去做别人做过的事情，而不会去做别人不做的事情。同样，在教育上，没有个性和独立性就没有教育的创造性，就没有真正属于自己的东西，学校教育培养出来的学生就只能跟在前人的后面，缺乏超越的勇气。在学校教育上，如果我们没有超越的能力，也只能跟随在别国教育的后面，缺少自己独特的理论和原创性的东西。

总之，儿童的发展和创造性的培养离不开一定的环境，特别是文化环境。在国家开始进入现代化的阶段，在我们开始重视儿童创造性的今天，文化环境的建设可能更重要些。凌志军先生曾经提出："一个好的环境能够把第三流的人变成第二流，把第二流的人变成第一流。所以培养一种土壤，让人才不断生长出来的土壤就特别显得重要。"[②] 因此，中国的学校教育需要有一个文化环境的变革，需要对一些基本问题有一个新的思考，需要在教育实践上有大胆的创新，在这方面，我们首先应当思考我们儿童发展的文化环境以及人文因素。只有这样，我们才能发现问题的本质，才能为创造一个能够激发儿童自主学习、有利于儿童个性和独立性发展的新的教育环境提供一个很好的氛围。

第三节　教育改革与学校教育创新

在本章的第二节，我们通过分析可以看到由于中国文化缺乏对个性和独立性的鼓励，强调对"确认性—角色行为"的认同，使得中国学校教育中儿童独立性发展较弱，学校教育缺乏活力、学生负担过重，缺乏创造力和动手能力等问题比较突出，因此，应当在中国文化和学校教育建设中加强重视人的创造性、独立性和个性的成分，加强对一系列教育问题的重新认识和研究。从这个意义上说，学校教育创新就成为中国教育改革的基本任务。

---

① 赵勇：《学校和教育体制对学生创造力的影响》，《中国教育报》2007 年 1 月 2 日。
② 凌志军：《谈解放智慧的人文环境建设》，《北京晚报》2000 年 9 月 28 日。

一 儿童创造力培养与学校教育创新

儿童是处于正在发展中的人，他们有没有创造性，如何理解儿童的创造性，这在学校教育中没有给予太多的重视。在社会和教育中，经常以成人的标准或从创造性的概念出发来说明什么是创造性，而在教育中，儿童与创造力培养的关系更是被忽视了。

实际上，对于这个问题，西方教育家早就进行了一定的研究，并对儿童的创造性给予了很高的评价和期望。20 世纪初期，美国学校教育家杜威就曾提出了对儿童创造性的认识。他说："在教育上可以得出的一个结论就是：一切能考虑到从前没有被认识的事物的思维都是有创造性的。一个三岁的儿童，发现他能利用积木做什么事情；或者一个六岁的儿童，发现他能把五分钱加起来成为什么结果，即使世界上人人都知道这种事情，他也是个发现者。他的经验真正有了增长；不是机械地增加了另一个项目，而是一种新的性质丰富了经验。对于这些幼小儿童的自发行为，富有同情心的观察者莫不为之赞叹，这是因为看到儿童具有这种理智的创造力。如果创造性一词不被误解的话，儿童自己体验到的快乐，就是理智的创造性带来的快乐。"① 杜威在教育上关于儿童创造性的认识为教育上认识儿童的创造性提供了有利的条件。从杜威的思想来看，儿童所具有的创造性与以往关于创造性的认识是有根本区别的。杜威认为，在教育上，儿童自身能够考虑到从前没有被认识的事物的思维都是有创造性的。只要儿童想到了或发现了他以前没有认识到的东西，并且促进了其自身经验的发展，就意味着创造，即使这一发现对别人来说是已知的。

杜威关于儿童创造性的认识不是从对创造性概念的一般理解出发，而是建立在对儿童发展特点认识的基础上的，这对于现代社会和教育重视和培养儿童的创造性具有重要的意义。

首先，这一观点提出了教育上儿童创造性的概念，丰富了教育上关于儿童创造性的内涵，提供了教育上改变传统观念，开展儿童创造性培养活动的可能性。

---

① ［美］杜威：《民主主义与教育》，王承绪译，人民教育出版社 1990 年版，第 169 页。

其次，这一观点提供了教育者一个重新审视儿童的视角，有助于我们客观和实际地评价儿童的创造性，为培养儿童的创造性提供宽松的环境。儿童的创造性与成人的创造性相比是不同的，教育中不能用成人的标准来评价儿童的创造性。教育上应当采取有利于儿童创造性发展的标准和方法评价和培养儿童的创造性。

再次，这一观点有助于提高儿童积极探索世界的兴趣，使教育更加贴近儿童的生活。传统教育一味强调知识的灌输和儿童的被动接受，把儿童束缚在书本和教师身上，低估了儿童创造性的发展。而重新认识儿童的创造性，可以认识到儿童创造性的发展是通过多种途径或渠道进行的，单一的教育和渠道只能形成儿童单一的思想。

最后，这一观点也有助于教育上重视儿童参与活动的主动性和积极性，有利于儿童动手能力的提高，增强儿童自我发展的自信心。需要指出的是，创造性的培养是不能脱离儿童的实践活动的，是在儿童的实践活动中进行的，那种把儿童创造性能力的培养与儿童实践活动能力的培养分开进行的观点和做法，割裂了二者的密切联系，是传统教育中"形式训练说"的反映。

在儿童创造性培养的问题上，学校教育实际上扮演着重要的角色。关于学校教育与儿童创造力关系问题，美国密西根州立大学教育学院教授赵勇从亚洲与美国学生比较的角度进行了分析。[①] 他认为，创造力的差异是一个复杂的现象，这种差异是由于后天的文化和环境的影响所致，而不是"先天"就有的。美国和亚洲国家目前在创造力方面有差距的原因可能在于：亚洲国家传统文化和现有的教育体制比起美国文化和现有的教育体制，更多地扼杀了孩子的创造潜能。这主要表现为：

首先，美国孩子在学校的时间远远少于亚洲国家的孩子，大多数亚洲国家的孩子往往视学校为生活的中心，而很多美国孩子不会把学校看成是他们生活的中心。总的来说，美国孩子暴露在扼杀创造力的机器——学校面前的时间较少。

---

① 赵勇博士是美国密西根州立大学教授，多年致力于国际教育研究。2006 年 12 月，他在"美国教育领导论坛"上发言，反思了学校和教育体制对学生创造力的影响。《中国教育报》2007 年 1 月 2 日第 6 版。

其次，严格的纪律和统一的标准要求压制了创造力的发展。亚洲国家的教师经常表扬那些在课堂上能够遵守纪律的孩子。在孩子进入小学的头几个月里，教师通过自己的言行教会孩子们在集体中相处的技巧和技能。另外，亚洲国家的教师对学生的要求也多于美国的教师。

再次，美国的家长和教育工作者对孩子成功的定义更宽泛一些，特别强调孩子的个性发展，他们认为尊重孩子的愿望和能力发展才是最重要的。美国的家长和学校对学生学习成绩的要求和学业期望都比较低，因而经常受到教育改革家们的指责和批评。一项研究显示：美国的家长对孩子在学校的表现和学习成绩的满意程度要高于中国和日本的家长。学业上的成功，取得高分数固然很重要，但对个人创造力的发展不是至关重要的因素，成绩更多的是在取悦他人。过多或是仅仅关注那些学习成绩和考试分数等表面成功的指标，只能给孩子更多的压力。然而，亚洲国家的很多家长特别重视表面的指标，学生的成功与否是根据考试成绩以及能否进入好的大学来衡量的，而诸如艺术、音乐、社会活动、体育等活动都被认为是不重要的，除非是学生想要凭借这些方面的特长进入更好的高校。这种取向导致孩子们的创造潜能在进入学校的最初阶段就被扼杀了。

最后，统一的标准和统一的课程是亚洲国家教育体系的特点，而这种方式只能进一步缩小个性差异，对所有的学生以统一的标准来要求，一致的教学进度、一样的教学顺序、使用同样的教科书，这样留给学生们发展个人兴趣空间，以及适应不同学习方式的机会都很小。正是这样的教育体制、教学方式，也正是这样的学校扼杀了孩子们的创造潜能。

当然，学校要求学生符合统一的标准和服从纪律也有充分的理由，因为学校的任务就是为社会培养遵纪守法的公民。学校的教师也要求最好一个班的学生都能保持一致的知识水平，以便能够实施统一的教学。学生也必须服从一定的规定以便适应学校的要求。这样，所有的学校都不可避免地要扼杀学生的创造性，以达到对学生实施统一教育目标的要求。

关于亚洲学生创造力发展受限的问题，新加坡学者 Ng Aik Kwang 在《解放亚洲学生的创造力》一书中从儒家传统文化与创造性的冲突角度谈到了"亚洲课堂上提高创造力的悖论"问题。他指出，在儒家的传统文化中，教师是学生道德的楷模。反过来，学生在课堂上通过温顺和服从表示对教师的尊敬。师生关系具有权威性，教师以自己为楷模，向学生传授知识和智慧。学生不假思索地接受教师传授给他们的知识。即使他们的关系具有等级性，师生关系也可以和谐相处。由于创造力的本质属性强调个体性、思想独特，以及不服从集体意见等，因而当在亚洲课堂上需要提高学生的创造力时，就破坏了与等级关系相适应的和谐。"特别是当学生有了创造性行为以后，两种倾向同时发生变化。学生在课堂上'好的'，被动和顺从的行为倾向减少，学生在课堂上个人主义、怀疑和自我中心的行为倾向相应增多。学生的创造性越多，他们就越难控制和管理。这对信奉儒家传统的教师来说尤为如此。"[①]

那么如何通过学校教育培养儿童，同时又把对儿童创造性的扼杀降低到最小的程度？这里除了强调家庭教育的作用外，还要认识初等教育与培养儿童创造力的关系。

长期以来，在我们的传统观念中，儿童进入学校的主要任务就是学习，学习知识，掌握一定的技能是学生在学校的基本任务。因此，学校教育和教学也是围绕这一基本任务进行设计的。但是我们也应该看到，儿童接受初等教育的时期是他们打下各方面基础的时期，是形成他们一生事业、习惯和爱好基础的时期。初等教育与儿童的创造性培养有重要的联系。因为初等教育阶段是儿童形成好奇心、好问心和探索心等好习惯的重要时期，这些习惯正是儿童创造性形成和发展的基础。

实际上，初等教育在培养儿童创造力方面具有重要的作用。一般说来，在一个人的早期发展中，如果教育得当，其好奇心、好问心和探索心是不缺乏的，但是为什么一个人到了以后的发展中这些特征就逐步削弱了呢？一个重要原因就是在初等教育阶段，我们忽视了对儿童好奇心、好问心和探索心的发展和培养。儿童的好奇心、好问心和探索心的健康发展与人的创造性能力的发展是密切相关的，或者说是成正比关系的。在初等教育阶段，如果教育的任务仅仅是以传授知识和学习知识为主，而压抑儿童好奇心，好问心和勇敢的心理，不去鼓励它，利用它，没有使儿童形成好问、研究的态度和探索的习惯，儿童早期所出现的创造性的萌芽就逐步枯萎了，以后再培养，就要付出比现在高十倍或百倍的代价。

---

① ［新加坡］Ng Aik Kwang：《解放亚洲学生的创造力》，李朝辉译，中国轻工业出版社2005年版，第214—215页。

因此，在初等教育这一阶段，教育的主要任务不在于使儿童掌握许多知识，而在于使儿童养成许多好的习惯，特别是好奇，好问和好思考的习惯，养成将来能够应用的能力、技能和习惯。当然，在初等教育阶段，知识也是要学习的，但不应以传授知识为主，而应当通过知识的学习养成儿童的好奇、好问的态度和探索的习惯。总之，如果我们的教育目的是要培养儿童创造性的话，那么儿童好奇、好问态度和勇于探索习惯的养成应当比知识的传授更重要。

关于学校教育创新与促进儿童创造力的发展，可以从以下两个方面进行考虑。

一是重视学校教育的科学性和民主性。学校教育的科学性主要强调学校应当是一个可以供儿童自由活动和进行实验的实验室。儿童在学校里，可以按照科学的方法来检验他们的思想和价值。同时，在教学上，应把儿童的学习、思考与行动联合起来，进行科学的安排，给儿童以充分的、自由的思考时间，让儿童根据自己的研究做出自己的决定。学校教育的民主性主要强调，在学校中儿童可以自由地检验各种思想、信念和价值；人类社会的任何文化遗产都可以成为儿童批判、探索、研究和改造的对象；学校的各种设施、用具都应为全体学生开放和使用。

二是重视教学中各种材料的选择和工具的使用应当为培养儿童的创造性服务，而不是压抑和限制儿童的创造性。在教育中，如果我们的教育者总是选择那些不准有发生错误机会的材料和工具，就会限制学生的创造性，使学生失去自身的判断力，变成一个小心谨慎，亦步亦趋，不敢想、不敢说的人。美国学校教育家杜威有一句话说得非常精彩，他说，在教育上"使学生形成创造和建设的态度，较之使他从事太细小和规定太严的活动，以求得外表上的完备更为重要"。①

总之，儿童创造力的培养不仅与知识教学有关，更与儿童所形成的好奇、好问、探索的心理有关。同时，儿童创造力的培养是一个连续的过程，只强调在高级阶段培养其创造性，而忽视基础阶段的作用，违反了创造性发展的基本规律。另外，在创造力的培养上，学校是儿童生活的重要场所，学校在儿童创造力的培养上占有重要的地位。因此，在儿童创造力

① ［美］杜威：《民主主义与教育》，王承绪译，人民教育出版社1990年版，第210页。

的培养上，学校教育应采取比较宽松的管理，允许儿童有犯错误的机会，反对任何妨碍儿童探索的、独断的和强制性的做法。

二　儿童独立性的发展与学校教育创新

在教育中，创造力的形成与儿童独立性的发展有密切的联系。没有独立性，很难形成儿童的个性，没有个性，人云亦云，也很难有什么创造性。而在独立性的培养中，除了一定的教育观念和设施以外，不同的教学方式和教师是否具有独立性也会对学生的发展产生重要的影响。

在我们的传统教学中，教师的职责主要是向学生传授知识和形成学生一定的技能，但是从现代社会的发展需要来看，在教学上，教师仅仅向学生传授知识和形成技能是不够的，更重要的是通过教学使学生依靠自己的力量，最终成为一个在学习上不依赖于别人、具有独立性和个性的人。

中国传统教学的突出特点是"保姆式"的、"承包式"的教学。它一般要求教师在上课前应把教学各个方面的（包括知识的和学生的）问题都要考虑到。具体说，教师一般都要有准备好的写得非常详细的教案或讲义。上课时，教师念讲义，学生记讲义。课后，教师还要布置思考题，让学生复习已经学过的东西。考试时，学生再把教师上课所讲的知识背下，再现出来。在这种"保姆式"的、"承包式"的教学中，教师成为控制教学过程的主导者，学生的主动性和独立性的发展都是比较差的。

需要指出的是，目前，采用多媒体进行教学已经成为我国学校教育改革的一个趋势，许多教师采取多媒体课件的形式进行教学，使得教学的方式和形式与以往相比都发生了很大的改观，但是我们也应当看到，现代教学条件的改进不是以教师的思考取代学生的思考，以教师的劳动取代学生的劳动，以教师的独立性取代学生的独立性为最终结果的。如果教学课件的制作只是把教师原来写在教案中的内容搬到了计算机中和屏幕上，其课件尽管做得非常漂亮，但教师仍是做了许多学生应当做的工作，如资料的查找、整理，观点的提出等等，最终对学生的独立性的发展是不利的。

在现代教育中，为了培养学生的独立性，一些发达国家的教师十分注重通过教学来引导学生的发展，如在法国和意大利，教师上课一般不是以讲述讲义为主，而是经常脱离讲义，引导学生一起讨论问题，让学生积极地思考和提问。一些学校还规定，在课堂上不要求学生一定要听从和服从老师的观点，学生可以提出自己的见解，只要能够"言之有理，言之有据"就行。在一些国家的教学上，学生可以与老师进行辩论，可以发表与老师不同的观点。

西方教师的这种做法是得到一些教育组织肯定的，如美国教师专业标准委员会曾经提出过确定成功教师的5项标准，其中第一条就是："一个好教师能告诉他的学生关于许多问题的答案。但是最好的教师能够不说话，而是帮助他的学生自己去思考出答案。"

在现代教育和教学中，我们应当对教师的作用，特别是对"教书育人"有新的理解。在教育和教学中，教师对教学和学生应当具有责任心，应当传授一定的知识，这是毫无疑问的，但它不应要求教师对学生的一切学习行为全面负责。在教学过程中，虽然传授知识和技能是教学的基本任务，但教学更重要的任务是培养学生独立解决问题，培养学生学会对自己负责，使学生善于用自己的头脑去思考，去判断，并得出自己的独立见解，促进学生独立性和个性的发展。否则，学生学到的东西再多，也是别人的东西，不能够继续丰富与创新。另外，在教学中，教师对学生提供细心周到的帮助，并不意味着就是一个好教师，相反，完全依赖教师的帮助可能会毁掉学生的判断力和独立性。

另外，在培养学生的独立性方面，还有一个更重要的任务就是教师本身对独立性的认同和追求。教师对独立性的追求主要表现是对教育中自身角色的突破和对社会和教育正义的追求。如果说把教学上培养学生的独立性看作一个层次的话，那么教师对正义的追求并且培养学生对正义的追求可以看作更高的层次。因为，为了追求正义，一个教师可能会独立地向传统的旧观念和不合理的制度进行挑战，其思想和行为对学生的影响是极大的。

如美国学校教育中有这样一个例子，在一次中学自然学科的研究课上，两个初中生由于课题汇报的内容与任课女教师的观点不合，而和她发生冲突，这位女教师很快将此事向学校进行了报告，并要求对他们实行"停学"的处分。这件事引起了一位教社会研究课的男教师的关注，他决定介入此事，但他同时也陷入一个两难的境地。从通常的情况来看，学校的教师都是应当站在学校的立场上，并为自己的同事说话的；同时，这位男教师又是与学校签有合同的，他理应是为学校工作的；况且，在一般人看来，教师工作只是一个人养家糊口的职业，这位男教师没有必要为了保护学生而丢掉自己的工作。对此，这两个学生开始并没有对这位男教师抱有任何幻想，没希望得到他的支持。但是这位男教师在听了两个学生的陈述以后，经过思考，分别向校长助理和校长写了信，表达了自己的看法。这位男教师认为，这两个学生虽然有些调皮，但他们绝不是坏孩子，他们是坦诚和学习努力的。最终，学校接受了这位男教师的建议，没有处分这两个学生。这件事情给两个学生留下了深刻的印象。在他们看来，这位男教师是一个不顾个人得失，主持正义的人，像这样的教师才是真正"教书育人的好教师"。

在现代社会里，任何一个人都是从属于一定的组织的，都是受一定的角色约束的，教师和学生都不例外。但上面的例子却说明，作为现代教师，不仅需要对一定组织的负责，不仅受一定的角色的制约，还要有对组织中正义的追求。这种追求可能要暂时打破制度、组织、角色对一个人自我的约束，可能意味着一个人会失去许多东西，但正是这种追求，不仅体现出一个教师人格的高尚，而更重要的是使学生懂得了什么是正义，并培养学生为此去追求正义。

总之，没有独立性的教师，很难培养有独立性的学生，教师在培养学生独立性方面具有重要的作用。[1] 在人类社会中，任何制度和规范都是具有一定保守性的，都是为了稳定社会而存在的，但是任何制度，包括教育制度，总是一定时期或历史的产物，总会有一定的局限性。因此，强调教师的独立性和个性是非常必要的，它是现代社会和学校教育制度创新的需

---

[1] 关于教师缺乏独立性问题，在新课改中就有所反映。2005年《中国教育报》上的一篇文章《新课改，你说我们该听谁的》，在教师中间引起了强烈的反响，网站、论坛纷纷转载。文章写道："随着课程改革的深入推进，新课改中操作性不强等问题日益凸显……（不少专家学者）开始就新课改中存在的问题，以发表文章、讲学等形式进行反思……专家学者之间的相关争论，却让广大基层教师和教研人员乱了方寸。"文章还引用一位老师的话："课标组专家来时讲的是一套，一些国家级专家来时讲的是一套，大专院校和研究所的教授、研究员来时讲的又是另一套。这些人都是大专家、大学者，你说我们该听谁的？"看来，教师要成为一个独立的、有思想的教育者还需要时间。吴松超：《求解"新课改，我们该听谁的"的答案》，《中国教育报》2005年10月15日第3版。

要，更是寻求社会公正的需要。而重要的是，当教师去追求社会正义或教育正义时，其意义已经超越了教师个人的价值，其行为对学生的积极影响是无限的和终生的。

三 知识性质与学校教育创新

如何看待知识的性质和知识教学，也是学校教育创新的一个重要任务。在我们的教育中，由于比较重视知识传授的地位，重视书本知识的学习，往往把学生获得知识的过程看成是教师向学生传授的结果。由于过分强调知识是从外面或从别人那里得来的，使得学生把知识学习的过程逐步看成依赖于别人的过程。学生学习的知识逐步成为书本上的东西，成为考试的东西，成为远离儿童的生活，使儿童感到无味和枯燥的东西。

从知识的性质来看，知识实际上是儿童主动参与的结果，知识是不能脱离人的实践活动的。知识的获得是人们有指导的实验活动的结果。当然，这里强调实验活动的重要，并不是说实验活动创造了事物的存在，而是说实验活动建立了"知"和"知的对象"的关系；没有实验活动，人们很难有关于知识对象的认识。

从这个角度说，知识与人的行为之间有很重要的联系。在现代学校教育中，虽然分科教学已经成为教育的基本形式，但如果它与儿童的实际生活相分离，与儿童的行为相分离，其所产生的结果与旧教育是一样的。当前，分科教学存在的一个主要问题就是使学科与儿童的生活不能很好地结合，学科变成书本上的东西，不能应用于儿童生活的实际。这可以用反例加以证明，如在我国当前新一轮的课程改革中，学生为什么喜欢活动课，为什么喜欢研究课，为什么喜欢综合课程，这些都说明新的课程摆脱了过去自上而下的一味"说教"的老面孔，切切实实与儿童的需要、兴趣和他们的行为结合起来。在传统的教育中，人们总是以为学校所设置的课程是为儿童考虑的，认为儿童现在学习没兴趣没有什么关系，将来他们一定能懂得和应用。其实儿童对于这些课程是不理解和应用的，因为这些都是成人认为是有用的东西，儿童的经验里没有这些东西。儿童经验中没有这些东西，自然就不能懂得和应用了，对于行为也就不能发生影响了，结果养成了儿童知、行脱离的坏习惯。教育上，你讲你的，我玩我的，学习只是为了考试，知识与儿童自身发展没有必然的联系，知识只是成为考试的工具。

现代社会是一个强调发展和变化的社会，那种传统的、一成不变的思想是不适应现代社会的发展和需要的；同时，传统的、单一地强调知识或学科，而忽视儿童的行动和动手能力的做法，割裂了知识与行动的密切联系，阻碍了儿童的发展。儿童学习的知识和儿童的行为应当是合一的。如果儿童所学的知识不能影响他的行为；他的行为又没有根据于他所学的知识，这只会养成儿童一种轻视知识的习惯。因此，在现代社会，传统知识观和教育观需要有一个彻底的变化和创新。

现代知识观与传统知识观相比有三个方面的显著不同。一是从知识的存在、价值和本性来看，知识的存在不是静止的，而是处于不断发展变化中的；真正有价值的知识不是一种外在的装饰，不是一种消极的东西，不是远离儿童生活的东西，而是与儿童的生活和经验密切相关的、能够解决实际问题的工具；知识只有运用和有用，才会成为儿童经验中的一部分，才会指导儿童的行动。二是重视儿童在知识学习中的地位。强调在知识学习上，儿童的学习绝不是被动的学习，儿童不是知识传授的对象，儿童的学习是通过自身主动运用经验，理解知识，检验和运用知识的过程；教学的目的不是为知识而教学，学习也不是为知识而学习。教学的主要目的在于使儿童增长能力去支配不断获取的经验。三是强调方法和行动在知识变革和观念转变上的重要性，方法的改变和行动的尝试是观念转变和教育创新的基础。在杜威看来，科学发展最大的变化在于科学方法的变化。科学方法的变化可以引起知识观念的变化，也可以引起教育和教学观念的变化。

因此，在现代社会条件下，要促进知识的发展，就应重视方法的作用，尝试不同的方法，推进知识向实践的转化，使其成为有利于社会发展的成果；同样，教育要想进一步发展，也必须不断地尝试，包括可能出现错误的尝试和行动；没有不断的尝试和行动，就没有教育观念的转变和学校教育的创新。

总之，中国学校教育的发展是与中国社会大环境的建设密切联系的，也是与世界教育的发展密切联系的。随着中国与世界政治、经济和教育联系的不断加强，随着中国社会改革的不断深入，中国的学校教育一定会对自身的发展提出更高、更新的要求。中国与美国都是在世界政治和经济上有影响力的国家，虽然各自的政治、经济和文化传统不同，但都有一些共同的需要，特别是教育上有许多互补的东西。在 21 世纪里，中国学校教育要有比较快的发展，就应当以开放的心态，认真学习发达国家先进的教育经验，认真解决自身存在的问题，使中国的学校教育有一个比较快的发展，为培养能够适应新世纪挑战的、有独立性、自主性和创造性的新人做出自己的贡献。

参考文献

一　中文文献

《我们怎样教育孩子》，人民出版社 1993 年版。

查有梁：《学校教育》，教育科学出版社 1993 年版。

陈帼眉等：《学前教育新论》，北京师范大学出版社 1996 年版。

单中惠：《现代教育的探索——杜威与实用主义教育思想》，华东师范大学出版社 2002 年版。

单中惠等：《西方教育学名著提要》，江西人民出版社 2000 年版。

段连城：《美国人与中国人》，新世界出版社 1993 年版。

费孝通：《乡土中国》，三联书店 1985 年版。

贺国庆：《外国教育专题研究文集》，河北大学出版社 2001 年版。

黄济、王策三编：《现代教育论》，人民教育出版社 1996 年版。

黄全愈：《家庭教育在美国》，广东教育出版社 2001 年版。

黄全愈：《素质教育在美国》，广东教育出版社 1999 年版。

霍力岩：《学前比较教育学》，北京师范大学出版社 1995 年版。

纪晓林：《美国公共教育的管理和政策》，北京师范大学出版社 1992 年版。

江绍伦：《美国高等和中等教育发展过程》，生活·读书·新知三联书店 1980 年版。

金铁宽、吴式颖主编：《中外教育大事年表》，上海教育出版社 2001 年版。

梁漱溟：《中国文化要义》，学林出版社 1987 年版。

凌志军：《追随智慧》，中国友谊出版公司 2000 年版。

马骥雄主编：《战后美国学校教育研究》，江西教育出版社 1991 年 10 月版。

马克：《美国父母怎样培育孩子》，远方出版社 1995 年版。

美国教育统计中心 M. M. 弗兰克尔、D. E. 格雷尔德：《美国教育统计预测》（截至 1990—1991 学年度），任硅华、杨立山译，高等教育出版社 1988 年版。

美国科学促进协会：《面向全体美国人的科学》，科学普及出版社 2001 年版。

尚旭、胡恩厚编：《当代世界教育改革大趋势》，甘肃文化出版社 1995 年版。

史静寰主编：《当代美国学校教育》，社会科学文献出版社 2001 年版。

孙建荣、冯建华：《憧憬与迷惑的事业：美国文化与美国教育》，中国社会科学出版社 2000 年版。

滕大春：《外国教育和外国教育史》，河北大学出版社 1998 年版。

托克维尔：《论美国的民主》，商务印书馆 1997 年版。

王定华：《走进美国教育》，人民教育出版社 2004 年版。

王桂编：《当代外国教育——教育改革的浪潮与趋势》，人民教育出版社 1995 年版。

王义高主编：《当代世界教育思潮与各国教改趋势》，北京师范大学出版社 1998 年版。

翁文艳：《教育公平与学校选择制度》，北京师范大学出版社 2003 年版。

吴式颖主编：《外国教育史教程》，人民教育出版社 1999 年版。

吴中仑、罗世刚、张耘：《当今美国教育概览》，河南教育出版社 1994 年版。

夏之莲主编：《外国教育发展史料选粹》，北京师范大学出版社 1999 年版。

徐汝玲主编：《外国中小学教育管理发展史论》，红旗出版社 2000 年版。

袁伯樵编译：《美国今日基础教育改革的主要思潮》，学苑出版社 1990 年版。

袁锐锷、张季娟编：《外国教育史纲》，广东高等教育出版社 2002 年版。

郑师渠：《中国传统文化漫谈》，北京师范大学出版社 1990 年版。

［法］加斯东·米亚拉雷、让·维亚尔编：《世界教育史》（1945 年至今），张人杰译，上海译文出版社 1991 年版。

［美］S. 鲍尔斯、H. 金蒂斯：《美国：经济生活与教育改革》，王佩雄等译，上海教育出版社 1990 年版。

［美］杜威：《杜威五大讲演》，张恒编，安徽教育出版社 1999 年版。

［美］克劳蒂娅：《美国人的家庭教育》，胡慧译，专利文献出版社 1997 年版。

［美］欧内斯特·L. 博耶：《关于美国教育改革的演讲》（1979—1995），涂艳国、方彤译，教育科学出版社 2002 年版。

二 英文文献

David W. Kirkpatrick：*Choice in Schooling*：*A Case for Tuition Vouchers*，Loyola University Press，1990.

Gerald L. Gutek：*Education and Schooling in America*，Prentice-Hall，1983.

James W. Fraser：*The School in the United States*：*A Documentary History*，McGraw-Hill Companies，Inc.，2001.

James W. Hillesheim，George D. Merrill：*Theory and Practice in the History of American Education*，University Press of America，Inc.，1980.

Joel Spring：*The American School 1642 – 1993*，McGraw-Hill，Inc.，1994.

Mark Schneider，Paul Teske，Melissa Marschall：*Choosing School*：*Consumer Choice and the Quality of American Schools*，Princeton University Press，2000.

Stephen Gorard，Chris Taylor，John Fitz：*Schools*，*Markets and Choice Policies*，RoutledgeFalmer，2003.

Witte John：*The Market Approach to Education*：*an Analysis of America's First Voucher Program*，Princeton University Press，2000.